# L'ÉLECTION PRÉSIDENTIELLE EN FRANCE

## DU MÊME AUTEUR *en poche*

*La République se meurt, 1956-1958*, Paris, Gallimard, Folio Histoire n° 4, 1985.

*La Troisième République* (en collaboration avec Jean-Pierre Azéma), Paris, Hachette Littératures, Pluriel n° 8426, 1978 et 1986.

*Chronique des années soixante*, Paris, Seuil, Points Histoire n° 136, 1990.

*Nationalisme, antisémitisme et fascisme en France*, Paris, Seuil, Points Histoire n° 131, 1990.

*Les années trente, de la crise à la guerre*, Paris, Seuil, Points Histoire n° 128, 1990.

*Le socialisme en France et en Europe : XIXe-XXe siècle*, Paris, Seuil, Points Histoire n° 162, 1992.

*Histoire de l'extrême droite en France*, Paris, Seuil, Points Histoire n° 186, 1994.

*Le temps de la guerre froide : du rideau de fer à l'effondrement du communisme*, Paris, Seuil, Points Histoire n° 187, 1994.

*La droite depuis 1789 : les hommes, les idées, les réseaux*, Paris, Seuil, Points Histoire n° 197, 1995.

*« Esprit » : des intellectuels dans la cité, 1930-1950*, Paris, Seuil, Points Histoire n° 200, 1996.

*L'affaire Dreyfus, vérités et mensonges*, Paris, Seuil, Points Histoire n° 173, 1998.

*La fièvre hexagonale : les grandes crises politiques, 1871-1968*, Paris, Seuil, Points Histoire n° 97, 1999.

*Le siècle des intellectuels*, Paris, Seuil, Points n° 613, 1999.

*Les voix de la liberté : les écrivains engagés au XIXe siècle*, Paris, Seuil, Points n° 1038, 2002.

*La France politique : XIXe-XXe siècle*, Paris, Seuil, Points Histoire n° 256, 1999 et 2003.

*La Belle Époque : la France de 1900 à 1914*, Paris, Perrin, collection tempus n° 44, 2003.

*1789, l'année sans pareille*, Paris, Perrin, collection tempus n° 64, 2004.

*Nationalisme, antisémitisme et fascisme en France*, Paris, Seuil, Points Histoire n° 131, 2004.

*Jeanne et les siens*, Paris, Seuil, Points Histoire n° 1263, 2004.

*Pierre Mendès France*, Paris, Bayard, Les grands hommes d'État, 2005.

*La France et les juifs : de 1789 à nos jours*, Paris, Seuil, Points Histoire n° 350, 2005.

*Le siècle des intellectuels*, Paris, Points n° 364, 2006.

*La gauche en France*, Paris, Perrin, collection tempus n° 143, 2006.

*1958, la naissance de la Ve République*, Paris, Découvertes Gallimard. Histoire n° 525, 2008.

collection tempus

Michel WINOCK

# L'ÉLECTION PRÉSIDENTIELLE EN FRANCE

1958-2007

PERRIN

www.editions-perrin.fr

AVERTISSEMENT

Cet ouvrage a été édité pour la première fois chez Flammarion en mars 2007 sous le titre : *La Mêlée présidentielle*.
Le dernier chapitre, portant sur l'élection de 2007, forcément inachevé, a été remplacé par un article paru dans *Le Débat* n° 146, septembre-octobre 2007 sous le titre : « La dernière mêlée présidentielle ».


ISBN : 978-2-262-02822-0

**tempus** est une collection des éditions Perrin.

« Le président de la République : habit noir, pas de décorations, pas d'aides de camp, pas de chevaux, pas de panache. Vit simple, modeste, fier ; entre pauvre et sort pauvre. N'accorde aux princes que ce qu'il en reçoit. Dit *Monsieur* au roi d'Angleterre et à l'empereur d'Autriche.

« En France, l'égal de tous les citoyens ; hors de France, l'égal de tous les souverains. »

Victor Hugo, *Choses vues*,
29 septembre 1848.

# 1

# La naissance du monarque républicain

Il faut se mettre à la place des Constituants de 1848. Tout à coup, au terme de ces trois « journées » qui brûlent le pavé de février, on a lâché au peuple français le suffrage universel. Ceux qui étaient à l'origine de ce grand chamboulement n'en demandaient pas tant. Ils avaient lancé un mouvement – la campagne des banquets – pour exiger la réforme électorale, mais sans prétendre au vote pour tout le monde. Sous Louis-Philippe, on ne comptait qu'environ 230 000 citoyens actifs, électeurs, dans un pays de 35 millions d'habitants. On appelait cela le suffrage censitaire, apanage des propriétaires plus que des « capacitaires » ; mais pour Guizot, l'un de ses théoriciens, pour participer, il fallait le temps de la réflexion qui n'appartenait finalement qu'aux plus gros contribuables. Les réformistes revendiquaient l'abaissement du cens (la quotité d'imposition) pour permettre le doublement ou le triplement de l'électorat. Pas vraiment plus, même si certains d'entre eux comme Ledru-Rollin, plus audacieux, estimaient que tous les hommes majeurs devraient voter. Les trois journées de Février qui abattirent la monarchie orléaniste portèrent les réformateurs où ils n'avaient pas conçu d'aller : à l'instauration, le 2 mars 1848, du suffrage universel, par un gouvernement provisoire au sein duquel Lamartine tentait de maintenir vaille que vaille l'équilibre entre les républicains de raison et les rouges de barricade.

Est donc élue en avril cette Constituante, composée en majorité de modérés, qui doit s'accommoder du suffrage universel (l'égard qu'on doit aux femmes nous oblige à préciser aujourd'hui qu'il n'était, et jusqu'en 1944, que masculin), lequel suffrage universel pouvait être redouté comme l'instrument de la subversion extrême : les pauvres n'étaient-ils pas autrement nombreux que les riches ? Le socialisme ne menaçait-il pas ? Allait-on dès lors établir un régime d'assemblée au sein duquel les porte-parole mandatés de la « vile multitude » – comme dira Thiers deux ans plus tard – remettraient en cause la propriété, la religion, l'ordre en général ? Déjà, lors d'une élection complémentaire, on avait vu élire par les mal-votants Proudhon, qui passait pour un redoutable révolutionnaire, et dont la maxime : « La propriété c'est le vol », la seule sans doute qu'ils aient connue de lui, avait fait frémir les beaux quartiers et tous les Dambreuse[1] de Paris et leurs clientèles. Où allait-on ? Le Constituant de 1848, républicain de fraîche date, eut donc à cœur de balancer le risque de la démagogie parlementaire par un principe d'autorité, rappelant forcément la monarchie : ce serait le président de la République.

Des républicains de gauche, derrière Jules Grévy, récusèrent l'invention de cette magistrature suprême à risque : le chef de l'exécutif, ce devait être le prési-

1. Personnage de *L'Éducation sentimentale* de Flaubert, Dambreuse est un archétype des grands bourgeois parisiens qui ont investi le Faubourg-Saint-Honoré, juste-milieu, banquier et directeur de plusieurs compagnies.

dent du Conseil des ministres, investi par l'Assemblée, laquelle pourrait toujours le révoquer. Grévy subodorait que la « force excessive » d'un président de la République ferait courir un danger de despotisme. On lui objecta qu'un président du Conseil n'avait pas de durée constitutionnelle assurée : nommé un jour, révoqué le lendemain, il serait un chef de l'exécutif trop sujet aux ornières pour la continuité des institutions. L'amendement Grévy fut repoussé par 643 voix contre 158. On aurait donc un président de la République.

Qui l'élira ? On n'imagina pas que le chef de l'exécutif pût être autrement désigné que par la nation elle-même, source désormais de toute légitimité. Tocqueville, député libéral, défendit ainsi le projet : « [Après les sanglantes journées de juin], écrit-il dans ses *Souvenirs*, je soutins avec vivacité devant l'Assemblée le système de l'élection du président par le peuple et contribuai dans une certaine mesure à le faire prévaloir. La principale raison que je donnai fut qu'après avoir annoncé à la nation qu'on lui accorderait ce droit qu'elle avait toujours souhaité avec ardeur, il n'était plus possible de le lui dénier : cela était vrai... » Il ajoutait : « Je regrette d'avoir parlé dans cette occasion. »

La procédure sur laquelle on s'entendit finalement fut la suivante : au premier tour, était déclaré vainqueur le candidat qui avait obtenu la majorité absolue des suffrages et, parce qu'il fallait tout prévoir, un minimum de 2 millions de voix. Si aucun nom ne rassemblait ce double quorum, ce serait alors l'Assemblée nationale qui choisirait, au vote secret, à la majorité absolue, l'un des cinq candidats ayant obtenu le plus de voix au premier tour.

Quels seraient les pouvoirs de ce président ? Les Constituants voulurent fixer un équilibre entre les droits d'un monarque tout-puissant et l'impuissance d'un président soliveau. Il aurait donc la possibilité de faire présenter des projets de loi par les ministres ; en revanche il ne communiquerait avec l'Assemblée que par message et n'aurait pas le droit de dissolution.

Le 4 novembre, la Constitution était votée.

Après l'élection de l'Assemblée législative – assemblée unique de 750 membres –, la campagne présidentielle fut ouverte. Contre les candidats de la République modérée, Cavaignac et Lamartine, contre le candidat de gauche Ledru-Rollin, et celui de l'extrême gauche François-Vincent Raspail, ce fut Louis-Napoléon Bonaparte qui nettoya le tapis. La droite, tous conservateurs confondus, Thiers en tête qui le prenait pour un crétin qu'on pourrait « mener », l'avait soutenu. Succès écrasant dès le premier tour : le neveu de Napoléon Ier obtenait plus de 70 % des suffrages.

La légende napoléonienne, répandue dans les chaumières et les mastroquets, avait eu raison de la modération républicaine. Les paysans avaient vu en Louis-Napoléon le défenseur de la propriété contre les « rouges » ; les ouvriers l'avaient choisi contre le général Cavaignac qui avait réprimé les insurgés de juin 1848, et les conservateurs avaient élu le défenseur nécessaire de l'ordre. Ce n'était pas un homme, c'était un lieu géométrique. Le 20 décembre, le prince Louis-Napoléon était proclamé président de la République.

Cette première élection d'un Président au suffrage universel avait largement démontré le danger que représentait cette innovation : un nom mythique avait tout décidé, un nom sur lequel se projetaient les espérances les plus contradictoires. D'apparence démocratique, le mode de scrutin menaçait d'attenter aux principes mêmes de la démocratie par le choix final d'un ambitieux effréné, d'un démagogue dénué de scrupules, d'un aventurier, ou d'un histrion. La relation directe entre le peuple inorganisé et un chef totémique pouvait conduire à ce despotisme tant craint par les républicains. La suite des événements devait confirmer le bien-fondé de leur inquiétude.

Les Constituants avaient résolu qu'après son mandat de quatre ans le Président ne serait pas rééligible. Pour se maintenir au pouvoir, le prince-président tenta donc de faire réviser la Constitution. Ayant échoué à convaincre la majorité constitutionnelle de l'Assemblée, Louis-Napoléon Bonaparte se détermina au coup d'État, qui fut accompli dans la nuit du 2 décembre 1851. Un an plus tard, le président de la République devenait l'empereur Napoléon III. Ce précédent devait inscrire pour longtemps dans la charte républicaine le refus du pouvoir personnel, un refus qui impliquait la suppression de la présidence de la République, à tout le moins l'opposition à toute nouvelle expérience d'élection présidentielle au suffrage universel.

Après la chute de l'Empire, le 4 septembre 1870, la nouvelle République fut officiellement établie en 1871 par une Assemblée nationale composée en majorité de conservateurs incapables de s'unir pour restaurer la monarchie. Ceux d'entre eux qu'on appelait « orléanistes » finirent par passer un compromis avec les républicains modérés, pour voter les lois constitutionnelles de 1875. Contrairement aux vœux des radicaux, la présidence de la République fut confirmée ; le mandat du président fut porté à sept ans. Mais fini le suffrage universel ! Ces lois décidèrent l'élection de ce président par le Congrès, c'est-à-dire la réunion de la Chambre des députés et du Sénat.

Une question restait en suspens, étant donné le flou de la « Constitution » de 1875 : quel était le vrai chef de l'exécutif, le président de la République ou le chef du gouvernement ? La question fut réglée en 1877, lors de ce qu'on appelle la « crise du 16-Mai ». Le président Mac-Mahon, ayant exigé la démission du président du Conseil Jules Simon, bien que celui-ci fût soutenu par la majorité issue des élections de 1876, la dissolution de la Chambre suivit bientôt ; les républicains qui gagnèrent les législatives tranchaient ainsi la question des pouvoirs effectifs du Président. Avec le successeur de Mac-Mahon, Jules Grévy, premier président de la République républicain, la IIIe République entamait véritablement sa carrière : elle serait jusqu'à sa fin un régime d'assemblée ; le législatif tiendrait en main l'exécutif ; le président de la République, malgré les volontés et les velléités personnelles, serait avant tout un personnage symbolique. Le général de Gaulle dira plus tard : tout juste bon à inaugurer les chrysanthèmes.

L'histoire se répéta après la Seconde Guerre mondiale avec la IVe République. On n'avait pas oublié Napoléon III ; on oubliait encore moins le maréchal Pétain : malgré de Gaulle, les Constituants rejetaient un pouvoir exécutif qui serait au-dessus du pouvoir législatif, et encore plus le principe d'un président élu au suffrage universel. De Gaulle lui-même, à ce moment-là, ne s'aventurait pas à le proposer. Il voulait cependant renforcer l'exécutif, la faiblesse de celui-ci ayant été une des plaies de la République défunte. Il échoua à convaincre les grands partis, démissionna, et se révéla impuissant à empêcher le retour d'un gouvernement d'assemblée qui reproduisit le déséquilibre institutionnel de la IIIe République. La prépondérance du législatif faisait partie d'un credo républicain inviolable.

C'est la guerre d'Algérie qui devait tout remettre en question. L'impuissance des gouvernements à proposer une perspective de solution à l'insurrection nationaliste algérienne, l'instabilité ministérielle due à l'impossibilité de majorités stables à l'Assemblée, l'exaspération des Français d'Algérie et des cadres de l'Armée furent les causes du coup de force du 13 mai 1958 à Alger qui entraîna, après quinze jours de péripéties, le retour du général de Gaulle aux commandes. L'Assemblée nationale, après avoir renâclé, lui accorda les pleins pouvoirs pour six mois, afin de mettre en forme un projet de Constitution à ratifier directement par le suffrage universel.

Depuis longtemps, de Gaulle avait ses idées en matière constitutionnelle. Après sa démission du gouvernement en janvier 1946, il avait exposé ses conceptions dans son discours de Bayeux, le 16 juin de la même année, dirigé contre la seconde Assemblée constituante qui travaillait à une nouvelle mouture de IV<sup>e</sup> République après une première version rejetée par le vote populaire. Le principe directeur du projet gaullien était la restauration de l'autorité politique par l'attribution de vrais pouvoirs au président de la République, chef de l'État placé au-dessus des partis, et qui serait élu par un collège très large. En 1958, ce principe fut adopté. Il n'était pas encore question d'élargir ce collège électoral à l'ensemble des citoyens. Léon Blum, cependant, avait saisi dès 1946 la logique de cette « Constitution de Bayeux » qui devenait, grosso modo, celle de la V<sup>e</sup> République : « Le discours de Bayeux se déduit tout entier du principe de la séparation des pouvoirs, c'est-à-dire du partage de la souveraineté entre un Exécutif et un Législatif également délégataires du peuple, bien qu'à des titres différents. Dans ce système, le président de la République sera le chef du gouvernement et de l'administration, le président du Conseil se trouvant, par contre, réduit au rôle d'un fondé de pouvoirs, d'un homme de confiance, d'un porte-parole vis-à-vis du Parlement. J'ajoute que, pour un chef de l'Exécutif ainsi conçu, l'élargissement du collège électoral ne saurait suffire. Toute souveraineté émanant nécessairement du peuple, il faudrait descendre jusqu'à la source de la souveraineté, c'est-à-dire remettre l'élection du chef de l'Exécutif au suffrage universel. Là est la conclusion logique du système. »

Quand bien même de Gaulle eût adhéré à cette logique en 1958, il ne pouvait braver les hommes politiques de la IVe avec lesquels il avait passé un compromis tacite lui permettant d'être investi, et avec des pouvoirs exceptionnels. Un autre fait l'interdisait : le Président risquait d'être l'élu des États membres de la Communauté, éventuellement contre la métropole. Et puis, la puissance électorale du Parti communiste pouvait faire craindre que, dans pareille élection, son candidat n'arrive en tête. Le Président serait donc élu pour sept ans par un collège de notables, un peu plus de 81 000 grands électeurs[1]. De Gaulle fut ainsi consacré premier président de la Ve République le 21 décembre 1958, avec 78,5 % des suffrages exprimés ; ses adversaires, Georges Marrane, pour le Parti communiste, et Albert Chatelet, pour la gauche non communiste, obtinrent respectivement 13 % et 8,5 % des voix.

La Constitution de 1958 bouleversait la tradition républicaine en supprimant la prépondérance du Parlement sur le pouvoir exécutif. Celui-ci était exercé pleinement par le chef de l'État. Certes, la Constitu-

---

1. Il s'agissait des maires, d'un certain nombre d'adjoints et de conseillers municipaux, des conseillers généraux et des membres du Parlement.

tion attribuait au Premier ministre, responsable devant le Parlement, la direction du gouvernement. Cette dimension parlementaire, Guy Mollet, chef du Parti socialiste, et autres caciques de la Quatrième, l'avaient voulue, l'avaient défendue, l'avaient obtenue. En fait, dans l'esprit du Général les textes devaient se plier à sa volonté : « Le chef du gouvernement, c'est moi, déclare-t-il à Alain Peyrefitte. Le Premier ministre est le premier des ministres, *primus inter pares*, il coordonne leur action, mais il le fait sous la responsabilité du président de la République, qui dirige l'exécutif sans partage[1]. »

La chose est claire : le pouvoir est hiérarchique ; le gouvernement est unanime sous la volonté du Président. Si l'Assemblée s'avise de renverser le gouvernement par une motion de censure, le Président aura le choix entre son remplacement par un autre Premier ministre et la dissolution de l'Assemblée. Cette menace de dissolution était aussi une arme dissuasive : les députés, jaloux de leurs sièges, s'y prendraient à deux fois avant de voter la censure.

Ce système fonctionne sans difficulté pendant les quatre premières années qui furent les quatre dernières années de la guerre d'Algérie. De Gaulle est massivement soutenu par la population métropolitaine, comme le prouvent les référendums successifs qu'il organise ; son Premier ministre Michel Debré, qui a la charge d'exécuter la politique algérienne, dispose d'une majorité parlementaire confortable. Tant que de Gaulle doit affronter la guerre, la rébellion des généraux, les tentatives d'attentats des tueurs de l'OAS, la majorité lui est acquise. Le référendum d'avril 1962 sur les accords d'Évian est gagné par

1. Alain Peyrefitte, *C'était de Gaulle*, t. 1, Fallois/Fayard, 1994.

plus de 90 % des suffrages. De Gaulle a réussi à faire la paix en Algérie, au prix fort, dans le drame, dans la douleur. Son action lui vaut une haine inexpiable de la part des partisans les plus actifs de l'« Algérie française » en même temps que la reconnaissance et le soutien général de la population de métropole.

Au lendemain de la signature des accords d'Évian, le Général entame une nouvelle phase de son action : la décolonisation est faite, il s'agit maintenant de rétablir la France au premier rang des grandes puissances. À ses yeux, c'est au président de la République qu'incombe la charge de cette mission. Il a lui-même 71 ans, il n'est pas éternel. Il sait que la principale source de son autorité lui vient de sa légitimité historique : il a été, il reste l'homme du 18-Juin, le chef de la France libre, le libérateur du territoire. Nul autre ne dispose d'un tel capital de prestige. Quelle sera l'autorité de celui qui viendra après lui ? Cette réflexion l'amène à penser la révision constitutionnelle en faveur d'une élection du Président au suffrage universel. La logique du système perçue par Léon Blum allait se mettre en marche. Le 30 mai 1962, le Général déclare en privé à Peyrefitte : « La légitimité m'a été conférée par l'Histoire. Il faut désormais que la légitimité soit directement conférée par le souverain, c'est-à-dire par le peuple[1]. » Il n'y a pas de temps à perdre, dit-il encore, car si l'OAS me « zigouille »...

La décision est prise, sa mise en œuvre est accélérée par un épisode dramatique : l'attentat du Petit-Clamart. Le 22 août 1962, après le Conseil des ministres, le Général, accompagné de son épouse et de son gendre, a quitté l'Élysée en voiture pour gagner l'aéro-

1. Alain Peyrefitte, *C'était de Gaulle*, *op. cit.*, p. 177.

port militaire de Villacoublay, où l'attend son avion pour Saint-Dizier. Un commando de l'OAS en embuscade est posté au lieu-dit du Petit-Clamart ; au passage de la DS présidentielle, les armes automatiques crépitent : environ 150 balles sont tirées, dont 14 atteignent le véhicule du Général conduit de main de maître par le maréchal des logis Francis Marroux qui, par sa présence d'esprit, évite la catastrophe : personne n'est atteint. Ce n'est pas la première fois que de Gaulle échappe à un attentat ; il a décidément la baraka. Mais, cette fois, il n'attendra plus : la mort l'avait frôlé de trop près, il est urgent de passer à cette révision constitutionnelle qui donnera à son successeur l'*auctoritas* indispensable à la direction des affaires. « Malgré ce danger permanent de la disparition du chef de l'État, dit-il au Conseil des ministres du 29 août, il faut que les institutions puissent se maintenir. L'essentiel, depuis 1958, c'est l'existence d'une tête, le chef de l'État garant du destin national, avec les moyens nécessaires. Une certaine consécration historique m'aide dans cette fonction. Cela ne peut pas être fait après moi par quelqu'un qui n'aurait pas la consécration du peuple. Je ne l'aurais pas fait si vite s'il n'y avait pas eu cet attentat. »

Georges Pompidou, qui a remplacé Michel Debré comme Premier ministre depuis le mois d'avril, est chargé de réaliser la révision. Ce sera difficile. Il ne dispose que d'une étroite majorité, tant les parlementaires, la guerre d'Algérie achevée, ont repris leurs distances vis-à-vis de l'Élysée. Pour beaucoup, de Gaulle avait accompli sa mission, il pouvait rentrer chez lui. Et ce Pompidou, qui n'a jamais été du sérail politique, qui n'avait jamais été de la France libre, de la Résistance, apparaît comme un homme-lige du Général, un porte-serviettes, un commissionnaire de l'Élysée. Or le voici confronté à l'article 89 de la

Constitution, défendu bec et ongles par l'opposition : « L'initiative de la révision de la Constitution appartient concurremment au président de la République sur proposition du Premier ministre et *aux membres du Parlement* [c'est moi qui souligne]. Le projet ou la proposition de révision doit être voté par les deux Assemblées en termes identiques. » La grogne montante dont Pompidou fait les frais rend improbable l'accord du Parlement, où la défiance du pouvoir personnel reste un article de foi. Que faire ?

Le droit est élastique. Deux autres articles de la Constitution vont servir à contourner l'obstacle parlementaire. L'article 3 d'abord : « La souveraineté nationale appartient au peuple qui l'exerce par ses représentants et par voie de référendum. » L'article 11 ensuite : « Le président de la République, sur proposition du gouvernement pendant la durée des sessions parlementaires, ou sur proposition conjointe des deux Assemblées, peut soumettre au référendum tout projet de loi portant sur l'organisation des pouvoirs publics. »

Lorsque, au Conseil des ministres du 19 septembre, de Gaulle demande l'avis de chacun sur cette procédure, les critiques ne manquent pas. Jean Foyer, garde des Sceaux, exprime un doute sur la légalité du recours à l'article 11. De Gaulle, ironique, le réconforte : « M. le garde des Sceaux a des scrupules, mais il les surmonte. » Ce n'est pas le cas du ministre de l'Éducation nationale, Pierre Sudreau, qui juge la réforme dangereuse et inopportune. Les autres se laissent fléchir. Malraux y va de son clinquant : « Il n'est pas possible que l'on retombe dans le système des notables, car il n'y a plus de notables au siècle de l'avion à réaction, des satellites et de la télévision. » Le lendemain, de Gaulle, dans une allocution radiodiffusée et télévisée, informe les Français de ses intentions. Après avoir rappelé le rôle fondamental du président de la République dans le régime qu'il a instauré ; expliqué pourquoi il n'avait pas d'emblée, en 1958, exigé l'élection du Président au suffrage universel ; et fait la différence entre lui, dépositaire de la légitimité historique, et son successeur qui n'aurait pas « nécessairement reçu des événements la même marque nationale », il ajoute :

« Je crois donc devoir faire au pays la proposition que voici : quand sera achevé mon propre septennat ou si la mort ou la maladie l'interrompaient avant le terme, le président de la République sera dorénavant élu au suffrage universel. Sur ce sujet, qui touche tous les Français, par quelle voie convient-il que le pays exprime sa décision ? Je réponds : par la plus démocratique, la voie du référendum. C'est aussi la plus justifiée, car la souveraineté nationale appartient au peuple et elle lui appartient évidemment, d'abord, dans le domaine constituant. »

Sauf de la part du parti gaulliste de l'UNR, c'est un tollé général. Pierre Sudreau démissionne du gouvernement. Gaston Monnerville, président du Sénat, trouve le mot qui fait mouche au Congrès du parti radical qui se réunit une semaine plus tard à Vichy : « Il y a un moyen que le Parlement peut employer : la motion de censure, c'est la réplique directe, légale, constitutionnelle à une violation de la Constitution, à ce que j'appelle une forfaiture. » « Forfaiture » ! Selon le Code pénal, la forfaiture désigne « tout crime commis par un fonctionnaire public dans l'exercice de ses fonctions », la peine minimale qu'elle provoque est la « dégradation civique ». Rien de moins ! Le mot est repris par tous les journaux, par tous les opposants à de Gaulle, qui ne pardonnera pas à Monnerville de l'avoir prononcé. Un journaliste de *Combat*, Louis Rougier, n'hésite pas, lui, à écrire que de Gaulle a fait « l'apologie du *Führerprinzip* ». René Coty, ancien président de la République, qui a contribué de manière efficace au retour du Général au pouvoir, rejoint lui aussi l'opposition.

Le 2 octobre 1962, à la rentrée parlementaire, une motion de censure est déposée contre Pompidou, comme l'avait préconisé Monnerville. Il y est dit que l'entreprise du président de la République n'est ni plus ni moins qu'un « viol » de la Constitution, « une brèche par laquelle un aventurier pourrait passer un jour, pour renverser la République et supprimer les libertés ». Le projet du Général et, plus encore pour certains, la procédure de la révision envisagée qui escamote l'avis des parlementaires, dresse contre de Gaulle et Pompidou l'ensemble des députés, à l'exception des gaullistes pure croix de Lorraine. Le 4 octobre, l'un des intervenants les plus écoutés, Paul Reynaud, dont les relations d'amitié avec de Gaulle datent d'avant la Guerre mondiale, ne recule pas devant l'objurgation : « La question qui nous est posée aujourd'hui est la plus grave qui ait été posée ici depuis la guerre. La Constitution est en effet la base même de l'État et la première victime du coup de force contre elle, c'est le peuple, c'est lui qui est trompé. » Et tourné vers le Premier ministre, comme Mirabeau à Versailles en 1789 vers le maître de cérémonie, le marquis de Brézé : « Allez dire à l'Élysée que notre admiration pour le passé reste intacte mais que cette Assemblée n'est pas assez dégénérée pour renier la République. » Après des heures de discussions, d'interpellations, d'imprécations, la motion de censure est votée, le 5 octobre, par 280 voix sur 480. Le lendemain, *L'Aurore*, sous la plume de Jules Romains, conclut : « La République est sauvée. »

De Gaulle, qui voit resurgir le fantôme du régime haï des partis et qui entend, contre eux, s'appuyer sur le peuple, n'a nullement l'intention d'accepter la démission de Pompidou. La Constitution lui permet de dissoudre l'Assemblée ; il la dissout, le 9 octobre. Pompidou reste ainsi en poste pour régler les affaires courantes, et, en fait, pour préparer le référendum prévu pour le 28 octobre, avant les élections d'une nouvelle Assemblée en novembre.

La campagne est mouvementée. Toutes les forces politiques, à l'exception de l'UNR, militent pour le non. De la droite extrême aux socialistes, un « Cartel des Non » se constitue. Jean-Jacques Servan-Schreiber accuse, dans *L'Express*, ceux qui ne sont pas décidés à voter non de se rendre complices d'une forfaiture, d'une trahison. Le discours de Monnerville est expédié sous forme d'affiches aux 38 000 communes de France. La référence à Napoléon III et au Second Empire devient une ritournelle, de Jacques Duclos à François Mitterrand, de Waldeck Rochet à Guy Mollet. À la veille du scrutin, le 27 octobre, *Combat* publie un dossier sur deux pages entières consacré au plébiscite napoléonien de 1870, Gambetta, Hugo, Rochefort et Clemenceau à l'appui. La France est un pays d'historiens. On reprend ici et là la formule de Gambetta, parlant de Mac-Mahon, lors de la crise du 16-Mai : « Il faudra se soumettre ou se démettre. »

De Gaulle parie que ce dilemme lui sera épargné ; il se réfère aux précédents référendums qui lui ont tous été largement favorables ; il est convaincu que les Français, avec lui, refuseront le retour du régime des partis, le retour des « politichiens », comme il dit dans le privé. Le complexe international peut jouer, de son côté : le monde est en pleine crise des « fusées » : le président Kennedy a prévenu Khrouchtchev qu'il n'admettrait pas l'installation des fusées soviétiques à Cuba. Dans ce conflit international, devant cette menace de guerre, la France n'a-t-elle pas intérêt à être dirigée par un pouvoir fort ? La tension entre les deux blocs peut avantager le Général, homme des tempêtes par excellence.

De Gaulle, cependant, n'est-il pas seul contre tous ? François Mauriac fait entendre sa voix dans son *Bloc-Notes* : « Hé quoi ! Voilà un homme contre lequel sont ameutés tous les vieux partis, de la gauche révolutionnaire à la droite la plus extrême et la plus criminelle, en passant par le centre le plus modéré, et presque tous les grands journaux de la province et les hebdomadaires à la mode. Sans compter les généraux mutinés, les tueurs à gages et les tueurs mystiques de l'espèce la plus redoutable, celle qui croit assurer par le meurtre son salut éternel ; sans compter tout ce que l'Institut a nourri de vaillants. Pour les gens du monde, ils grincent des dents et de la fourchette au seul nom de De Gaulle. La haine leur monte au nez dès le premier whisky. »

Les électeurs sont partagés. Finalement, le oui l'emporte par 62,25 %. Le succès est net. Pas vraiment au regard du Général qui avait eu l'imprudence de déclarer le 18 octobre : « Si la majorité est faible, médiocre, aléatoire, ma tâche sera terminée aussitôt et sans retour. » Or quand il regarde le chiffre des inscrits – il y a eu près de 24 % d'abstentions –, il note que moins de 50 % des électeurs ont ratifié la réforme proposée. La presse, parfois sur un ton triomphal, le lui fait bien remarquer. Sa déception est profonde ; il songe un moment à tout arrêter. Il surmontera son abattement : « En matière d'institutions, dira-t-il au Conseil des ministres qui suit le référendum, il n'existe pas de méthode d'accouchement sans douleur. »

Les élections législatives de novembre le rassurent : les gaullistes obtiennent presque la majorité absolue des sièges ; ils sont secondés par les Indépendants de Valéry Giscard d'Estaing et un certain nombre de députés membres de l'Association pour la Ve République. Le deuxième gouvernement Pompidou jouira d'un net appui parlementaire. La réforme constitutionnelle est définitivement sauvée.

Désormais aura lieu tous les sept ans l'élection présidentielle au suffrage universel. Quelle est la règle ? Chaque candidat doit être parrainé par au moins cent citoyens membres du Parlement, des conseils généraux, du conseil de Paris, des assemblées territoriales des territoires d'outre-mer ou des maires. Les signataires de la présentation doivent représenter au moins trente départements ou territoires d'outre-mer, sans que plus d'un dixième d'entre eux puissent être les élus d'un même département ou territoire d'outre-mer. Les candidatures appuyées par ces signatures doivent être adressées au Conseil constitutionnel dix-huit jours au moins avant le premier tour de scrutin. Le législateur avait pensé que, par ces haies à franchir, on éviterait les candidatures fantaisistes. La suite allait montrer que les obstacles n'étaient pas suffisants. On élèvera plus tard, en 1976, la barre des signatures à 500.

Deux tours de scrutin sont prévus pour le cas où aucun des candidats n'obtiendrait d'emblée la majorité absolue. Les deux premiers arrivés en tête sont qualifiés pour un second tour, à l'issue duquel le vainqueur sera nécessairement élu à une majorité absolue.

Allait-on ainsi fonder en France un régime présidentiel ? Non. De Gaulle, qui en parle à Peyrefitte, est explicite sur ce point : « Vouloir faire ce qu'on appelle quelquefois un régime présidentiel à l'américaine, ce serait organiser l'anarchie ! Le Président ne pourrait pas dissoudre le Parlement. Le Parlement ne pourrait pas renverser le gouvernement. Le conflit s'installerait entre eux d'une façon endémique. En Amérique déjà, ça va couci-couça. En France, ce serait affreux ! On s'enfermerait dans une situation sans issue. »

La Constitution restait la Constitution, on l'avait seulement amendée pour doter les futurs présidents de la République d'une représentativité indiscutable. Nul ne pourrait leur contester leur légitimité. De ce fait, la Constitution de 1958 n'était plus, comme l'avaient dit et écrit tant de commentateurs, une Constitution faite sur mesure pour un homme d'exception ; elle était destinée à durer.

Le premier rendez-vous des électeurs était donc prévu au terme du septennat du Général, en décembre 1965.

# 2

# De Gaulle et succession (1965, 1969, 1974)

Les trois premières élections du président de la République au suffrage universel se sont déroulées dans la logique de la V$^{e}$ République. Nous dirions aujourd'hui que la droite pendant un quart de siècle, de 1958 à 1981, domina la France sans partage, si ce terme de « droite » avait été accepté par Charles de Gaulle, Georges Pompidou et Valéry Giscard d'Estaing, vainqueurs successifs des présidentielles de 1965, 1969 et 1974. Le mot « droite » était péjoratif, pour des raisons historiques ; il se référait aux antirépublicains de la III$^{e}$ République, aux catholiques antilibéraux, aux ligues des années trente, au régime de Vichy… Les gaullistes voulaient n'être ni de droite ni de gauche : le Général prônait le « rassemblement » ; un libéral comme Giscard se disait du « centre ». On abandonnait l'appellation de « droite » à une « extrême droite » composée d'anciens poujadistes, des nostalgiques de Pétain, et de l'Algérie française. C'est seulement après la victoire de François Mitterrand en 1981 et l'arrivée à l'Assemblée d'une majorité socialiste que l'ancienne majorité devenue opposition s'accommodera peu à peu de la désignation droitière : quand la gauche gouverne, il faut bien que ses adversaires soient de droite.

*1965, de Gaulle en ballottage*

En 1965, le gaullisme, qui ne voulait donc pas être la droite, est en position de force. De Gaulle semble un champion inexpugnable. Les trois années qui séparent la révision constitutionnelle de l'élection de 1965 sont celles de l'apogée du pouvoir gaullien – un pouvoir sans partage. Jamais le terme de « monarchie républicaine » ne s'est mieux appliqué que durant cette période. Sans doute de Gaulle et Pompidou, son Premier ministre, ont-ils eu maille à partir avec la longue grève des mineurs en 1963, mais dans le domaine strictement politique les gaullistes contrôlent tout ou à peu près tout. Il existe bien une presse d'opposition – *Le Monde* d'Hubert Beuve-Méry (que de Gaulle a pris l'habitude, dans l'intimité, d'appeler *L'Immonde*) s'entend à donner des mauvaises notes ; *Le Canard enchaîné* ravit ses lecteurs avec ses flèches à la Saint-Simon sur la « cour » ; *Le Nouvel Observateur* de Jean Daniel et *L'Express* de Jean-Jacques Servan-Schreiber ne sont pas avares d'épigrammes ; les communistes se posent en antigaullistes résolus malgré la politique antiaméricaine du Général appréciée par Moscou ; et enfin l'extrême droite est violemment hostile à celui qui a « bradé » l'Algérie française : « Tout sauf de Gaulle », clame *Le Cri des rapatriés*, « entre de Gaulle et nous, aucune réconciliation n'est possible ». La campagne présidentielle réactive le cartel des non de 1962. Le Général n'en a cure : il n'est pas, confie-t-il à Peyrefitte, « sur le même plan » que ses concurrents ; il incarne la France et son indépendance, eux ne sont que des « nabots ».

De Gaulle peut se prévaloir d'un bilan de septennat exceptionnel : paix en Algérie, décolonisation de l'Afrique noire, mise au point de la force nucléaire, stabilité de l'État, amélioration du niveau de vie, solennelle réconciliation franco-allemande, politique extérieure d'indépendance et de soutien aux peuples du tiers-monde qui attire la sympathie de tous les continents, si ce n'est l'Europe. Car l'Europe est l'une des pommes de discorde entre ses adversaires et lui. Non que de Gaulle ne soit pas européen, il sait trop bien que la France réduite à l'Hexagone n'a ni la superficie, ni la population, ni les moyens de rivaliser avec les deux « super-grands », mais l'Europe qu'il veut est une union d'hégémonie française. De sorte que le plan Fouchet qui projetait une confédération européenne sans l'Angleterre (« Les Anglais sont vassalisés ! »), « in-dé-pen-dante », amie mais détachée des États-Unis, a été rejeté par les partenaires de la France. Tout ce que le pays compte d'européens convaincus, à commencer par Jean Monnet, fait grief à de Gaulle de cette politique européenne nationaliste.

De Gaulle et Pompidou s'attirent aussi les critiques sur leur politique économique et sociale. La croissance des années soixante est indiscutable, mais la modernisation des structures et le changement provoquent les grèves, les défilés et les levers de pancartes : les agriculteurs se plaignent de la loi-cadre Pisani ; les fonctionnaires et les salariés du secteur public dénoncent la disparité entre leurs revenus et ceux des salariés du secteur privé. Par ailleurs, pour lutter contre l'inflation, Valéry Giscard d'Estaing, ministre de l'Économie et des Finances, a lancé en septembre 1963 un « plan de stabilisation » visant l'équilibre budgétaire, ce qui implique hausses des impôts, restriction des crédits et subventions, blocage et contrôle des prix. L'expansion est freinée.

Il existe donc dans le pays ce que Jean Charlot appelle un « mécontentement endémique », qui est devenu tangible au cours de l'année 1963[1]. À chaque sondage d'opinion, les mécontents sont plus nombreux que les satisfaits. Étrange paradoxe : la croissance globale de la production et des revenus, l'équipement accéléré des ménages, bref, la société de consommation naissante, loin de provoquer la satisfaction, est contemporaine d'un mécontentement à peu près continu. Les grandes mutations ne se font pas sans douleur et l'enrichissement lui-même met en lumière les écarts et les inégalités. Les Français maugréent : la politique économique et sociale va rester le talon d'Achille de la République gaullienne. L'opposition y trouvera matière à sa contestation du régime.

Cela n'empêche pas de Gaulle de garder une cote de popularité enviable : à part la funeste année 1963, il obtient l'aval de plus de la moitié des Français sans désemparer (60 % en janvier 1965, 66 % en septembre). Dans ces conditions, et après avoir entretenu sciemment le suspense, le Général, au grand dam de Georges Pompidou qui caressait déjà le projet de lui succéder, pouvait annoncer le 4 novembre 1965 que sa tâche n'était pas encore accomplie. L'élection présidentielle parut à l'opinion jouée d'avance, de Gaulle devait être réélu sans coup férir. Mais ce dis-

1. À la fin de l'été 1965, les Français donnent en majorité quitus à de Gaulle sur « la manière dont la France est gouvernée », mais 33 % seulement des sondés jugent qu'il une « bonne influence » sur les questions sociales. *Cf.* J. Charlot, *Les Français et de Gaulle*, Plon, 1971, p. 164.

cours, que Gaston Defferre a résumé par une alternative insupportable « Moi ou le chaos », a suscité un tollé général. N'existe-t-il pas des forces d'opposition, des hommes pour assurer la relève, à commencer par la gauche ?

Mais de quelle gauche parle-t-on ? Unie dans le « non » au référendum de 1962, elle reste profondément divisée entre un Parti communiste toujours très fort (près de 22 % des suffrages aux législatives de 1962), un parti socialiste, SFIO, affaibli (12,7 %), des Radicaux (5,8 %) et le PSU (2 %). La gauche, sans unité et minoritaire dans le pays, allait-elle trouver un candidat unique pour la représenter ?

Les signes de renouvellement de cette gauche sont venus, non de la SFIO, mais de groupes nouveaux qu'ont été les clubs de réflexion politique, de ces sociétés de pensée qui ne veulent pas se substituer aux partis mais proposer une réflexion et un programme à l'opposition. Le plus important est le club Jean Moulin, fondé en 1958, regroupant des hauts fonctionnaires – comme François Bloch-Laîné ou Simon Nora –, des anciens élèves de l'ENA, des membres des professions libérales, des universitaires. C'est au sein de ces clubs qu'on va tenter d'adapter la gauche à la situation nouvelle créée par l'élection du Président au suffrage universel. En septembre 1963, *L'Express*, proche du club Jean Moulin, publie le portrait-robot du futur candidat de la gauche, sous l'appellation de « Monsieur X ». Semaine après semaine, l'hebdomadaire complète le portrait du meilleur candidat possible, si bien qu'à la longue chacun conclut à la candidature nécessaire de celui qu'on avait choisi secrètement dès le départ : le socialiste Gaston Defferre. Le 18 décembre 1963, celui-ci, de fait, se met sur les rangs. De Gaulle lui-même reconnaîtra que le maire de Marseille, l'ancien Résistant, le ministre de la loi-cadre de l'Union française, a « de la gueule » et de « l'allure ».

L'hypothèse Defferre va néanmoins tourner court. Celui-ci, répudiant l'alliance avec les communistes, entendait donner forme à une concentration centriste, dont les deux pôles devaient être les socialistes et les démocrates chrétiens du MRP. Une même hostilité au pouvoir personnel et à la politique européenne du Général les unissait. De là l'idée d'une grande Fédération axée au centre. Le projet d'une fédération démocrate socialiste présenté par Defferre le 8 mai 1965 échoue finalement. Tandis que les socialistes redoutent de perdre leur identité dans une pareille coalition où, notamment, le principe de la laïcité aurait à pâtir, les républicains populaires, eux, se refusent à devenir l'aile droite d'un nouveau parti de gauche. Échec d'une lourde portée, puisque, dorénavant, les socialistes seront poussés au rapprochement avec les communistes, cependant que les centristes serviront de plus en plus d'armée de réserve à la majorité de droite dans les années suivantes. Defferre retire sa candidature le 25 juin 1965 : tout est à recommencer. C'est alors que le Parti communiste joue une carte décisive.

Le PCF était en plein changement. Jusqu'à la mort de Maurice Thorez, le 11 juillet 1964, il était resté stalinien dans ses profondeurs. La mort de « Maurice » encouragea l'évolution, mais l'épineuse question de l'élection présidentielle présentait un redoutable danger. Un candidat communiste risquait en effet de réaliser un mauvais score et, ainsi, de laisser s'élargir la brèche dans son puissant électorat. Waldeck Rochet se décida alors de négocier avec Guy Mollet le nom d'un candidat qui serait le mandataire de la gauche unie.

Waldeck Rochet, accompagné de son secrétaire Charles Fiterman, se rend donc cité Malesherbes où se trouvent le siège de la SFIO et le bureau de Mollet. Rochet, après en avoir discuté avec ses camarades, avait son idée en tête, qu'il livre d'emblée à Mollet : « Nous avons un candidat à te proposer. » Mollet écoute et n'en croit pas ses oreilles : le communiste lui propose François Mitterrand. Cri du cœur du socialiste : « Mais vous êtes fous, c'est un aventurier[1] ! » Mitterrand remplissait les bonnes conditions aux yeux des communistes : il avait toujours dit non à de Gaulle, en 1958, en 1962, et puis, surtout, il n'avait pas de grande organisation politique derrière lui, seulement le petit parti UDSR, au demeurant divisé. Soutenir Mitterrand, c'était empêcher le Parti socialiste de reprendre, à la faveur de l'élection présidentielle, la tête de la gauche qu'il avait perdue depuis 1945. Mitterrand présentait l'avantage d'être un isolé, donc un impuissant, qui serait soumis à la tutelle des deux grands partis de gauche. Et de toute façon, le candidat de gauche n'avait aucune chance d'être élu : l'important c'était l'union de cette gauche et son avenir. Guy Mollet objecte, propose des candidats symboliques et se rend finalement à ses raisons.

François Mitterrand attendait son heure. De son propre aveu, il s'était juré depuis 1962 d'être un jour candidat à la présidence. Comme s'il n'y avait eu aucune entente entre les deux grands partis de gauche, il convoqua le 9 septembre 1965 une conférence de presse à l'hôtel Lutétia pour annoncer sa candidature et le fit tout seul à la tribune, alors que Guy Mollet et Waldeck Rochet, présents, étaient restés assis dans la salle. « Il s'agit essentiellement pour

1. La scène est rapportée par Charles Fiterman dans *Profession de foi*, Seuil, 2005, p. 77.

moi, déclara-t-il, d'opposer à l'arbitraire du pouvoir au nationalisme chauvin et au conservatisme social le respect scrupuleux des lois et des libertés, la volonté de saisir toutes les chances de l'Europe et le dynamisme de l'expansion ordonné par la mise en œuvre d'un plan démocratique. » L'union de la gauche était ainsi faite sur le nom de Mitterrand. Dès le lendemain était créée la Fédération de la gauche démocrate et socialiste (FGDS), regroupant la Convention des institutions républicaines, la SFIO, le Parti radical-socialiste, l'UDSR et un certain nombre de clubs de gauche. L'élection présidentielle était en train de modeler ce que de Gaulle n'avait certainement pas voulu : une bipolarisation à la française, la gauche contre le pouvoir gaulliste. Cependant, un troisième larron, un « homme nouveau », s'appliqua à contrecarrer les duettistes.

Qui pouvait représenter le centre et la droite libérale antigaulliste ? Antoine Pinay avait paru le mieux placé, mais, après quelques valses-hésitations et force coquetteries, le sage de Saint-Chamond tira sa révérence. On ne pouvait tout de même pas laisser le « front populaire » et de Gaulle en tête-à-tête. Un démocrate chrétien s'enhardit à relever le défi : le sénateur-maire de Rouen, Jean Lecanuet, président national du MRP. Le 19 octobre, il sautait le pas, abandonnait sa présidence et se déclarait candidat. Il sera la révélation de la campagne. Européen dans l'âme, ce quadragénaire, agrégé de philosophie, devait se montrer un orateur plein de fougue et, surtout, grâce à son physique avenant, à son large sourire – on l'appela bientôt « Dents blanches » en s'inspirant du slogan publicitaire « Dents blanches haleine fraîche, pâte dentifrice Colgate » –, une vraie bête de télévision. Le duo devenait un trio, et Lecanuet pouvait proclamer : « Le Centre existe. »

Un autre candidat prétendit s'immiscer dans le concert, celui de l'extrême droite, Jean-Louis Tixier-Vignancour. Cet avocat sexagénaire, « antigaulliste inconditionnel » défenseur du général Raoul Salan, l'un des quatre acteurs du putsch des généraux d'avril 1961, s'illustrait depuis longtemps comme le porte-parole de tous les vaincus de l'« Algérie française ». Son passé vichyste, ses ruades à l'Assemblée où il fut député de 1956 à 1958, son éloquence, ses reparties, ses mouvements de manche le désignaient de surcroît comme le meilleur interprète de la « droite nationale ». Il fut le premier à faire acte de candidature à la présidentielle et mena une campagne tonitruante au cours de l'été 1965 au moyen d'une caravane et d'un chapiteau de cirque, qui firent la tournée des plages de France. Tout ce que le pays comptait d'esprit légionnaire, réactionnaire et nostalgique de l'Empire, les demi-soldes et les anciens parachutistes comme Jean-Marie Le Pen, les anciens collaborationnistes comme Lucien Rebatet, les lecteurs de l'hebdomadaire *Rivarol*, lui fut un soutien bruyant.

Enfin, deux autres candidats réussirent à obtenir les cent parrainages nécessaires, en dépit de leur obscurité. Le premier, Marcel Barbu, se déclara « le candidat des chiens battus ». Personne ne le connaissait, il passa pour un farfelu. Mais était-il ce « brave couillon », comme le voulait de Gaulle[1] ? Surtout un finaud, qui avait compris l'extraordinaire porte-voix que sont la radio et, plus encore désormais, la télévision, et qui va profiter de ces moyens de communication mis à sa disposition pour promouvoir sa communauté de travail dans la Drôme.

1. A. Peyrefitte, *C'était de Gaulle*, *op. cit.*, t. 2, 1997, p. 603.

Une autre tête imprévue surgit, Pierre Marcilhacy. Du moins est-il sénateur de la Charente, mais un non-inscrit, un marginal de plus de deux mètres de haut, présenté par la Convention nationale libérale. Il se dit candidat parce qu'Antoine Pinay ne l'est pas, et se déclare en faveur d'un « travaillisme humaniste », en se réclamant de la « volonté française de diversité » aussi bien contre le pouvoir personnel que contre les partis. Mais ce héron ne prendra jamais son envol, surtout après la candidature annoncée de Jean Lecanuet. L'élection n'avait pas fini de stimuler les ego.

La campagne électorale se révèle assez curieuse car le principal candidat, le général de Gaulle, dédaigne d'y participer. Il tient, en effet, à ne pas se situer au même niveau que ses adversaires : son passé, son œuvre parlent, et sa cote de popularité lui épargne de faire du tam-tam. Il dédaigne même les temps de parole qui lui sont officiellement attribués à la radio et à la télévision. Grave erreur tactique, dont ses lieutenants s'inquiètent : sa popularité – 66 % en septembre – descend à 52 % à la veille de l'élection. Les auditeurs et téléspectateurs, les oreilles pleines depuis des années du discours gaulliste, découvrent une tout autre musique. La critique du régime pénètre dans les salons et les salles à manger ; la désacralisation du chef est en cours. Alors, à partir du 24 novembre, on assiste à une contre-offensive gaulliste tous azimuts. Les meetings se multiplient et, le 30 novembre, le Général utilise pour la première fois les quinze minutes qui lui sont dévolues et les met à profit pour pourfendre ses cinq adversaires. Mais n'est-ce pas trop tard, et de Gaulle n'a-t-il pas sous-estimé ses rivaux ?

La campagne a été passionnée. À gauche, les militants communistes et les militants socialistes se sont démenés en faveur de « l'aventurier ». Mitterrand a pris alors une véritable dimension nationale : incisif, corrosif, convaincu, convaincant, soutenu non seulement par le ban et l'arrière-ban de toutes les organisations de gauche, mais par les personnalités les plus diverses, comme le chanoine Kir, et même Jean-Paul Sartre qui, dans un premier temps, avait dénoncé le caractère factice de l'union de la gauche et la personnalisation du pouvoir, mais qui, après que Lecanuet eut déposé sa candidature et fut devenu « le véritable vainqueur du tournoi télévisé », s'est rallié : « Voter Mitterrand, ce n'est pas voter pour lui, mais *contre* la fuite à droite des socialistes. »

Personne n'y croyait, et c'est arrivé : le dimanche 5 novembre, le général de Gaulle est mis en ballottage. Le taux de participation, sans précédent – on ne compte que 15 % d'abstentions –, ne lui a pas profité : il n'obtient que 43,7 % des suffrages. L'erreur de chacun a été de pronostiquer la victoire du Général à l'aune des résultats obtenus aux référendums qui se sont succédé depuis 1958. Mais, cette fois, l'électeur n'était pas placé devant une alternative – oui ou non –, mais face à six candidats ayant des pouvoirs de séduction plus ou moins grands.

La presse communiste, les journaux de gauche crient victoire : François Mitterrand est arrivé en deuxième position avec plus de 32 % des suffrages. Pourtant, la dynamique de l'union n'a pas été aussi efficace qu'on pouvait l'espérer (ou le craindre) : 32 % pour l'ensemble de la gauche, ce pouvait être jugé décevant. Ce n'était pas mieux qu'aux législatives de 1962. Mais que de Gaulle soit mis en ballottage tenait du merveilleux.

En fait, le principal artisan de ce ballottage était bien Lecanuet. Certes, il n'avait obtenu qu'un peu moins de 16 % des voix, mais ces voix-là n'étaient pas de gauche en général ; elles avaient été prises sur l'électorat gaulliste le moins gaulliste, sur la droite critique. À le bien prendre, cette élection traduisait la stabilité du corps électoral : une majorité relative du gaullisme, une opposition de gauche très minoritaire et un électorat de droite dispersé. Tixier-Vignancour, lui, malgré sa campagne tapageuse, devait se contenter de 5,3 % des suffrages ; le sénateur Marcilhacy, 1,7 % ; et Barbu, 1,2 %. Mais celui-ci se consola en calculant que sa prestation lui avait coûté 100 000 francs (environ 115 000 de nos euros, non remboursables parce qu'il n'avait pas obtenu 5 % des voix), alors qu'au prix réel une publicité équivalente lui eût coûté 3 millions. D'autres, plus tard, s'en souviendront.

Cette élection qui n'aurait pas dû surprendre et qui surprit tant allait-elle s'achever en drame, c'est-à-dire par le départ du général de Gaulle, qui n'avait pas obtenu « l'adhésion franche et massive » qu'il escomptait ? Le Président, un moment abattu, hésita effectivement, mais, poussé par les siens, le 8 décembre, confirma « naturellement » sa candidature. On entra alors dans la seconde campagne : Mitterrand contre de Gaulle. Une empoignade qui passionna autant les Français que le premier tour. Il n'y eut pas de « duel » à proprement parler : de Gaulle ne se commettrait pas dans un face-à-face avec un Mitterrand, ni à la télé ni ailleurs. Il est notable que le Général, dont le mépris pour François Mitterrand s'exprime si souvent dans le privé (le « Rastignac de la Nièvre », le « politichien », qui « mange à tous les râteliers », « l'arsouille »...), n'utilisera pas l'attaque *ad hominem* que certains lui conseillaient : la francisque, la photo de la poignée de main entre Mitterrand et Pétain, le faux attentat de l'Observatoire. « Non, je ne ferai pas la politique des boules puantes », déclare-t-il à Peyrefitte, ajoutant : « Il ne faut pas porter atteinte à la fonction, pour le cas où il viendrait à l'occuper[1]. » Cependant, la leçon de son erreur tactique du premier tour avait été comprise. Cette fois, le Général entre pleinement dans la bataille et fait une série d'apparitions télévisées de haute volée, multipliant les formules pittoresques, usant tour à tour de la gouaille et de la solennité, rompant la monotonie du discours en demandant au journaliste Michel Droit de l'interviewer pour le deuxième de ses trois passages à l'ORTF, allant même jusqu'à mimer sur son siège élyséen, dans une des scènes restées les plus célèbres de son répertoire, ceux qui « sautent sur leur chaise comme un cabri en disant "Europe, Europe, Europe" ».

François Mitterrand attaque en effet de Gaulle sur l'Europe, espérant rallier les suffrages des électeurs de Jean Lecanuet : « Je veux, dès maintenant, signifier à tous ceux qui m'entendent que : ou bien le gouvernement français regardera vers le passé, tentera sur le plan économique comme sur le plan diplomatique, d'enfermer la France derrière d'étroites frontières, ou bien le gouvernement de la France, comme je le veux, ouvrira l'espérance, cherchera des marchés, créera des richesses nouvelles, entrera dans des communautés politiques nouvelles, bref, croira dans le génie national de la France… »

Les ralliements affluèrent en faveur des deux candidats, mais les plus étonnants se firent en faveur du candidat de la gauche, Jean Monnet, du côté des « européens », mais surtout, en provenance de la droite anti-gaulliste et de l'extrême droite : Jacques Isorni, l'ancien avocat de Pétain, Georges Bidault et Jacques Soustelle, exilés de l'« Algérie française »,

1. A. Peyrefitte, *C'était de Gaulle*, *op. cit.*, t. 2, p. 602.

ceux qui n'avaient pas pardonné au Général la « perte de l'Algérie » n'hésitèrent pas à mêler leurs voix à celles des communistes, leurs ennemis naturels.

Du côté gaulliste, André Malraux, François Mauriac, Roger Stéphane, Maurice Clavel firent entendre que ce combat n'était pas celui de la gauche contre la droite : « M. Mitterrand, s'exclamait Malraux au palais des Sports de Paris, n'est pas le successeur du général de Gaulle, il est son prédécesseur. »

Le verdict sortit des urnes le soir du dimanche 19 décembre 1965. De Gaulle était vainqueur comme prévu, par 54,5 % des suffrages exprimés, contre 45,5 % à François Mitterrand. Le premier avait bénéficié du report des voix des électeurs de Lecanuet dans les régions catholiques de l'Ouest et de l'Est ; le second des centristes de sensibilité radicale, laïque, de la France du Centre, du Sud-Ouest et de la France méditerranéenne. Mais François Mitterrand avait aussi reçu les adhésions de la grande majorité des électeurs de Tixier-Vignancour[1].

La France gaulliste continuait sa route, mais l'élection présidentielle au suffrage universel avait, paradoxalement, porté un coup à la nature plébiscitaire du régime. L'opposition s'était fait entendre et respecter ; la gauche entrevoyait son union possible ; la vie politique avait retrouvé vie après des années d'éteignoir. Les Français avaient adopté d'enthousiasme – le chiffre record de participation le prouve – cette élection que les vieux partis politiques unanimes avaient rejetée en 1962. On ne pourrait plus remettre en question une institution si populaire, et qui serait peut-être un jour l'instrument du changement. C'était elle le grand vainqueur du scrutin de

1. Voir C. Leleu, *Géographie des élections françaises depuis 1936*, PUF, 1971, p. 134-144.

1965 ; on ne reviendrait pas dessus : le débat de 1962 était clos.

### *1969, de la grandeur à la rondeur*

Un référendum avait provoqué la fronde des partis politiques contre de Gaulle en 1962 ; un nouveau référendum, en 1969, ravive le concert des non, mais, cette fois, le Général va y laisser ses bottes.

Cette idée de référendum, il l'avait eue au fort de la crise de mai 1968 ; son Premier ministre, Georges Pompidou, l'en avait dissuadé. Le conseil avait été judicieux : les élections législatives consécutives à la dissolution de l'Assemblée avaient été un raz-de-marée gaulliste. Cependant, cette victoire-là avait été bien plus celle de Pompidou que celle du Président, que d'aucuns avaient jugé défaillant, surtout lorsqu'il quitta Paris de manière impromptue pour Baden-Baden. Certes, il en était revenu plus combatif que jamais et quand, brusquement, les Champs-Élysées se remplirent de la foule tricolore, la fin de crise était annoncée, et le Général pouvait se targuer d'avoir été en définitive un stratège hors de pair. Il n'empêche ! il avait une revanche à prendre : ces suffrages qui s'étaient portés sur les noms des candidats gaullistes à la députation, il les sentait issus de la peur après le grand chambardement ; il voulait les rassembler sur son nom propre, et pour une œuvre positive. La « révolution introuvable » de Mai, selon l'expression de Raymond Aron, avait pointé tout au moins le besoin de réforme ; de Gaulle y était décidé, à commencer par celle de l'État. Il chargea donc Jean-Marcel Jeanneney, ministre d'État dans le gouvernement présidé par Maurice Couve de Murville, de préparer le texte d'une double réforme, la création des « régions » et la transformation du Sénat – ce Sénat qui, depuis le discours arrogant de son président Monnerville en 1962, était sa bête noire.

Une fois la date du référendum fixée – au 27 avril 1969 –, la campagne pour le non s'était déclenchée. Le nouveau président du Sénat, Alain Poher, se posa d'entrée en gardien du temple menacé de devenir un autre Conseil économique et social sans pouvoir. Les anciens adversaires du Général en 1965 furent vite de la partie : pour Mitterrand, c'était un nouvel acte anticonstitutionnel ; pour Lecanuet, il s'agissait d'« étouffer le Sénat » et de « créer une illusion de région ». Le Parti communiste n'attendit pas son reste, les radicaux se radicalisèrent et les socialistes, par la voix de Guy Mollet, se mêlèrent à la protestation générale. *Bis repetita placent*. À un détail près, qui devait peser lourd : à ces non s'ajoutait la critique de l'ancien ministre des Finances Valéry Giscard d'Estaing, dont le groupe parlementaire faisait partie de la majorité à l'Assemblée. C'était une brèche dans l'alliance entre l'UDR (nouveau sigle du parti gaulliste) et la Fédération nationale des Républicains indépendants. Ceux-ci laissaient à leurs électeurs et adhérents leur « liberté de vote », mais la défection de Giscard, avérée, risquait de déplacer assez de voix vers le non fatal.

Un des atouts du Général avait été jusque-là d'instituer chaque référendum en plébiscite : si c'est non, je m'en vais. Or, depuis le début de l'année, un contrepoids se dessinait à ce que les adversaires du Président appelaient son « chantage » : l'après-gaullisme ne serait peut-être pas le chaos redouté des timorés ; un successeur empêcherait les désordres d'une régence, c'était Georges Pompidou. Celui-ci, en froid avec le Général depuis son remplacement à la tête du gouvernement par Maurice Couve de

Murville, avait laissé entendre, à deux reprises, qu'il était là, lui, pour assumer la continuité du régime sans secousse. Le 17 janvier, en voyage à Rome, il avait eu l'occasion de déclarer que si de Gaulle venait à se retirer, il se porterait « candidat à sa succession ». Le Général n'avait guère apprécié le propos et l'avait fait savoir. Pompidou, peu affecté, récidiva, à Genève cette fois, le 13 février. Dès lors, les électeurs de droite, à la fois hostiles au président de la République et soucieux d'éviter un nouvel embrasement du pays, surent désormais qu'ils pouvaient faire confiance à cet homme plein de sagesse, de bon sens, d'intelligence positive qui, six ans durant, à la tête du gouvernement, avait fait preuve des meilleures qualités, y compris lorsque la France, en mai 1968, avait été sur le point de chavirer dans les abîmes de la révolution. Ils pouvaient voter non et dire au revoir au « grand Charles ».

Bon stratège, Pompidou, qui avait enfoncé ces deux banderilles dans les flancs du Général, participa généreusement à la campagne pour le oui. Il savait que c'était la meilleure façon de garder le soutien des troupes gaullistes et que si, par malheur-bonheur, le non était victorieux, la voie de l'Élysée lui était grande ouverte.

C'est ainsi qu'au cours de cette campagne référendaire le duel final de l'élection présidentielle se profila. Face à Pompidou, la gauche, unanime dans le non au référendum, se trouvait divisée sur le reste. Pour l'heure, un homme, inconnu de la veille, prenait une dimension inattendue : c'était le président du Sénat, Alain Poher. Le 24 avril, devant des sénateurs ulcérés par la menace pesant sur leur destinée, il montra une ardeur qu'on ne lui connaissait pas, et vaticina sur les futures institutions avec la foi d'un martyr livré aux lions. Une tempête d'applaudissements le salua : le Sénat ne se résignerait pas à voter sa propre déchéance ! Poher, de ce jour, prenait définitivement la stature d'un nouveau leader national. La télévision, ouverte à la campagne du référendum, fit le reste. Comme représentant du Centre démocrate (succédant au MRP) et du Centre national des Indépendants et paysans (centre droit et droite), le président du Sénat se donna l'allure d'un bon père de famille qui rassurait ses enfants sur leur sort en cas de succès du non. Il rappelait au passage que rien dans la Constitution n'obligeait alors le chef de l'État à démissionner : il fallait que de Gaulle soit bien peu démocrate pour l'envisager ! De toute façon, « l'ordre sera maintenu par les autorités responsables », ce ne sera pas la fin du monde.

Peu à peu, comme en témoignent les sondages, le non prenait faveur dans l'opinion. De Gaulle lança un ultime appel le 25 avril, en réitérant sa décision de ne plus exercer ses fonctions, faute d'avoir la confiance du peuple, si le non venait à l'emporter. Deux jours plus tard, le verdict des urnes tombait comme une lame de guillotine : près de 12 millions de non (53 %) contre 10 500 000 « oui » (47 %). À peine les résultats étaient-ils connus, le soir du 27, que le Général, peu après minuit, publiait de Colombey un communiqué : « Je cesse d'exercer mes fonctions de président de la République. Cette décision prend effet aujourd'hui à midi. »

On s'y attendait, on n'en fut pas moins surpris. L'événement était énorme, tant Charles de Gaulle avait marqué de sa personnalité les dix dernières années de l'Histoire. « Entendrons-nous encore retentir cette grande voix qui a suscité tant d'enthousiasme et fait naître tant de haines ? lisait-on dans *Le Figaro*. Gageons qu'elle nous parlera encore, même lorsqu'elle se sera tue. » Stupeur des uns, joie des autres, ingratitude des peuples, fatigue du héros, la page était tournée. Le gaullisme avait-il encore un avenir ?

Le 28 avril, à 10 heures du matin, Maurice Couve de Murville transmettait à Alain Poher, président du Sénat, et à Gaston Palewski, président du Conseil constitutionnel, la lettre de démission du général de Gaulle. À 15 heures, Poher prenait ses fonctions de président de la République intérimaire à l'Élysée devenu désert. Ses premières déclarations étaient consacrées à l'ordre et à la légalité. Dès le 29 avril, Pompidou faisait sa déclaration de candidature à la fonction suprême : « Dans l'incertitude que connaît actuellement le pays, j'ai résolu de me présenter aux suffrages des Français. En le faisant, j'ai le sentiment d'obéir à mon devoir, la volonté de maintenir une continuité et une stabilité nécessaires, l'espoir de préparer l'avenir. »

Georges Pompidou ne s'était pas lancé sans être assuré de l'appui de l'UDR, en même temps qu'il avait adressé au Président démissionnaire une longue lettre personnelle. On connut plus tard par Raymond Tournoux (*Le Tourment de la fatalité*, 1974) la réponse que lui écrivit le Général le 30 avril, de Colombey-les-Deux-Églises :

> « Mon cher ami, après ce que je vous ai dit maintes fois naguère et ce que j'ai déclaré publiquement à votre sujet, vous êtes certainement fondé à croire que j'approuve votre candidature. Je l'approuve en effet.
>
> « Sans doute eût-il mieux valu que vous ne l'annonciez pas plusieurs semaines à l'avance. Cela a fait perdre certaines voix aux "oui", vous en fera perdre quelques-unes à vous-même et surtout

vous gênera un peu dans votre personnage, si vous êtes élu.

« Mais, dans les circonstances présentes, il est archinaturel et tout à fait indiqué que vous vous présentiez. J'espère donc vivement votre succès et je pense que vous l'obtiendrez.

« Il va de soi qu'au cours de votre campagne, tenant compte des dimensions de tout je ne me manifesterai pas. En particulier votre lettre du 28 avril et ma réponse d'aujourd'hui doivent rester entre nous. »

Ainsi sera-t-il fait.

Le groupe giscardien de l'Assemblée se rallia à la candidature de Pompidou, même si Giscard hésita un peu. Ce ralliement avait un sens évident : une partie des non, qui avait, notamment sous l'influence de Giscard, déserté la majorité, pouvait y revenir sous l'enseigne Pompidou. L'analyse des résultats des deux tours de la présidentielle le confirmera. Une ville comme Paris, alors nettement de droite, avait penché pour le non ; elle votera aussi majoritairement pour Pompidou. Preuve que de Gaulle avait été remercié par la droite, par cette partie de la droite qui ajouta ses voix à celles de la gauche. Le meurtre du père avait été exécuté par deux hommes, en douceur par Pompidou et sans équivoque par Giscard.

Qu'allait faire la gauche ? Alors que ses différentes composantes étaient sur la voie de l'union depuis 1962 (les résultats des législatives de 1962 et de 1967 avaient montré les désistements entre communistes et gauche non communiste), la crise de mai 1968 avait provoqué un désaccord de fond entre les communistes et les autres partis de gauche. De sorte que l'unité de candidature réussie en 1965 sur le nom de Mitterrand n'aurait pas lieu cette fois. Entre-temps, les événements dramatiques de Tchécoslovaquie, où le printemps de Prague avait été suspendu par l'intervention des chars soviétiques, faisaient de nouveau du PCF, malgré les quelques réserves émises par lui, un parti à part. Guy Mollet, le 18 avril, alors que la « normalisation » allait bon train en Tchécoslovaquie, avait déclaré à la radio : « Les rapports avec le Parti communiste sont, à nos yeux, plus difficiles que jamais [...]. Aujourd'hui, il se pose un problème quant à la possibilité de créer un gouvernement. » Georges Marchais lui avait répondu que les socialistes n'avaient donc toujours pas renoncé « à l'alliance avec les forces de droite ».

Une fois passé le référendum, la gauche révéla son éclatement. D'un côté, on trouvait ceux qui ne renonçaient pas à une candidature unique, par un accord avec les communistes. C'était le cas d'Alain Savary, de l'Union des groupes et clubs socialistes ; de la Convention des institutions républicaines, avec François Mitterrand ; du CERES, qui regroupait les marxistes de la SFIO. Mais, dans un congrès assez confus, tenu à Alfortville, la majorité des socialistes optèrent pour la candidature de Gaston Defferre. Celui-ci, président le groupe de la FGDS à l'Assemblée nationale, s'était déclaré dès le 29 avril, ce qui ne pouvait que déplaire aux communistes, eu égard à l'hostilité que le maire de Marseille leur témoignait.

Il y aurait donc un candidat socialiste et, vu l'impossibilité de la candidature unique de la gauche, un candidat communiste. Jacques Duclos fut désigné le 5 mai. Cependant, les porteurs du mouvement de Mai ne pouvaient se rallier ni à l'un ni à l'autre. On eut donc deux autres candidats de gauche ou d'extrême gauche : Michel Rocard pour le PSU et Alain Krivine pour les trotskistes de la Ligue communiste, nom de l'ancienne JCR.

Le 13 mai, jour de clôture des inscriptions, Alain Poher, qui avait ménagé le suspense, faisait, le dernier, acte de candidature. La bataille allait donc mettre en lice six candidats, et même un septième, car il faut toujours un candidat fantaisiste dans la partie : ce sera cette fois Louis Ducatel, ancien conseiller municipal de Paris, pourfendeur du fisc.

Assez rapidement, le tournoi mit aux prises deux favoris, Pompidou et Poher. Pompidou, c'était le gaullisme continué, mais tempéré. L'homme du 18-Juin avait un goût pour la provocation, un côté quichottesque dont l'originaire de Montboudif semblait dénué. Si Pompidou l'emportait, c'en serait fini des combats contre les moulins : au gaullisme don Quichotte pourrait succéder le gaullisme Sancho Pança. Ce qui magnifiait le gaullisme, ce qu'il avait d'un peu fou et de fringant, parce que de Gaulle l'incarnait, il n'en resterait que les demi-soldes, prisant et chiquant leur tristesse, dans une France pompidolienne, atlantique et pansue. Du point de vue de la communication publique, la réussite gaulliste avait été cette association de Gaulle-Pompidou : chacun reconnaissait le sien, qui l'hidalgo, qui l'écuyer ; le grand, pour le rêve romantique, le goût du geste, la magie du verbe ; le rond, pour les affaires et les « causeries au coin du feu ». Ce qui a discrédité de Gaulle après juin 1968, c'est d'avoir choisi pour second le longiligne Couve de Murville, plus « chevalier à la triste figure » que son maître ; en perdant son second visage, le gaullisme avait perdu la face. La boutique et la Bourse avaient mêlé leurs voix à celles de la gauche. Pompidou rassura : on perd un Général-président, vous gagnez un président-directeur général.

Du moins Pompidou avait œuvré sous l'épaule du Général ; on ne pouvait en dire autant de Poher. Celui-là apparaissait comme le fondé de pouvoir de toutes les oppositions à de Gaulle, ceux qui s'étaient vu forcer la main en 1958, chevaux de retour de la IVᵉ République, ardents défenseurs d'une Europe fédérale, anticommunistes farouches qui ne pardonnaient pas à de Gaulle son rapprochement avec l'URSS et son antiaméricanisme, nostalgiques du système parlementaire et de la présidence pot de fleurs, rancuniers de l'Algérie française et autres pétainistes mal remis de la Libération, tout un monde hétéroclite, certes, mais qui voyait dans le bonhomme du Sénat l'ange exterminateur. De l'ange, Poher n'avait rien d'ailé ; il était plutôt popote, rassis et juste-milieu. Il était néanmoins censé incarner la démocratie contre les frasques du pouvoir personnel.

La gauche, malgré ses divisions, pouvait-elle éviter une deuxième manche entre ces deux poids lourds ? Gaston Defferre eut une idée, apparemment astucieuse : faire toute sa campagne flanqué de Pierre Mendès France, qu'il présenta à ses auditeurs et téléspectateurs comme son futur Premier ministre en cas de victoire. Pompidou jugea immédiatement « indécent et anticonstitutionnel » le procédé. Mendès lui répondit : « Je considère que pour que les électeurs puissent se prononcer en toute connaissance de cause, il faut qu'ils connaissent non seulement quelles seront les options du candidat à la présidence de la République, mais ce que sera le programme du gouvernement et, en premier lieu, celui qui dirigera le gouvernement. » Bien des mendésistes ou anciens mendésistes étaient gênés par son comportement. Depuis 1958, Mendès France, le grand espoir de la gauche non communiste, s'était ancré dans un refus bétonné de la Constitution et, depuis 1962, juré qu'il ne serait jamais candidat à la présidence de la République. Mitterrand, également opposé au « coup d'État » du Général, qu'il transforma dans un livre en *Coup d'État permanent*, avait été moins intransigeant, on le sait. Alors que signifiait l'attitude de Mendès, qui soutenait Defferre ? N'avait-il pas à rester sur l'Aventin comme Victor Hugo sur son rocher de Guernesey ? La campagne du duo fut décevante. Defferre, si respectable, Mendès jadis si populaire, formaient un couple obsolète, d'autant plus triste que le candidat en titre n'était pas fait pour enthousiasmer les foules.

Michel Rocard représentait aux yeux de beaucoup, jeunes en général, la poésie du mouvement de Mai, ou du moins quelques-uns de ses alexandrins, dont l'autogestion était le plus éclatant. Inspecteur des Finances, il avait la maîtrise dans le domaine économique ; ancien adversaire de la guerre d'Algérie, il était un des symboles du socialisme anti-molletiste. Mais il manquait de troupes et de carrure. Sympathique et volubile, il n'était pris au sérieux que par les éternels rêveurs du socialisme *ni-ni*, ni Thorez ni Mollet, du vrai socialisme « à visage humain » comme en avaient conçu le projet les révoltés de Prague d'un printemps interrompu par les blindés. Rocard n'était qu'une espérance.

Alain Krivine, lui, incarnait la résurrection des morts, ceux qui s'appelaient Marx, Lénine et Trotski. Jeune, plutôt beau garçon, il débita des phrases d'un autre âge. Daniel Mothé, ouvrier qualifié et militant CFDT chez Renault, jugea sévèrement l'entreprise dans la revue *Esprit* : « Quant à la mythologie révolutionnaire de Krivine, elle semble avoir beaucoup plus effrayé les travailleurs et les paysans que les bourgeois. Le langage révolutionnaire ne convainc plus personne, à part les adolescents, car il ne possède aucun support dans la réalité française. Le discours de la Ligue communiste vogue dans l'abstraction, il n'y a plus de chiffres ou, lorsqu'ils sont avancés, ils sont inévitablement faux ;

les exemples pris dans la classe ouvrière sont insupportables à quiconque possède un minimum d'information. Le spectacle abstrait des marxistes orthodoxes ressemble trop à celui que peut offrir le théâtre d'avant-garde apprécié seulement par une minorité de connaisseurs. »

Jacques Duclos, quant à lui, sut éviter superbement le marxisme poussiéreux des « ouvrages séculaires ». Le petit pâtissier, comme on l'appelait en raison de son premier métier, était un des piliers du Parti communiste français. Né dans les Hautes-Pyrénées, il avait gardé, à 72 ans, un accent de la Bigorre qui, loin de nuire à son talent oratoire, ajoutait de la chaleur à sa faconde. De tréteau en tréteau, de meeting en discours radiotélévisé, il enflammait son auditoire comme pas un. Apparatchik increvable du PCF, sénateur depuis 1959, il fut soutenu par un parti de militants actifs et bénéficia de toute la sympathie de la CGT, au nom de l'Union des forces ouvrières et démocratiques. Autant Defferre, mal défendu par les siens qui, comme Mollet, jugeaient que le bon candidat était Poher, faisait peine à voir et à entendre, autant Duclos péta du feu. S'employant à démontrer que Pompidou et Poher, c'était du pareil au même (« bonnet blanc et blanc bonnet »), l'ancien kominternien devenait le vrai candidat de la gauche. Sa cote remonta régulièrement la pente dans les sondages et certains militants se prirent à rêver d'un deuxième tour entre Pompidou et lui.

Dans un premier temps de la campagne, Alain Poher s'envola. Discret, paisible, rassurant, il ne bougea guère de Paris, misant tout sur la campagne à l'ORTF et sur les radios périphériques. À la mi-mai, les sondages le donnaient vainqueur au second tour contre le candidat gaulliste. Pompidou rivalisa avec lui en simplicité. Il se présentait comme « un homme parmi les hommes » ; on aima sa modestie. C'était reposant après de Gaulle. « J'ai fait mon apprentissage, j'ai fait des fautes », confessait-il. Mais, tout humain, tout libéral qu'il était, il désirait qu'on le sache capable de fermeté. Ce qu'il voulait, c'était assurer la continuité.

Mitterrand ne fut guère inspiré, dans son hostilité à Pompidou, lorsqu'il posa sur les ondes d'Europe n° 1 la question de la dissolution, le 13 mai : « S'il est élu, M. Poher devra dissoudre l'Assemblée nationale. » Pompidou saisit la balle au rebond et fit le tableau des risques encourus « s'il fallait aller à un gouvernement de bric et de brac ». Il disposerait, lui, en cas de victoire, de la chambre introuvable de juin 1968 : de quoi gouverner sans risque nouveau de désordre. Continuité, stabilité, sécurité, ces mots-là avaient du sens aux oreilles de tant de Français encore traumatisés par le bal incendiaire de mai.

Peu à peu, la cote de Pompidou remontait. Poher proposa bien un contrat en douze points à ses électeurs, mais son adversaire sut montrer sans trop d'agressivité (les gens n'aiment pas ça) le caractère un peu fantoche du président par intérim qui pourrait être « un intérim de sept ans ». Le 1er juin, on vota ; Pompidou arriva largement en tête :

| Candidats | Nombre de voix | Suffrages obtenus |
|---|---|---|
| Pompidou | 9 763 428 | 43,95 % |
| Poher | 5 202 271 | 23,42 % |
| Duclos | 4 781 838 | 21,52 % |
| Defferre | 1 128 049 | 5,07 % |
| Rocard | 814 053 | 3,66 % |
| Ducatel | 284 820 | 1,28 % |
| Krivine | 236 263 | 1,06 % |

Georges Pompidou avait réussi un meilleur carton que de Gaulle au premier tour de 1965. Alain Poher, tout en faisant mieux que Lecanuet à la même élection, était loin d'avoir réalisé les espérances qu'il avait suscitées. Du moins arrivait-il en deuxième position, et sa chance pour le second tour était patente : tous les autres candidats s'étaient prononcés contre le gaullisme. Pourtant, nombre de journaux invitèrent Poher à se désister en faveur de Pompidou, car il ne pouvait espérer la victoire finale qu'avec les voix communistes. Un affrontement Pompidou-Duclos aurait l'avantage d'opposer la France anticommuniste au défenseur du double coup de Prague (celui de 1948 et celui de 1968). Jean Boissonnat, dans *La Croix* du 6 juin, fit entendre un autre son de cloche : « Il paraît que M. Poher a tort de persévérer... Comment peut-on oser se présenter avec cinq malheureux millions de voix ? Et contre M. Pompidou, normalien, agrégé (et l'on entend demander : “Quels sont vos diplômes, M. Poher ?"). Un vrai crime de lèse-majesté... Un homme si doué devrait être porté au sommet de l'État par une nation unanime et reconnaissante. Avec la seule opposition des communistes pour accentuer encore la légitimité du nouveau Président. Au nom de quoi vraiment peut-on entourer la candidature du président du Sénat d'une telle réprobation morale ? Est-il oui ou non arrivé deuxième au premier tour ? A-t-il parmi sept candidats recueilli la confiance d'un quart de l'électorat ? N'avait-il pas entraîné le succès du non au référendum ? Est-il dépourvu de toute conviction ?.... Après tout, M. Poher a peut-être de bonnes raisons de penser qu'il est mieux placé que son rival pour ranimer la politique européenne, restituer la liberté à l'ORTF, préférer la justice sociale au prestige national, mettre fin à la propriété de l'État par un parti qui accapare toutes les places depuis dix ans. Si M. Pompidou est convaincu des mêmes nécessités, que ne les a-t-il pas mises en pratique quand il était Premier ministre ? S'il ne le pouvait pas, pourquoi est-il resté ? S'il ne le voulait pas, pourquoi le ferait-il aujourd'hui ? »

Le raisonnement du journaliste ne put convaincre ni Duclos, ni Rocard, ni Krivine : tous les trois demandèrent à leurs électeurs de s'abstenir ou de voter blanc au second tour. Le Parti communiste se lança dans une campagne pour l'abstention massive. Defferre, lui, conseilla à ses électeurs de voter Poher, tandis que Mendès France se déclara « contre l'abstention et contre M. Pompidou ».

La campagne repartit. Cette fois, Poher, bénéficiant d'un large soutien, de Tixier-Vignancour à Pinay, sortit de l'Élysée et fit le tour des départements. En vain. Pompidou fut vainqueur, obtenant 57,58 % des suffrages exprimés et son adversaire 42,41 %. Le chiffre des abstentions était attendu : il fut de 30,94 %. C'était sans doute un bon succès pour le Parti communiste, qui parla de Pompidou comme « M. Tiers », mais ce chiffre des abstentions ne battait pas le record des législatives de 1962 (31,28 %). D'Irlande où il voyageait, de Gaulle adressa un télégramme au vainqueur : « Pour toutes raisons nationales et personnelles, je vous adresse mes bien cordiales félicitations. »

*La Libre Belgique* eut le mot de la fin : « Après le temps de la grandeur, les Français sont heureux d'en venir au temps de la rondeur. »

### *1974, Giscard et l'union de la gauche : la campagne moderne*

Pour la seconde fois en cinq ans, le septennat élyséen est brutalement interrompu. Un référendum avait raccourci la présidence du général de Gaulle ; la mort, celle de Georges Pompidou. Une mort annoncée depuis des mois par l'image impitoyable donnée par la télévision d'un Président aux traits déformés et par la rumeur d'un mal sans remède. Mais l'on pensait en général que cette fin probable serait précédée d'une longue agonie, d'une démission inévitable et préalable : *Le Monde* parle de « mort subite ». La nouvelle annoncée dans la soirée du 2 avril 1974 est donc une surprise.

Le lendemain, le pays est très calme. Seul le tirage des journaux brusquement amplifié témoigne d'un fait inattendu : *France-Soir*, 1 500 000 exemplaires au lieu du million habituel ; *Le Monde*, 820 000, soit 300 000 de plus ; *Le Figaro*, 200 000 de plus… L'homme Pompidou, discours officiels mis à part, ne paraît pas laisser derrière lui d'immenses regrets. Plus tard, bien plus tard, le nom du président défunt évoquera les belles années de la prospérité, d'un bien-être matériel généralisé, que le premier « choc pétrolier » aura ébranlé. Trop proche de la commune humanité pour être admiré, trop loin d'elle pour être aimé, Georges Pompidou connaîtra plus de gloire posthume qu'il ne provoque, en ce printemps, de chagrin public comme ç'avait été le cas en 1970 quand la France eut appris le décès du général de Gaulle.

Le choc pétrolier de 1973, les soubresauts du gauchisme organisé, l'agitation sociale (quatre millions de journées de grève en moyenne par an depuis 1971), la contestation des lycéens et des étudiants, le durcissement du régime dans le conservatisme, la conjoncture masquait les aspects positifs du bilan.

Une polémique assombrit le deuil national, décidé pour le samedi 6 avril. Jacques Chirac, ministre de l'Intérieur, fidèle du Président disparu, s'en prend publiquement à un communiqué de l'agence France-Presse, dont Jean Mauriac est responsable, et selon lequel les dernières semaines de Pompidou avaient été celles d'un homme diminué, à bout. Scandaleux ! déclare Jacques Chirac, parce que ce texte de l'AFP « tend à faire peser une sorte de suspicion sur la façon dont le président conduisait les affaires ». Jean Mauriac réplique, parle des « outrances » de M. Chirac, mais une vraie question est posée : l'affaiblissement physique du Président ne devait-il pas le contraindre à la démission ? Dès le lendemain de son entrée à l'Élysée, en 1969, il semble que Pompidou ait été mis au courant de son mal. « Ainsi, écrit Pierre Viansson-Ponté, du *Monde*, pendant cinq ans, le pays a été gouverné par un homme gravement atteint dans sa santé, qui devait suivre des traitements éprouvants et qui, plus de deux ans avant de disparaître, était sous le coup d'une menace permanente d'aggravation brutale, le savait et n'ignorait pas la cruelle vérité. » Ce dernier pléonasme sous la plume de l'excellent journaliste était signe d'une certaine indignation : « Comment ne pas être bouleversé qu'une grande nation moderne et démocratique ait pu, sans le savoir, sans que nul ne dise mot, dépendre entièrement, pour le meilleur et pour le pire et pendant cinq années, d'un chef qui confiait : “Je ne peux quand même pas m'intéresser à la vie des autres alors que je suis en train de perdre la mienne." » La question était posée, la leçon serait-elle entendue par les successeurs ?

Le mercredi 3 avril, le Conseil constitutionnel confie l'intérim de la présidence au président du Sénat, Alain Poher, qui connaît la musique. L'appel d'air produit entraîne incontinent l'annonce des premières candidatures, celles de Christian Fouchet, le gaulliste pur et dur, de Jean-Marie Le Pen, président du Front national, et d'Arlette Laguiller, du mouvement trotskiste Lutte ouvrière. Le 4, jour des obsèques de Pompidou, inhumé au cimetière d'Orvilliers, dans les Yvelines, Jacques Chaban-Delmas, vers 16 heures, n'attend pas davantage pour se déclarer ; deux heures plus tard, Edgar Faure, président de l'Assemblée nationale, annonce sa candidature. On parle aussi de Pierre Messmer et de Valéry Giscard d'Estaing. La droite ressemble déjà à une pétaudière. De Gaulle l'avait prédit en 1964 : après lui ce qui serait à craindre ne serait pas le vide, mais le trop-plein.

La grande nouveauté dans l'élection présidentielle qui se prépare, et dont la date est fixée au 5 mai, vient assurément de la gauche qui, contrairement à la fois précédente, réussit à unir ses forces contre une droite divisée. Il faut remonter à 1971 pour suivre le cheminement de cette unité retrouvée. Cette année-là, au congrès du Parti socialiste d'Épinay, François Mitterrand, nouvel adhérent (avec ses fidèles de la Convention des institutions républicaines), en devenait le premier secrétaire. L'étonnant, au cours des débats, avait été la profession de foi socialiste d'un converti de la onzième heure, dont la carrière antérieure n'annonçait pas la nouvelle radicalité du langage. Mitterrand avait fait de la « rupture avec le capitalisme » la pierre de touche de l'appartenance au parti : ceux qui ne la voulaient pas, disait-il, n'y avaient pas leur place. Guy Mollet, vieux guesdiste à qui on ne la fait pas, dira que le nouveau chef du parti avait « appris à parler le socialiste ». De fait, François Mitterrand n'était pas un idéologue mais un stratège. Il savait que la gauche ne pouvait revenir au pouvoir que par l'alliance avec le Parti communiste. Il lui fallait donc prendre le PS à gauche, pour éteindre toute velléité nouvelle d'alliance au centre, comme l'avait jadis préconisé Gaston Defferre. Au congrès d'Épinay, il avait fait alliance avec l'extrême gauche du parti, le CERES de Chevènement et Didier Motchane, pour emporter la majorité qui l'élevait au premier poste. Son pari est que l'union doit profiter au PS.

Le Parti communiste, lui, faisait le même pari en sens inverse. Décidé à sortir de son isolement, il soutenait de toutes ses forces cette union, mais à condition qu'elle soit scellée par un programme commun de gouvernement. Mitterrand n'y faisait aucune objection et, en 1972, ledit programme commun était signé par les communistes et les socialistes, puis par Robert Fabre, le président du Mouvement des radicaux de gauche. L'existence de ce programme commun facilite la décision prise par communistes, socialistes et radicaux, de présenter un candidat également « commun », qui aurait pour mission, s'il est vainqueur, de l'appliquer. Dès le 4 avril, Georges Marchais écrit à François Mitterrand pour lui dire que le comité central du parti estime qu'il pourrait être ce candidat. Pierre Mauroy, secrétaire national à la coordination du PS, lui répond le lendemain que son parti est d'accord, et, le 8, un congrès extraordinaire du PS confirme à l'unanimité : « Mitterrand président ! »

Les communistes ne faisaient-ils pas une erreur tactique en ne présentant pas de candidat au premier tour ? Georges Marchais explique que les conditions ne sont pas réalisées pour qu'une majorité de Français se prononce en faveur d'un communiste à la présidence de la République. Dans la perspective d'une victoire de Mitterrand, le PCF se faisait fort d'en tirer les avantages. Il était toujours, quoiqu'en légère baisse depuis les élections législatives de 1973, le premier parti de la gauche par le nombre de ses électeurs, de ses militants, par ses liens étroits avec la CGT : il avait intérêt à faire le modeste, à se déguiser en mère-grand s'il voulait un jour faire le loup de la fable. Mitterrand, qui n'était pas dupe de ce calcul, prenait le risque de légitimer le PCF comme un parti démocratique, à un moment où il n'avait pas encore donné les preuves définitives de sa « déstalinisation ». C'est ainsi que Marchais, à la télévision, avait pourfendu l'écrivain russe dissident Alexandre Soljenitsyne qui venait de publier sa *Lettre aux dirigeants de l'Union soviétique*, en prouvant une nouvelle fois à quel point le Parti communiste restait entièrement solidaire du régime honni par les « antitotalitaires ». Mitterrand ne s'encombrait pas de scrupule, confiant dans la progression de son parti et sûr de lui-même.

Les antitotalitaires se recrutaient surtout au PSU et à la CFDT, qui, dans le sillage de Mai 1968, jouaient en mesure le grand air de l'« autogestion ». Ces organisations avaient refusé le programme commun, dont la marque etatiste et communisante était à l'opposé de leur propre programme. Or, en 1974, le PSU tout comme le syndicat CFDT se prononcent en faveur de la candidature Mitterrand. Au PSU, le débat est saignant entre ceux qui, gauchistes fidèles à l'autogestion, défendent la candidature de Charles Piaget, meneur de la grève si populaire de 1973 des usines Lip, où l'on avait vu les salariés prendre en main la production, et ceux qui, par réalisme, comme Michel Rocard, soutiennent la candidature Mitterrand. Le PSU, dans sa majorité, prenait conscience de la dynamique de l'Union de la gauche ; il lui parut plus habile de défendre ses positions au sein de cette union plutôt que de risquer une marginalisation définitive. Les minoritaires refusèrent, mais ne purent aller jusqu'au bout de la candidature Piaget.

Dès le 5 avril, la CFDT, par la voix d'Edmond Maire, rendait publique la décision de son bureau fédéral : « Le choix de l'homme ne nous appartient pas, mais si le candidat unique de la gauche était M. François Mitterrand, la CFDT ferait le maximum pour qu'il l'emporte, en engageant tout son potentiel militant. » Le 11 avril, le conseil national de la CFDT approuvait et confirmait le choix du bureau fédéral et la « convergence des deux courants qui existent dans le socialisme français ». La CGT ayant, de son côté, appelé « tous les travailleurs » à faire voter massivement pour Mitterrand, on assistait à un courant et à une dynamique que la France n'avait pas connus depuis le Front populaire de 1936.

Restait une extrême gauche récalcitrante, enfermée dans sa chimère révolutionnaire, plus soucieuse des textes saints et de la légende rouge que de la réalité, et qui ne parvenait même pas à présenter un candidat unique, puisque Arlette Laguiller, de Lutte ouvrière, et Alain Krivine, de l'ex-Ligue communiste – dissoute en 1973 – devenue Front communiste révolutionnaire, étaient rivaux. Le 13 avril, Jean-Paul Sartre donnait une interview dans le quotidien *Libération*, où il reprenait en substance son verdict de 1968 : « Élections pièges à cons » : « Le problème n'est pas de remplacer… j'oublie déjà son nom… ah oui ! Pompidou par Mitterrand. Mitterrand serait le Pompidou de la Sixième. C'est de supprimer la possibilité que Pompidou et Mitterrand aient une chance d'être élus chefs des autres. […] Je voterais dans la circonstance pour Piaget, pour introduire quelqu'un dans le régime, face aux Pompidou et aux Mitterrand... » Cet irréalisme ne portait guère à conséquence, François Mitterrand et ses alliés pouvaient dormir tranquilles. Pour la première fois depuis la naissance de la V^e^ République, la gauche avait une sérieuse chance de gagner l'élection présidentielle. Ruse de l'Histoire : la gauche avait été violemment hostile au principe de cette élection au suffrage universel ; grâce à elle, elle pouvait cimenter son union et prendre le pouvoir. D'autant que, en face d'elle, la droite multipliait les couacs.

Après la candidature qu'on dira anecdotique de Christian Fouchet, fidèle à la mémoire du Général, mais dépourvu de partisans et bientôt rallié à Jacques Chaban-Delmas, maire de Bordeaux, et ancien Premier ministre de Pompidou ; après la déclaration d'intention d'Edgar Faure, désireux de regrouper la droite et le centre réfractaires au gaullisme, la grande nouvelle est l'annonce, le 8 avril, de la candidature du ministre de l'Économie et des Finances, Valéry Giscard d'Estaing, de sa municipalité auvergnate de Chamalières :

« Il y a moins d'une semaine disparaissait le président Georges Pompidou. J'ai pensé, je pense encore que ceux qui s'inspirent de sa mémoire devaient s'associer au deuil du peuple français avant de se préoccuper de sa succession. » Après ce coup de patte à Chaban et aux autres empressés, il poursuit, estimant sans doute le temps du silence funèbre consommé : « Je m'adresse à vous aujourd'hui, ici, dans cette mairie de la province d'Auvergne, pour vous dire que je suis candidat à la présidence de la République. »

Mise en scène impeccable, cette référence explicite à l'Auvergne était soigneusement calculée. L'Auvergne était triplement symbolique : de l'héritage de

Pompidou, natif de Montboudif, Cantal ; du centre géographique de la France, terre des Arvernes et de Vercingétorix ; du Français fondamental, puisant dans les profondeurs volcaniques la fertilité de son être. Pour un ministre des Finances qui jongle avec les valeurs fiduciaires, on ne peut rêver meilleure garantie foncière que cette identité auvergnate, les forges de Vulcain compensant superbement les légèretés suspectes d'une monnaie de papier en péril. La Vérité tellurique sortant du Puy-de-Dôme.

Giscard explique le pourquoi de sa candidature : la confiance que lui a manifestée jusqu'au bout le défunt Président, mais aussi la volonté d'une « politique nouvelle pour la France » faite de « justice et de progrès ». « Le changement sans le risque. » Il se distingue du gaullisme historique par sa vision européenne, faisant de 1980 l'échéance de ce qu'il appelait « l'objectif essentiel », l'union politique de l'Europe. Il parlait de ce grand projet calmement, aimablement, et trouvait la formule heureuse : « Comment conduirai-je cette campagne ? Je voudrais regarder la France au fond des yeux, lui dire mon message et écouter le sien. Je m'efforcerai de mener une campagne exemplaire, faisant une place plus large aux idées qu'aux moyens matériels. Je n'attaquerai personne, qu'il s'agisse, bien entendu, des candidats de la majorité présidentielle d'hier, qu'il s'agisse aussi des candidats de l'opposition. » C'est charmant. Finis les coups de coude, les crocs-en-jambe, les querelles de teigneux et de malappris : le procès de civilisation politique était en marche. Giscard veut élargir, déborder l'ancienne majorité, par le ralliement des centristes. Pompidou avait commencé le travail ; il s'agissait de l'achever.

Cette candidature rivale de celle du gaulliste Chaban-Delmas, c'est tout de même fâcheux face à une gauche rassemblée sur le nom de Mitterrand. On assiste donc à une tentative de conciliation de la part de gaullistes, dont beaucoup ne seraient pas fâchés d'abandonner Chaban, soit pour des raisons personnelles, soit parce qu'à son poste de Premier ministre, secondé par Simon Nora et Jacques Delors, il avait vaticiné sur une « nouvelle société » qui sentait le fagot aux narines des conservateurs. Le Premier ministre Pierre Messmer se dévoue donc. L'homme est un héros de la France libre, un homme simple et droit, entièrement voué à la cause gaulliste. Dans la matinée du 9 avril, il se présente comme candidat unique de la majorité face au candidat commun de la gauche, en posant comme condition le retrait des autres candidats de la majorité. Edgar Faure s'incline. Chaban-Delmas vient dire à Messmer qu'il persiste quant à lui, ce qui légitime Giscard à continuer également. Du coup, le Premier ministre regagne la touche : il n'aura été candidat que quelques heures, mais son initiative traduit un désarroi certain à droite, en panne d'un candidat qui s'impose et capable de rassembler.

Assistera-t-on dès lors à une empoignade entre « gaullistes » et « giscardiens » ? Pas sûr ! Car nombre de gaullistes ou pompidolistes n'apprécient guère la candidature Chaban, quand bien même celui-ci est devenu le candidat officiel de l'UDR. D'un autre côté, certains centristes comme Jacques Duhamel préfèrent soutenir le maire de Bordeaux plutôt que le ministre de l'Économie et des Finances. Toutefois, le mercredi 10 avril, le Centre démocrate de Jean Lecanuet se résout à faire alliance avec Giscard, notamment en raison de ses convictions européennes. L'événement est de taille ; il annonce une majorité recomposée et la fin de ce que Jean-Jacques Servan-

Schreiber, fondateur de *L'Express* et président du Parti radical « valoisien », appelle l'« État-UDR ».

Le flux des candidatures s'épaissit. Le 11 avril, Jean Royer, ministre des Postes et Communications, se porte candidat le même jour qu'Émile Muller, maire de Mulhouse qui, après la décision du Centre démocrate, décide de se présenter au nom du Mouvement démocrate-socialiste de France. Royer quitte immédiatement son poste de ministre. Il se déclare un « homme libre », indépendant des partis ; il organisera sa campagne à partir de sa mairie de Tours. Mais la situation créée par la multiplicité des candidatures risque de consommer la fin du gaullisme lorsque, le samedi 13 avril, un appel – qu'on appellera l'« appel des 43 » – est rendu public par Jacques Chirac, ministre de l'Intérieur, Jean-Philippe Lecat, ministre UDR de l'Information, Jean Taittinger, garde des Sceaux, également de l'UDR, et Olivier Stirn, secrétaire d'État chargé des Relations avec le Parlement. Il s'agit d'un communiqué alambiqué par lequel ces ministres, suivis par trente-neuf députés de la majorité, pour la plupart UDR, expriment leur regret devant l'impossibilité d'une candidature unique de la majorité, regrettent l'échec de Pierre Messmer et annoncent qu'ils arrêteront « ensemble et en conscience une position concertée en faveur de la solution qui leur paraîtra le mieux assurer le respect [des principes gaullistes] en faisant échec à toute candidature socialo-communiste, qui remettrait en cause l'avenir de la France et le bonheur des Français ». Tout le monde comprend qu'il s'agit d'un coup de poignard dans le dos de Chaban-Delmas. L'instigateur en a été Jacques Chirac qui, conseillé par ses mentors Pierre Juillet et Marie-France Garaud, conteste au fond la candidature de l'ancien Premier ministre limogé en 1972 par Pompidou, jugé trop à gauche. Le malaise chez les gaullistes de l'UDR est profond. Pour beaucoup, la doctrine n'entre pas en considération, mais la volonté de faire échec au candidat de la gauche qu'ils croient mieux servie par Giscard, comme le révèlent les sondages de l'IFOP et de la SOFRES, prêtant au moins deux points d'avance à l'homme de Chamalières sur son concurrent bordelais. Plutôt que de tenter de rivaliser avec Mitterrand sur le terrain social, l'important, l'urgent, la condition *sine qua non* de victoire est de faire le plein des voix de la droite. On hésite, il n'y a plus d'unanimité : les « 43 » ont créé la brèche.

Le mardi 16 avril est la date butoir des dépôts de candidature. Quatorze personnes restent en lice sur une trentaine de postulants plus ou moins fantaisistes. Finalement, le Conseil constitutionnel en retient douze. Sont qualifiés pour le début de la campagne : Jacques Chaban-Delmas ; René Dumont, professeur à l'Institut national d'agronomie, premier candidat écologiste ; Valéry Giscard d'Estaing ; Guy Héraud, du Parti fédéraliste européen ; Alain Krivine et Arlette Laguiller ; Jean-Marie Le Pen ; François Mitterrand ; Émile Muller ; Bertrand Renouvin, du comité directeur de la Nouvelle Action française, candidat royaliste ; Jean Royer ; enfin Jean Claude Sebbag, du mouvement fédéraliste européen. Le 19 avril, la campagne est lancée.

Très vite, trois candidats émergent, Mitterrand, Giscard et Chaban. L'enjeu du premier tour est de savoir qui à droite sera qualifié pour le second. La radio, et plus encore la télévision (plus de 80 % des foyers français sont désormais équipés d'un téléviseur) vont jouer un rôle décisif. La gauche, conformément à sa tradition, compte aussi sur les démonstrations de masse, les meetings, les défilés, pour soutenir son candidat. Le 1er mai, jour symbolique de l'histoire ouvrière et socialiste, est l'occasion pour elle de montrer sa force. Après que, le matin, 20 000 militants d'extrême gauche eurent défilé dans les rues de Paris, dans l'après-midi, à La Courneuve, plus de 100 000 personnes sont rassemblées par la CGT, la CFDT et la FEN (Fédération de l'Éducation nationale), en présence des délégations des partis de gauche.

Porté par la vague militante, François Mitterrand devient jour après jour le leader d'une gauche si longtemps, si fréquemment, si structurellement désunie. Il annonce qu'il choisira en cas de victoire un Premier ministre socialiste, secondé par des ministres issus des formations politiques signataires du programme commun. Ainsi, la France pourrait avoir des ministres communistes, ce qui était devenu impensable depuis 1947. Il met l'accent sur la libéralisation de l'information (notamment de l'ORTF considérée par Pompidou comme la « voix de la France », c'est-à-dire celle du gouvernement), la libéralisation de la culture (« Rendre le pouvoir au peuple, c'est aussi lui rendre le pouvoir d'inventer, de rêver, d'imaginer »). Il a aussi un plan anti-inflation, ce qui surprend davantage d'un candidat de gauche. Il promet d'aller progressivement vers la gratuité des soins médicaux. Il fait savoir que le programme commun ne comporte « aucun calendrier », mais envisage pour les réformes la dissolution de l'Assemblée, afin de pouvoir compter sur une majorité de soutien : c'est le Parlement qui votera les réformes. L'Europe ? Il souhaite une Europe des Neuf mieux structurée, ouverte à la concertation économique et sociale. Avec l'URSS ? Des relations amicales, sans renoncer à l'amitié franco-américaine qui est historique. L'homme, qui reçoit des journalistes dans son petit bureau de la rue de Bièvre où il a emménagé quelques mois plus tôt, paraît détendu, disponible, serein. Il sait qu'il sera bon pour le service du second tour.

On ne peut en dire autant de Jacques Chaban-Delmas, crispé, emphatique, incapable de trouver le ton juste. Il reçoit l'appui d'André Malraux, retiré de la vie politique depuis la mort du général de Gaulle, et qui apparaît aux côtés du maire de Bordeaux sur les écrans de télévision. L'écrivain vitupère Mitterrand pour s'être laissé lier les mains par le Parti communiste ; il ne croit pas dans la volonté réformiste de Giscard, trop éloigné de la source populaire. En fait, la jeunesse de Giscard, son aisance, sa familiarité avec les questions économiques, son talent de pédagogue, font de l'ombre à son concurrent gaulliste, qui semble soudain, et ce ne sont pas les grandes envolées de Malraux qui lui assurent la confiance des électeurs, frappé de ringardise. Giscard fait toute sa campagne comme si Chaban était d'emblée hors course. Les sondages, devenus des acteurs familiers de la vie politique, lui promettent une avance de plus en plus nette et contribuent à la désaffection de maints gaullistes de l'UDR envers leur candidat officiel. Dans sa tournée des départements, il fait miroiter sa jeunesse, sa modernité, sa compétence. Le ton de la France de 1974 est donné par les classes d'âge issues du baby-boom : Giscard, svelte, décontracté, fringant, est plus facilement au diapason que l'ancien combattant Chaban. À Yvetot, il rend à Chirac un vif hommage qui ne passe pas inaperçu. Dans l'ombre, son père Joseph, Michel Poniatowski, alors ministre de la Santé publique, savonne régulièrement la planche de Chaban à coups de petites phrases assassines, répandant l'idée qu'il faut opposer à Mitterrand un candidat « sans fragilité ». Les chabanistes voudraient présenter Giscard comme une figure de la

« droite classique », Pinay et compagnie, la IVe menaçant de renaître. Giscard renvoie la balle. Dans une déclaration devant le « Grand Jury » de RTL, il fait, le 28 avril, sa profession de foi progressiste : « À l'heure actuelle, je suis, des candidats de la majorité ancienne, celui qui donne de sa majorité future la définition qui va le plus loin à gauche. »

Tout le monde veut être de gauche dans ce pays, et personne de droite. Sauf Jean-Marie Le Pen, partisan d'une « droite nationale et sociale ». Celui-ci parle comme au temps de la guerre d'Algérie d'un « programme de salut public », appuyé sur « un vaste courant populaire » pour lutter contre la « décadence ». Jean Royer, défenseur de l'ordre moral contre la pornographie, qui a créé à Tours une commission municipale de contrôle des films, ne se dit jamais de droite mais concurrence Le Pen chez les lecteurs de *Minute* : « Voici qu'une autre voix bien française s'élève [...] Sous son masque austère nombre de braves gens se reconnaissent, car il dit tout haut ce que beaucoup d'entre eux pensent : que l'on s'avilit à se vautrer dans la pornographie ; qu'il faut permettre aux jeunes l'apprentissage d'une profession ; qu'il faut réhabiliter LES VALEURS TRADITIONNELLES. » Ancien ministre du Commerce et de l'Artisanat, celui qu'on surnomme le « Savonarole de l'érotisme » compte aussi sur sa loi de 1973, la « loi Royer », favorable au petit commerce, pour recueillir la clientèle des militants du CID-UNATI. Moqueur, *Le Figaro* le renvoie à cette « clientèle naturelle, qui est celle du poujadisme ; mais aussi aux jardiniers, auxquels il disait le 18 mars 1973 à Tours, à l'occasion de la 4e Journée nationale des jardins familiaux : "Neuf millions de jardiniers cultivent 500 000 hectares de terrain ; ils expriment une force dans notre territoire." » Quant à Bertrand Renouvin, ce royaliste de

30 ans, il serait plutôt un soixante-huitard monarchiste, certainement pas un défenseur de la droite.

De ces candidats marginaux, le plus original est René Dumont, qui se présente en pull-over et fait ostensiblement du vélo au siècle roi de l'automobile consacrée par feu le président de la République amateur de vitesse et d'autoroutes. Le mouvement écologique a trouvé sa voix, mais les prédications de René qui tonne contre l'obsession et les dégâts de la croissance ne sont guère entendues dans une France qui commence à se colleter avec la « crise ». Contre le gaspillage, la surconsommation, l'énergie nucléaire, la mauvaise gestion des ressources naturelles, tout ce discours précurseur semble alors tenu par un professeur Cosinus, sympathique, mais plutôt farfelu.

Pas plus sérieuse n'était considérée la candidature d'Arlette Laguiller. Du moins avait-elle la singularité d'être une femme, oiseau rare en politique. Employée au Crédit lyonnais, cette militante de 34 ans avait l'habitude des luttes syndicales et politiques. Sans mari, sans enfants à charge, elle se déclare entièrement vouée à l'avènement de la dictature du prolétariat et à la construction d'une société socialiste « sans police ». La quadrature du cercle ! Elle attire une sympathie amusée, plus que Krivine, rival en trotskisme, qui a l'air d'un éternel potache jamais sorti de ses livres pieux.

Le jeudi 25 avril est un jour phare de la campagne. Sur Europe n° 1 s'affrontent Mitterrand et Giscard, donnés pour les futurs finalistes malgré la combativité de Chaban qui ne désespère pas. L'échange est assez convenu : Mitterrand s'acharne sur la gestion du ministre de l'Économie et des Finances, et celui-ci sur le danger que fait courir le leader de la gauche en s'alliant avec le Parti communiste. Décevant ! Selon Gilbert Mathieu, du *Monde* : « Il est finalement dommage que sur la plupart des thèmes abordés – qui conditionnent pourtant l'avenir économique et social du pays – la volonté de "marquer des points" ait empêché un débat loyal et instructif pour les Français. »

Sorti du studio de radio, Mitterrand file au Parc des Expositions, à la porte de Versailles, où 100 000 personnes enthousiastes scandent son nom. Sondages aidant, les jeux paraissent faits quant aux deux vainqueurs du premier tour, ce qui est confirmé le 5 mai, au soir d'une participation électorale maximale, puisqu'on ne compte que 15,77 % d'abstentions :

| Candidats | Nombre de voix | % des suffrages exprimés |
|---|---|---|
| F. Mitterrand | 11 044 373 | 43,24 % |
| V. Giscard d'Estaing | 8 326 774 | 32,60 % |
| J. Chaban-Delmas | 3 857 728 | 15,10 % |
| J. Royer | 810 540 | 3,17 % |
| A. Laguiller | 595 247 | 2,33 % |
| R. Dumont | 337 800 | 1,32 % |
| J.-M. Le Pen | 190 921 | 0,74 % |
| É. Muller | 176 279 | 0,69 % |
| A. Krivine | 93 990 | 0,36 % |
| B. Renouvin | 43 722 | 0,17 % |
| J.-C. Sebag | 42 007 | 0,16 % |
| G. Héraud | 19 255 | 0,007 % |

Le sommet de la campagne du second tour est le face-à-face télévisé très attendu du vendredi 10 mai. Il est suivi par 25 millions de téléspectateurs. Procédure inédite, d'une incomparable réussite. Vrai duel oratoire, sous l'arbitrage de Jacqueline Baudrier, opposant deux jouteurs de première force – ce que la République française pouvait montrer de mieux sur l'état de sa démocratie. Les deux adversaires ne cherchent évidemment pas à se convaincre mutuellement, mais à se faire valoir, avec leurs qualités propres aux yeux du plus immense public jamais réuni en France. Épreuve redoutable, longue, au cours de laquelle il faut maîtriser sa parole, éviter les lapsus, faire montre à la fois d'intelligence et de cœur. Grand, mince, vif, Giscard prend parfois le ton du polytechnicien énarque qui sait tout, donne la leçon au mauvais élève socialiste. Le candidat de la gauche, plus carré, plus massif, plus lent, mais capable de fulgurances, s'efforce d'identifier son vis-à-vis en défenseur mandaté des classes dirigeantes ; le candidat de la droite qui ne veut pas être de droite se fait l'avocat d'une société menacée par un programme commun inspiré par les communistes. Tout cela reste courtois et vachard à la fois, et l'auditoire peut admirer la performance qui n'est certes pas à la portée de beaucoup. Qui aura gagné ? Car il faut bien un vainqueur à l'issue d'un duel. La jeunesse et la compétence de Giscard ont sans doute fait impression, mais il a eu de surcroît la formule la plus heureuse de la soirée : « Monsieur Mitterrand, vous n'avez pas le monopole du cœur. » *Le Figaro* le donne « vainqueur aux points ». Mitterrand s'est efforcé de le réduire à sa dimension sociale : socialisme contre capitalisme ; classes populaires contre bourgeoisie : « Le candidat de la gauche a su, selon *L'Humanité*, se montrer clair, convaincant, émouvant parfois. » Dans les deux camps, on a les yeux de Chimène pour Rodrigue.

Les termes de la campagne dans les jours suivants se durcissent. Les deux candidats reprennent leur bâton de pèlerin qui peut, accessoirement, leur servir de bâton tout court, à casser sur la tête de l'autre.

Giscard avait promis qu'il ne dirait pas de mal de son rival, mais la polémique s'installe. On ne peut pas devant les foules rester de pierre ou chanter des berceuses. Mitterrand, lui, a l'habitude. À Nancy, il demande à la foule : « Qui est le maître de la banque ? De la finance ? De l'argent ? Du pouvoir ? », et l'auditoire en chœur : « Giscard ! Giscard ! Giscard ! » « Qu'a-t-on fait pendant ces quinze ans ? » La foule : « Rien ! », « Qu'a-t-on fait pour les maîtres des sociétés internationales ? » « Tout ! »

Valéry Giscard d'Estaing a reçu l'appui de Jacques Chaban-Delmas, malgré la douleur de son « échec imprévisible », de Jean-Marie Le Pen, d'Émile Muller, de Jean Royer. Tous s'accordent pour barrer la route aux « socialo-communistes ». Jean-Jacques Servan-Schreiber, qui n'avait pas suivi l'autre tête du centrisme, Lecanuet, se rallie à son tour. Georges Bidault, l'ancien défenseur de l'OAS, et Antoine Pinay aussi : l'éventail s'élargit. François Mitterrand, de son côté, obtient les soutiens de René Dumont ; d'Alain Krivine et d'Arlette Laguiller. Il reçoit aussi celui de Jean-Marcel Jeanneney, ancien ministre et gaulliste notoire, qui déclare au *Monde* : « Ce n'est pas de gaieté de cœur que je vais de ce côté, mais je crois que c'est l'intérêt de la France et l'intérêt des forces de mouvement et, j'ajoute, de la paix sociale car, enfin, on ne peut pas éternellement écarter du pouvoir une grande partie des forces vives du pays. »

Tout devait se jouer à presque rien d'écart. Le 19 mai, Valéry Giscard d'Estaing est élu avec 50,80 % des suffrages contre 49,20 %. La différence de voix entre les deux candidats n'était que d'environ 400 000. On n'avait compté que 12,66 % d'abstentions. Du jamais vu ! Preuve que l'élection avait passionné la France.

Le vainqueur est assuré d'une majorité parlementaire déjà en place, issue des élections législatives de l'année précédente, ce qui lui a permis de se présenter en bonhomme tranquille, hostile à l'idée de dissoudre l'Assemblée, contrairement à son adversaire si celui-ci l'emportait. Cependant, cette majorité n'est pas homogène, et l'UDR la domine. Tout naturellement, le nouveau président de la République appelle Jacques Chirac à la tête du nouveau gouvernement. La trahison payait. Le gaullisme pouvait-il être sauvé pour autant ? N'était-ce pas le tournant de la V^e^ République, dont la base intellectuelle ne serait plus l'héritage du Général et l'encadrement, celui des barons. La France pompidolienne, accusée déjà par certains d'avoir oublié la grandeur gaullienne, n'allait-elle pas faire place à une France giscardienne, rassemblant la droite antigaulliste et le centre proeuropéen ? Le ralliement d'un Jean Lecanuet et d'un Jean-Jacques Servan-Schreiber ne symbolisait-il pas l'arrivée au pouvoir d'une majorité reconstruite, tournant le dos à la République du Général ? L'heure du « giscardisme » avait sonné.

Cependant, Giscard d'Estaing n'était pas le seul vainqueur de l'élection ; l'Union de la gauche, dont le candidat avait été battu de si peu, avait montré sa force, son audience, ses progrès, depuis les législatives de l'année précédente, dans toutes les régions de France. Jamais depuis l'avant-guerre, la bipartition droite-gauche n'avait été aussi pleinement établie. La sociologie électorale donnait l'espoir au vaincu, qui avait rallié de larges franges de l'électorat ouvrier et paysan naguère pro-gaulliste. La conquête de la majorité des électeurs de moins de 35 ans, y compris des femmes, était prometteuse pour les combats futurs. La candidature unique avait été l'instrument de ce réveil de la gauche, de ce retour de la gauche.

Restait à savoir si le Parti communiste, qui y avait si largement contribué, supporterait un futur leadership du Parti socialiste. Que ferait-il si l'Union de la gauche se maintenait à son désavantage ? Le Parti socialiste avait, grâce à l'élection présidentielle, désormais le vent en poupe. On commençait à grincer des dents au bureau politique du PCF.

Pour l'heure, le plus clair était que l'impuissance de la gauche n'était plus fatale. L'écart si mince qui séparait Giscard de Mitterrand démontrait qu'une ère politique s'achevait, que la gauche n'était plus vouée à l'opposition seule ; que son arrivée au pouvoir était possible : il s'en était fallu de bien peu que cette échéance ne fût celle de cette élection de 1974.

Depuis les débuts de la V^e^ République, deux partis de masse, attirant la majeure partie de l'électorat français, s'étaient distribué les rôles. L'UDR gaulliste, succédant à l'UNR, gouvernait ; le PCF détenait quasiment le monopole de l'opposition – ce que les politologues nomment le « pouvoir tribunitien ». Le paysage politique se trouve bouleversé. D'un côté, les gaullistes doivent accepter de composer avec le centre droit, la droite libérale et européenne. D'un autre côté, le Parti communiste a perdu son statut d'hégémonie sur la gauche.

L'élection de 1974 a été un tournant, moins brutal que ne l'eût espéré la gauche mais révélateur d'une société rajeunie qui rejetait la chape usée du gaullisme historique. Une élection qui témoignait d'un renouveau d'intérêt pour la politique – un minimum record d'abstentionnistes –, et qui ouvrait l'avenir sur la perspective d'une alternance.

# 3

# Mitterrand et les adieux au socialisme (1981, 1988)

L'élection présidentielle de 1981 se déroule dans une France embourbée dans la « crise ». En fait, le pays, tributaire de l'économie mondiale, est sorti des Trente Glorieuses à peu près au moment où Valéry Giscard d'Estaing entrait à l'Élysée. Le fléau du chômage hante désormais les esprits : en sept ans, le nombre des demandeurs d'emploi est passé de 400 000 à 1 500 000.

L'augmentation brutale du prix du pétrole, qui représentait en 1973 les deux tiers des sources de l'énergie française, a inspiré, dès le gouvernement Messmer, un programme hardi de construction de centrales nucléaires, mais, en 1981, le pétrole compte encore pour plus de 50 % dans l'approvisionnement énergétique. Les deux chocs pétroliers de 1973 et 1979 ont été la cause principale du déséquilibre du commerce extérieur et de l'endettement de la France passant, en sept ans, de 16 à 123 milliards de francs. L'inflation, produite par la crise du système monétaire international, est redevenue une plaie : en 1980, la hausse des prix de détail s'est élevée à 13,6 %.

Ces difficultés économiques ont transformé le Premier ministre Raymond Barre en tête de Turc.

Successeur de Jacques Chirac à Matignon, depuis août 1976, ce professeur d'économie politique, replet et réputé, aussi peu politicien que démagogue, a demandé sans relâche aux Français de se serrer la ceinture, sans jamais leur faire gober des promesses compensatoires. Barre est du même bois qu'un Mendès France – ce n'est pas celui dont on fait des flûtes. La monnaie mise à part – le franc résiste –, tous les clignotants de la vie économique sont au rouge. Le président de la République subit lui-même une chute sensible de sa popularité dans les sondages.

Le septennat avait pourtant bien commencé. Prêchant la « décrispation », Giscard s'était montré sans conteste un esprit libéral, tranchant avec son prédécesseur. Le droit de vote abaissé à 18 ans, la réforme de l'ORTF, éclaté en sept établissements, le droit de saisine du Conseil constitutionnel accordé au Parlement (sur la demande de soixante députés ou sénateurs), l'imposition sur les plus-values, la loi libéralisant le divorce, et, plus que tout, la loi sur l'interruption de grossesse (IVG) – votée grâce à l'opposition –, autant de réformes qui tendaient à démontrer la volonté de modernisation de la part de l'hôte de l'Élysée.

Celui-ci affichait un désir de proximité avec les gens, recevait à son petit déjeuner les éboueurs du quartier, dînait à la bonne franquette chez M. Toulemonde (mais au vu des médias), s'employait à montrer une simplicité à faire oublier son patronyme à rallonge. Malgré les brocards, il voulait imposer un nouveau style au sommet de l'État, moins cravaté et plus jean ou pull-over. En fait, le pouvoir personnel de Valéry Giscard d'Estaing, désireux de s'occuper de tous les dossiers, s'était manifesté tout au long de son septennat, provoquant en 1976, et pour la première fois depuis les débuts de la V^e^ République, la démission volontaire de son Premier ministre Jacques Chirac. Malgré la réforme de l'ORTF et une certaine ouverture à l'opposition, le contrôle étatique sur la radio et la télévision demeurait total. Un certain nombre d'« affaires », l'assassinat en 1976 de l'ancien ministre Jean de Broglie, le suicide de Robert Boulin en 1979, noircissaient encore le tableau. Un sondage d'opinion en février 1981 révélait que les Français jugeaient les « scandales » plus « graves » sous Giscard que sous de Gaulle et Pompidou. Une méchante rumeur y contribuait, celle des diamants de Bokassa. En 1979, *Le Canard enchaîné*, suivi par les autres journaux, révélait qu'en 1973, alors ministre des Finances, Giscard avait reçu en cadeau de l'« empereur » de Centrafrique Bokassa une plaquette de diamants, et l'année suivante, Giscard devenu président, un autre présent similaire. C'est seulement en mars 1981 que le Président informa le public que ces cadeaux avaient été vendus au profit d'œuvres sociales centrafricaines. Quel que fût le fondement de l'affaire, l'Élysée se révéla fort peu... brillant en l'occurrence, préférant garder une posture de mépris et d'indignation plutôt que de vider l'abcès au plus vite. Dans le troisième tome de ses Mémoires, paru en 2006, Valéry Giscard d'Estaing mettra en cause la pusillanimité de son ministre de l'Intérieur Christian Bonnet, refusant de mettre en lumière les dessous d'une « machination ». En tout cas, cette affaire des diamants ternit l'image du Président, même s'il est difficile d'en évaluer les dégâts.

L'élection arrivait au moment où la droite était profondément divisée. L'ambition de Giscard, élu Président en 1974, avait été de recomposer la majorité, pour en finir avec la tutelle du gaullisme. Le ralliement des centristes, dont Jean Lecanuet, devenu son ministre de la Justice, était la figure de proue, devait y contribuer. Simone Veil, ministre de la Santé, honnie par la droite conservatrice après le vote de l'IVG, symbolisait à la fois l'accession des femmes aux responsabilités réelles (plus encore que Françoise Giroud, titulaire d'un emploi réservé, celle de secrétaire d'État à la Condition féminine) et le recentrage voulu de la majorité. En 1978 naissait l'Union pour la démocratie française (UDF), regroupant le Parti républicain (giscardien), le Centre démocrate et social (CDS) de Lecanuet et les radicaux de Servan-Schreiber. Lecanuet en était devenu le président après les élections législatives de 1978. Lors des premières élections européennes, en 1979, la liste conduite par Simone Veil l'emportait haut la main sur la liste gaulliste. Giscard pouvait donc espérer qu'à la longue l'UDF dominerait la droite ou le centre droit (à cette époque, personne encore ne veut être classé à droite), au détriment du parti gaulliste. Mais c'était compter sans la volonté et l'action de son ancien Premier ministre Jacques Chirac.

En 1981, Giscard pouvait se prévaloir d'un bilan somme toute très estimable, en dépit des deux chocs pétroliers, mais il avait un ennemi, Jacques Chirac. Après sa démission de son poste de Premier ministre, le 25 août 1976, celui-ci n'eut en tête que de tailler des croupières à Giscard, au moyen du Rassemblement pour la République (RPR), avatar de l'UNR et de l'UDR, qu'il lança le 5 décembre 1976. Sans le faire entrer dans l'opposition, il en fit le parti de la résistance intérieure à la majorité, s'employant à saper l'action du président de la République et de Raymond Barre.

En 1977, aux élections municipales qui devaient donner pour la première fois à Paris un maire élu, et non plus un simple président du conseil municipal (loi du 31 décembre 1975), les listes Chirac, au terme d'une campagne trépidante de leur patron, avaient remporté la victoire aux dépens des listes giscardiennes conduites par Michel d'Ornano : Jacques Chirac, de l'Hôtel de Ville, peut défier l'hôtel Matignon.

En vue des législatives, les giscardiens avaient créé l'Union pour la démocratie française (UDF) en janvier 1978, regroupant les majoritaires non gaullistes. Chirac considéra cette fondation comme une « magouille partisane ». Du coup, il lança de nouvelles candidatures dans les jambes de ses alliés. Au cours de la campagne, le député de Corrèze illustra une nouvelle fois son âme de corsaire en tirant ses boulets contre les vaisseaux d'une gauche donnée pourtant gagnante par les sondages. Si Giscard gardait finalement une majorité, le RPR restait le groupe le plus nombreux à l'Assemblée (154 sièges). Chirac, dès lors, va se faire le champion d'un RPR mal-aimé, face à l'Élysée et à Matignon.

Les mois qui ont suivi furent émaillés d'accrochages, de petites phrases et petits complots qui durcirent la rivalité. En décembre 1978, dans son « Appel de Cochin », Chirac, maire de Paris, inspiré par son conseiller Pierre Juillet, lança une déclaration solennelle contre l'Europe supranationale : Giscard et les giscardiens étaient visés. Sans aller jusqu'à renverser le gouvernement, car la dissolution probable qui suivrait serait périlleuse, Chirac nourrit le projet de reprendre le pouvoir à l'occasion de l'élection présidentielle de 1981. En attendant, il faut disqualifier le giscardisme, affirmer l'autonomie des gaullistes, tout en évitant le succès d'une motion de censure. Aux yeux de Chirac, la défaite de Giscard à l'élection présidentielle de 1981 devient un impératif, qu'il concrétisera en lançant sa propre candidature contre le Président en exercice. La droite irait ainsi à la bataille au moins autant divisée qu'en 1974.

*1981, le grand tournant*

Aux deux candidats principaux de la majorité s'ajoutaient les noms de Michel Debré et de Marie-France Garaud, hors du RPR. Député de la Réunion, Debré défend, nostalgique, les couleurs du gaullisme historique contre Chirac le contaminé. Ancienne conseillère mais limogée par celui-ci en 1979, après l'échec de l'Appel de Cochin, Mme Garaud, qui dit « ne rouler pour personne », entend alerter ses concitoyens contre le danger de l'« hégémonisme » soviétique, après l'intervention militaire de l'URSS en Afghanistan.

De son côté, la gauche a perdu la belle union qu'elle avait fondée sur le programme commun. La raison, prévisible sans doute, en est l'attitude du Parti communiste, de plus en plus inquiet des progrès de son rival socialiste. Jusqu'aux élections municipales de 1977, le pacte d'union avait résisté, mais de nombreux signes laissaient entrevoir le conflit. Étienne Fajon, dans son opuscule *L'Union est un combat*, avait exposé sans fard le défi que le PCF devait relever face au PS. En signant le programme commun, en 1972, le Parti communiste avait fait le pari que l'entente avec les socialistes lui profiterait. On avait déjà vu ça en 1936. Mieux organisé, plus discipliné, jouissant d'une force militante considérable, d'un appareil puissant, d'une presse nationale, le Parti communiste ne se doutait pas qu'en s'alliant il courait le plus grand risque : avoir laissé et même prôné le « candidat commun » dans la personne de Mitterrand avait été pour lui une duperie. Tout le bénéfice de la campagne dynamique du leader socialiste et du résultat remarquable obtenu devant Giscard avait été pour le Parti socialiste. Il devenait un grand parti, recrutant de nombreux adhérents, s'élargissant à de nombreuses personnalités qui le boudaient jusque-là, et dont Michel Rocard était le symbole. Le vieux parti poussiéreux de Guy Mollet (mort en 1975) avait laissé place à une formation rajeunie, pleine d'avenir.

Aux élections municipales de 1977, l'accord électoral avait permis au PCF la conquête de nombreuses municipalités, mais la progression des socialistes continuait à lui faire redouter la perte de sa domination à gauche. Exigeant l'« actualisation » du programme commun, le PCF entra en négociations avec les socialistes et les radicaux de gauche. Devant le durcissement des communistes, l'accord devenait impossible, et l'Union de la gauche fut rompue en septembre 1977. Les législatives de 1978, dont la gauche était favorite et qu'elle perdit finalement, avaient démontré le changement du rapport des forces électorales : pour la première fois depuis la Libération, le Parti socialiste redevenait le premier parti de gauche au détriment du Parti communiste. Les deux grands partis iraient à la bataille présidentielle chacun sous son drapeau.

Tout n'allait pourtant pas si bien au PS. Michel Rocard, représentant ce qu'on appelait la « deuxième gauche », s'y affirmait comme l'étoile montante, surtout après la rupture avec le Parti communiste. À l'issue des élections perdues de 1978, il avait fait une forte impression dans un débat télévisé : « La gauche, disait-il, vient de manquer un nouveau rendez-vous avec l'histoire, le huitième depuis le début de la V^e^ République. » C'était une remise en cause implicite de la stratégie de Mitterrand. La rivalité entre les deux hommes s'était envenimée. Le 17 septembre 1978, il déclarait : « Sans doute, un certain style politique, un certain archaïsme sont condamnés. Il nous faut parler plus vrai, plus près des faits. » Le mot « archaïsme » passa mal, c'était une insulte à Mitterrand. Pour le CERES, Rocard incarnait dès lors la « gauche américaine », et Jean-Pierre Chevènement condamna bientôt « l'orientation droitière de Michel Rocard ». Tout le monde pensait que Rocard se poserait en candidat du Parti socialiste à la présidentielle, mais, malgré sa volonté ou ses velléités, en militant discipliné, il confia au *Monde*, le 10 février 1979 : « Si François Mitterrand, premier secrétaire du PS, est candidat à l'élection présidentielle, je ne le serai pas. » L'affaire allait-elle se régler au congrès de Metz du Parti socialiste en avril 1979 ? De fait, un débat doctrinal avait opposé la première à la deuxième gauche ; la gauche aux tendances étatiques à la gauche autogestionnaire. Cependant, encouragé par les sondages, appuyé par Pierre Mauroy, Jean-Pierre Cot, Edgard Pisani, par le radical Michel Crépeau, le député des Yvelines envisagea sérieusement d'être candidat. Chevènement sortit de ses gonds, déclara qu'il serait lui-même candidat si Mitterrand renonçait. C'est dans ce climat perturbé que, le 19 octobre 1980, Michel Rocard, s'adressant au pays depuis sa mairie de Conflans-Sainte-Honorine, devant les caméras de télévision, avait proposé aux socialistes d'être leur candidat. Aussitôt, Chevènement se posa en adversaire : le socialisme du programme commun, de l'Union de la gauche, de la majorité du congrès de Metz, serait défendu contre la deuxième gauche. Après s'être montré très irrité par l'initiative de Rocard, François Mitterrand s'engagea à son tour le 8 novembre, ce qui mit fin aux intentions présidentielles de Rocard qui, comme il l'avait annoncé, s'éclipsa, refusant de saisir l'opinion contre le parti. Le 24 janvier 1981, un congrès extraordinaire confirmait la candidature de Mitterrand, lequel laissait sa place de premier secrétaire à Lionel Jospin.

L'Union de la gauche rompue, le Parti communiste présente son propre candidat, qui ne peut être que son secrétaire général, Georges Marchais, successeur de Waldeck Rochet. Marchais n'avait pas la cote auprès de tous les militants du PCF, en particulier des anciens résistants comme Charles Tillon, Maurice Kriegel-Valrimont et Jean Pronteau, qui lui reprochaient de n'être entré au parti qu'en 1947, et aussi de n'avoir jamais participé à la Résistance. Tillon avait même révélé que Marchais avait menti dans l'autobiographie que chaque adhérent devait rédiger en entrant dans les rangs communistes. Auguste Lecœur, ancien du parti et directeur de *La Nation socialiste*, appuyait les dires de Tillon : loin d'être un « déporté du travail », c'est volontairement que Marchais était parti travailler en Allemagne en décembre 1942. Fureur de Marchais ! En mars 1980, *L'Express* s'en était mêlé, à grand renfort de documents accusateurs. Cette affaire eût mis un autre au tapis, mais le leader communiste ne manquait pas de ressort. Fort en gueule, effronté, malicieux, en vraie bête de scène il faisait la joie des téléspectateurs, petits et grands, comme le public des marionnettes applaudissant aux coups de bâton assenés par ce Guignol aux gendarmes. On répétait ses bons mots, on l'imitait dans les dîners de famille, on finissait par avoir de la tendresse pour ce cabotin, inégalable en bateleur télégénique, mais qui était aussi un apparatchik professionnel, bien épaulé par Charles Fiterman et Maxime Gremetz. Le durcissement du PCF se traduisait notamment par le resserrement de ses liens avec Moscou. Quand les Soviétiques intervinrent *manu militari* en Afghanistan en décembre 1978, il n'hésita pas à les soutenir. Le communisme du

Goulag et du mensonge d'État présentait à ses yeux un « bilan globalement positif ». On avait l'impression que tout le travail d'ouverture qui s'était produit depuis le début des années 1970 était remis en cause. Le 11 octobre 1980, Marchais est désigné candidat à la présidentielle à l'unanimité de la conférence nationale du parti.

D'autres postulants de gauche entrent en lice : Michel Crépeau, maire de La Rochelle, candidat du MRG (Radicaux de gauche) après le retrait de Rocard et contre « l'Église de Metz » [le Congrès du PS] ; Huguette Bouchardeau, secrétaire générale du PSU, devenu parti croupion après la scission de 1974, maintenant toujours le drapeau autogestionnaire. Arlette Laguiller est encore de la partie, réussissant à recueillir le nombre de signatures nécessaires là où son concurrent en trotskisme, Alain Krivine, échoue à recueillir les 500 parrainages désormais *sine qua non*.

Contrairement à ce qui s'était passé en 1974, la CGT et la CFDT ne s'entendent pas sur le nom d'un candidat. La première centrale, dominée par les communistes, dirigée par des communistes, ne pouvait que soutenir Georges Marchais. Certains ruent dans les brancards : leur centrale n'a pas à se prononcer sur un nom précis, mais attendre de s'engager sur le nom du candidat de la gauche qui sera qualifié pour le second tour. La CFDT d'Edmond Maire, quant à elle, révise sa politisation précédente et s'abstient de participer à la campagne. Une candidature Rocard aurait peut-être provoqué son soutien ; celle de Mitterrand, après le congrès socialiste de Metz, la dissuade. L'élan de 1974 paraît brisé.

Dans cette situation, certains prennent au sérieux la candidature de Coluche, que l'humoriste annonce le 30 octobre 1980. Un candidat « bleu-blanc-merde », comme il se qualifie gracieusement. Gérard Nicoud, ancien secrétaire général du CID-UNATI, lui apporte son soutien : « Mieux vaut un comique professionnel qu'un comique de circonstance. » Des intellectuels de gauche, Pierre Bourdieu, Gilles Deleuze, Félix Guattari, Maurice Nadeau et Jean-Pierre Faye, signent une pétition en sa faveur. Coluche, expert en scatologie, livre sa philosophie politique en salopette et avec son nez rouge de clown aux applaudissements de ces têtes pensantes : « Les gens qui font la politique, ils nous font chier. Tout le monde dit que ma candidature n'est pas sérieuse, mais qu'est-ce que ça veut dire, pas sérieux ? Ça veut dire qu'elle est pas chiante. » En novembre, la profession de foi antimerdique de Coluche lui vaut des sondages flatteurs, jusqu'à 12,5 % d'avis favorables. La décrue s'amorce en décembre ; il renoncera en avril 1981 : « Je suis bien content d'être sorti de cette affaire. Ce n'est pas parce que j'ai mis le nez dans leur merde que je vais l'y laisser. »

Le 10 avril, le Conseil constitutionnel arrête la liste des candidats ; ils sont au nombre de dix. Aux quatre candidats de la droite (Giscard, Chirac, Debré, Garaud) et aux cinq de la gauche et de l'extrême gauche (Mitterrand, Marchais, Crépeau, Bouchardeau, Laguiller), s'ajoute un écologiste de 35 ans, Brice Lalonde, du Réseau des Amis de la Terre allié au Mouvement d'écologie politique. Ancien membre du PSU, dont il avait été exclu en 1976 pour indiscipline, il s'était lancé avec quelques succès sous la bannière écologique aux élections municipales de 1977 et aux élections européennes de 1979.

Manque à l'appel l'extrême droite, le pirate blond au bandeau noir. Comme Krivine, Jean-Marie Le Pen n'a pu recueillir les 500 signatures d'élus imposées.

*Un double duel*

Quatre ténors avancent sous les feux de la rampe. À gauche, Mitterrand part favori face à Georges Marchais, mais nul ne sait l'écart qui se creusera entre les deux : le Parti communiste saura-t-il résister comme il avait su le faire sur le nom de Duclos en 1969 ? Son avenir est en cause. À droite, c'est à la fois l'avenir de l'UDF présidentielle et du RPR chiraquien qui se joue. Chaque joueur de cette partie à quatre aura donc deux adversaires, celui d'en face et celui de son propre camp.

François Mitterrand a surpris. Tombé très en dessous de Michel Rocard dans les sondages, dissuadé de se présenter par quelques-uns de ses proches, il avait sans doute décidé depuis longtemps de reprendre la compétition présidentielle, mais la candidature de Rocard qu'il déteste a été le coup de fouet ultime. La rupture de l'Union de la gauche n'est pas un problème à ses yeux : il pense que les communistes n'auront pas le moyen d'éviter de voter pour lui au second tour. On a bien vu, aux législatives de 1978, que les désistements avaient fonctionné entre les deux partis malgré la rupture. Du reste, si quelques-uns au Parti socialiste se sont réjouis de la liquidation du programme commun, Mitterrand, lui, veut y rester fidèle. Dans un entretien de *L'Express*, il avait fait, en 1978, la critique des sociaux-démocrates qui, dans leurs pays, n'avaient pas « réalisé l'appropriation sociale des grands moyens de production ». Y croit-il vraiment, on ne sait. On le sent si peu doctrinaire ! L'important pour lui est la conquête du pouvoir, et il s'est mis en tête que celle-ci se ferait sur la base programmatique d'un socialisme étatique, dont les nationalisations sont l'outil. C'est sur ce programme qu'il a pris la tête du Parti socialiste à Épinay en 1971 ; c'est sur ce programme qu'il a su faire l'Union de la gauche en 1972 ; c'est sur ce programme qu'il a su garder la majorité au congrès de Metz de 1979 face à Rocard ; c'est sur ce programme qu'il peut encore espérer mettre les communistes dans sa poche. Ce programme de gauche est son billet pour l'Élysée. Le congrès extraordinaire du PS du 24 janvier 1981 le formule en « 110 propositions ».

Mitterrand reste donc fidèle au projet de nationalisation de neuf groupes industriels, des banques et des grandes compagnies d'assurances, c'est la marque de son « socialisme ». Il promet, d'autre part, la création de 250 000 emplois par an, dont 150 000 dans le secteur public et 60 000 d'utilité collective. Mesures qu'il complète par l'abaissement de la durée de travail à 35 heures et la retraite à 60 ans, pour le partage du travail resté disponible. Avec le relèvement du SMIC, la cinquième semaine de congés payés, et autres promesses pour les familles et les personnes âgées, les comptes de la nation risquent d'être ces nouveaux « comptes fantastiques », comme on disait du temps du baron Haussmann.

Marchais, de son côté, en rajoute dans le nombre des nationalisations, dans la création des emplois, sans compter l'augmentation des cotisations patronales et des prestations sociales. Les lendemains pourraient peut-être déchanter, l'important pour l'heure est de faire rêver.

Mitterrand ne compte pas uniquement sur l'énoncé des mesures futures, mais avant tout sur son talent. Il connaît ses moyens : assez faible en économie politique, mais expert en rhétorique, excellent bretteur, sachant placer le fer où son adversaire ne l'attend pas, tantôt doucereux, tantôt lyrique, mordant et tendre. Il avait tellement roulé sa bosse, rencontré tant d'oppositions, il connaissait tellement bien la stratégie de la séduction. Pour faire mieux encore, il accepte les services que lui propose un publicitaire, Jacques Séguéla. L'art de la communication commence à investir la vie politique. Docile, Mitterrand obéit aux conseils du mentor : s'habiller plus « jeune », se faire raboter les canines pour n'avoir plus à arborer ce sourire faux que lui donnent des dents trop longues, se tenir bien droit. Séguéla, nullement socialiste, intériorise le point de vue de l'électeur hésitant, qu'il faut rassurer. Il propose donc au chef socialiste une formule qui fait mouche : « La force tranquille ». Pour l'illustrer sur les affiches, derrière le portrait de Mitterrand en premier plan, on distingue dans le fond au sommet d'une colline le clocher d'un village. Pour ne pas passer pour un calotin, Mitterrand exigera que la petite église se perde un peu dans le *sfumato*.

La campagne de Mitterrand est d'abord dirigée contre Giscard, évidemment. L'« État-Giscard », comme on disait en 1974 l'« État-UDR », c'est-à-dire la confiscation de tous les pouvoirs par le président de la République. Une « monarchie populaire si peu populaire ». Parallèlement, le député de la Nièvre se démarque nettement des communistes, laisse entendre que, dans l'état actuel des choses, il n'y aurait pas, s'il était vainqueur, de ministre communiste : « Tant que les dirigeants communistes resteront éloignés de l'union qu'ils ont brisée, déclare-t-il sur TF1, tant qu'ils se cantonneront dans une attitude et dans une campagne passionnément et parfois calomnieusement antisocialistes, tant qu'ils resteront alignés sur des positions étrangères dans des affaires aussi graves que celle de l'Afghanistan, il ne me paraît pas raisonnable de penser, pour que le gouvernement mène une politique harmonieuse, qu'il y ait des ministres communistes. »

Ces mots-là font frémir Marchais, qui tonne, fustige, menace, parcourt la France en dénonçant la dérive droitière du PS : s'il veut gouverner sans les communistes, il faudra bien qu'il s'allie aux giscardiens ! Car, malgré la rupture de 1977, Marchais reste dans la perspective d'un gouvernement de gauche « avec des ministres communistes ». Ce gouvernement prendra « des mesures énergiques contre le patronat » sans attendre : « Parce que, pas de changement, si on n'attaque pas le CNPF ! », déclare-t-il à Rouen, le 1er avril.

À droite, Giscard a commencé à entrer en campagne lentement : n'est-il pas assez connu ? Aidé par Jean-François Deniau, Jean-Philippe Lecat et Monique Pelletier, il tente de faire valoir le bilan positif de son septennat et particulièrement la stabilité ministérielle : deux Premiers ministres seulement en sept ans. Une « démocratie paisible », quoi ! Attaqué sur sa complaisance à l'égard de l'URSS, à cause de son voyage à Varsovie où il s'était entretenu avec Gromyko, il réfute de son mieux l'accusation. Lui aussi fait son tour de France : être visible, être sur le terrain, serrer des mains, sourire aux foules, éprouvante nécessité mais aussi, parfois, réjouissant bonheur de se sentir entouré. Foules, je vous aime ! Surtout, il doit encaisser les coups bas, les rumeurs assassines, les grands airs de la calomnie, les allusions à l'affaire des diamants. Un Comité d'information et de vérité sur le Septennat, constitué par Jean-Edern Hallier, Philippe Saint-Robert, Dominique Jamet et Roger Delpey (qui est au cœur de l'accusation sur les diamants), organise une manifestation assez minable devant le portail de l'Élysée, le 14 avril, mais réussit à publier, le 30, dans *Le Matin de Paris*, un placard publicitaire sous la forme d'une « Lettre ouverte au président de la République » emplie d'accusations imaginaires et outrageantes sur ses fastes. Il faut avoir le cœur bien accroché. Heureusement, il y a l'Auvergne de son cœur, où Giscard prononce ses deux derniers discours avant le 26 avril, à Chamalières et à Chanonat. Il y formule le vœu que la majorité puisse retrouver son unité.

Pareil souhait n'est pas exactement dans les intentions de Jacques Chirac. Son but est la conquête du pouvoir, sinon pour cette fois, du moins au coup suivant. Pour y arriver, il faut abattre Giscard, par tous les moyens. En octobre 1980, la rumeur a circulé dans Paris qu'il avait rencontré secrètement Mitterrand dans un dîner chez Édith Cresson. Plus tard, le 15 décembre 1995, François Mitterrand, au soir de sa vie, confirmera cette entrevue à Valéry Giscard d'Estaing, qui s'en fait l'écho dans ses Mémoires : « Il faut nous débarrasser de Giscard ! » disait Chirac à Mitterrand. Jacques Chirac niera toujours cette rencontre, on peut la tenir aujourd'hui pour avérée. Au cours de la campagne électorale, le leader du RPR tire à boulets rouges sur le président de la République, à cause duquel la France est affaiblie, son autorité contestée à l'extérieur, et il refuse de s'engager à soutenir son concurrent au second tour, s'il y parvient. Battant la campagne, traversant les villes, brûlant les estrades, Jacques Chirac est à son affaire : les foules vibrent, les *Marseillaise* s'enchaînent, les ovations l'inondent. Il est heureux, caresse les joues des enfants, fait des bises à leurs mamans, trinque avec les hommes, infatigable, insatiable, chaleureux. Son thème positif, c'est le retour à une « croissance vigoureuse », par l'encouragement aux investissements, l'allègement des réglementations, la réduction des dépenses de l'État : il est dans sa phase libérale, mais, jamais encombré par le souci de cohérence, il n'en promet pas moins la relance du Plan.

Le 26 avril, le verdict tombe. Marchais et Chirac sont nettement battus. L'événement est le recul qualifié d'« historique » du Parti communiste, la confirmation de la remontée du Parti socialiste à la première place de la gauche. On sait aujourd'hui que le PCF ne s'en remettra jamais. Un autre résultat notable est la bonne tenue du candidat écologiste Brice Lalonde, qui passe le cap du million de voix : les problèmes environnementaux sont en train de devenir un enjeu politique, pour la première fois. Résultats :

| Candidats | Nombre de voix | % des suffrages exprimés |
|---|---|---|
| Giscard d'Estaing | 8 222 432 | 28,31 % |
| Mitterrand | 7 505 960 | 25,84 % |
| Chirac | 5 225 848 | 17,99 % |
| Marchais | 4 456 922 | 15,34 % |
| Lalonde | 1 126 254 | 3,87 % |
| Laguiller | 668 057 | 2,30 % |
| Crépeau | 642 847 | 2,21 % |
| Dobré | 481 820 | 1,65 % |
| Garaud | 386 623 | 1,33 % |
| Bouchardeau | 321 353 | 1,10 % |

On pouvait faire des additions et des soustractions, rien n'était joué. Qu'allait-il se passer dans la tête des électeurs communistes ? Dans celle de Chirac ? Qu'allaient faire ceux qui avaient donné leurs voix aux « petits candidats », et dont le total dépassait trois millions de suffrages ?

Huguette Bouchardeau, Arlette Laguiller et Michel Crépeau se prononcent pour Mitterrand sans attendre. Edmond Maire déclare que « pour la CFDT, l'élection de François Mitterrand le 10 mai doit permettre de s'engager dans la voie du changement ». Le mardi 28 avril, le comité central du Parti communiste appelle à voter pour le leader socialiste, sur la base « bien précise » des « cent trente et une propositions que nous [lui] avons soumises », déclare Marchais, qui ajoute qu'on ne l'a jamais vu « rouler gratuitement ». Comme l'avait prévu Mitterrand, les communistes étaient piégés et devaient le soutenir. Du moins officiellement, publiquement, car un certain nombre de témoignages convergents, notamment celui de Pierre Juquin, ancien membre du bureau politique du PCF, affirment que Marchais a donné, en catimini, la consigne de voter Giscard[1]. Pourquoi ? Parce que le parti se referait une santé plus facilement dans l'opposition à la droite que dans une alliance avec le PS. On ne saura jamais combien de voix communistes Marchais aura pu ainsi, subrepticement, détourner en faveur de Giscard. Mitterrand savait que le gros de l'électorat du PCF voterait pour lui. Le 29 avril, la CGT déclare à son tour son soutien.

La droite est le lieu d'une manœuvre inverse : Jacques Chirac fait une déclaration le lundi 27 avril : « Le 10 mai chacun devra voter selon sa conscience. À titre personnel [...], je ne puis que voter pour M. Giscard d'Estaing. » Le soutien est pour le moins timide, puisque Chirac ne donne aucune consigne à ses troupes. Son choix, à lui, est « personnel », rien que personnel. D'une manière symétrique étonnante, Chirac entend faire échouer Giscard tout comme

1. *Libération*, 15 janvier 1988.

Marchais, Mitterrand. D'abord parce que Giscard est le principal obstacle à ses ambitions ; ensuite parce qu'il fait le calcul suivant : si Mitterrand, soutenu par les communistes, l'emporte, il sera obligé de dissoudre la Chambre actuelle qui lui est hostile. La campagne pour les nouvelles législatives serait l'occasion pour le RPR de reprendre le dessus en raison des craintes suscitées par l'éventualité d'une majorité socialo-communiste. Ce serait pour Chirac gagner sur les deux tableaux : éliminer Giscard et jouer les sauveurs à la tête de son parti. Lorsque Giscard propose à Chirac de participer à un rassemblement unitaire à la porte de Pantin, celui-ci décline l'invitation. Pour en avoir le cœur net, Giscard raconte qu'il aurait lui-même, en dissimulant sa voix, téléphoné un soir à la permanence de Jacques Chirac, en se faisant passer pour un militant du RPR en quête de consigne de vote : « Il faut voter Mitterrand ! » lui est-il répondu. On a peine à imaginer un président de la République en exercice, doté d'un accent si chuintant, se prêter à pareille ruse téléphonique. Reste le fond : l'entrevue secrète de Chirac avec Mitterrand chez Édith Cresson, quelques mois auparavant, annonçait bien la trahison de l'ancien Premier ministre.

Les deux adversaires courent de nouveau de réunion en réunion, mais le clou de cette seconde campagne est le nouveau face-à-face télévisé du mardi 5 mai. Michèle Cotta et Jean Boissonnat en sont les modérateurs, soucieux de faire respecter l'égalité du temps de parole entre les deux hommes. Giscard ne trouve pas les bonnes formules comme il avait su le faire en 1974. Manifestement, il surclasse Mitterrand sur les questions économiques, mais, justement, il ne peut s'empêcher de faire le pion. « Je ne suis pas votre élève… », s'écrie Mitterrand. Les commentaires au lendemain de ce débat sont contradictoires.

Pour les uns, un grand professionnel, Giscard, a dominé de haut un amateur, Mitterrand. Pour les autres, le chef socialiste s'est montré plus sympathique, plus humain, plus proche des gens que son arrogant adversaire. La science de la communication s'intéresse moins au signifié qu'au signifiant, moins au contenu explicite qu'au message émis : ce n'est pas la démonstration magistrale qui compte mais la perception des attitudes des protagonistes par le téléspectateur.

Lorsque Valéry Giscard d'Estaing se remémore ce débat dans ses Mémoires, il se souvient d'avoir été mécontent de lui : « Je n'ai pas réussi à frapper un coup décisif, celui dont j'aurais eu besoin pour gagner, je n'ai pas fait de trouvaille, comme l'avait réussi en 1974 mon exclamation magique sur "le monopole du cœur", ou comme à l'automne de 1977, lorsque Raymond Barre avait écrasé François Mitterrand en mettant en lumière sa faible compétence économique. »

« Écraser », vaincre, tuer l'autre. La campagne s'envenime les jours suivants. Les coups volent plus bas. Boissieu, gendre du général de Gaulle, soulève de vives protestations, en mettant en cause la Résistance de Mitterrand. Celui-ci accuse Giscard de mensonge, pour avoir rappelé quelques points du Programme socialiste : le programme socialiste n'est pas le programme du candidat socialiste, il faut le savoir ! Les derniers sondages, qui ne sont pas rendus publics, donnent Mitterrand vainqueur.

Le 10 mai, plus de 85 % des électeurs inscrits se rendent aux urnes, ce qui ramène le chiffre des abstentions au-dessous de 15 %. Mitterrand obtient plus de 15 millions des voix et 51,75 % des suffrages exprimés ; Giscard d'Estaing, un peu plus de 14 600 000 voix, 48,24 % des suffrages. Dans son entrevue ultérieure avec Giscard, Mitterrand lui dira : « Tout a basculé pour vous dans les quatre derniers mois. Jusque-là, vous étiez imbattable. Cela tient sans doute à une manière d'être des Français. Et je n'ai été élu que grâce aux 550 000 voix que m'a apportées Jacques Chirac au deuxième tour. Vous n'avez qu'à regarder les chiffres. Sans ces 550 000 voix qui ont changé de camp, je ne pouvais pas être élu. »

En tout cas, François Mitterrand s'était révélé l'un des plus beaux « tueurs » politiques du tournoi. Il avait mis à terre successivement Michel Rocard, Georges Marchais et enfin Valéry Giscard d'Estaing : on peut difficilement faire mieux. Si Chirac avait participé à sa victoire (sans qu'on puisse chiffrer le nombre des transfuges), le leader socialiste avait admirablement joué lui-même. Sa victoire était due incontestablement à un transfert des voix de l'ancienne majorité, celles d'électeurs de droite, du centre droit si l'on préfère, antigiscardiens. Il avait su rassurer ces électeurs, non seulement avec la « tranquillité » de ses affiches et la « force » de son tempérament, mais encore avec la façon dont il avait traité les communistes pendant sa campagne. De sorte que son succès provenait de deux étapes stratégiques : la première était l'union de la gauche qui avait fait prisonniers les communistes, la seconde, sa rupture avec les communistes, qui révoquait en doute le danger dénoncé par ses adversaires d'ouvrir la voie à une démocratie populaire.

La victoire de la gauche était triplement historique : elle était la première depuis la fondation de la V^e^ République ; elle permettait enfin l'alternance ; elle sanctionnait en même temps le recul du Parti communiste à sa situation d'avant la guerre.

Après avoir nommé Pierre Mauroy Premier ministre, la dissolution prévue de l'Assemblée amena des élections législatives au mois de juin. Au premier tour, le Parti communiste n'obtenait qu'un peu plus de 16 % des suffrages, alors que le Parti socialiste allié au MRG atteignait le sommet de 37,50 %. Du jamais vu ! Au second tour, le PS remportait la majorité absolue des sièges, tandis que le PCF n'en obtenait que 44, soit 42 de moins qu'en 1978. L'Union de la gauche, l'Union de la gauche rompue, l'Union de la gauche rafistolée entre les deux tours avaient provoqué le triomphe des socialistes, la chute des communistes et le changement de majorité : la République gaullienne et le giscardisme, son succédané, étaient balayés.

Au demeurant, le giscardisme était – avec le communisme – le vrai perdant. Chirac, le manipulateur, avait su tirer son épingle du jeu : le RPR, même en reculant, distançait la représentation de l'UDF, et s'affirmait le premier parti de l'opposition. Le gaullisme, ou le néo-gaullisme, avait encore un avenir.

Le 21 mai, François Mitterrand fêta sa victoire par une marche triomphale dans Paris et sa visite aux hommes illustres du Panthéon, sous l'œil des caméras de Serge Moati. Ce n'était pas la prise de la Bastille, mais la gauche était sevrée de victoire depuis si longtemps que l'excès même du triomphe était compréhensible. On pouvait néanmoins préférer à cette rose pompe la passation des pouvoirs qui avait eu lieu le matin à l'Élysée entre Valéry Giscard d'Estaing et François Mitterrand, cette poignée de main sans précédent entre le vainqueur et le vaincu sur le perron du palais présidentiel qui symbolisait le respect du suffrage universel. Bien des Français, assistant à cette scène sur leurs écrans de télévision, ont dû ressentir quelque chose qui devait ressembler à de la fierté civique. La France était devenue une démocratie.

Hélas ! quand Giscard sortit de l'Élysée, des énergumènes l'attendaient au portail pour le huer. On entendit même « À mort ! » au milieu des sifflets. Il faut que la bêtise soit de toutes les fêtes.

### *1988, Mitterrand inexpugnable, Le Pen s'annonce*

« Au secours, la droite revient ! » Ce slogan avait été celui du Parti socialiste pour les élections de 1986. De fait, la droite avait gagné les élections législatives, et la France allait connaître quelque chose de tout à fait inédit : la coexistence d'un président de la République de gauche et d'une majorité parlementaire de droite à l'Assemblée. Mitterrand avait le choix entre trois possibilités : démissionner à la suite de ce désaveu de la part des électeurs, dissoudre l'Assemblée pour tenter de regagner une majorité, quitte à se retrouver devant le même problème, ou enfin innover, tout en suivant à la lettre la Constitution, en choisissant un Premier ministre dans la nouvelle majorité, ce qu'on appelle désormais la « cohabitation ».

Dans l'esprit du général de Gaulle, père de la Constitution, la cohabitation n'était pas pensable. Il s'était exprimé à plusieurs reprises sur l'impossible dyarchie à la tête de l'État : le Premier ministre devait être en parfait accord avec le Président et lui être subordonné. Faute de majorité, il est probable que le Général eût démissionné, après un essai de gouvernement avec un expert, un technocrate, quelqu'un qui n'eût pas appartenu au milieu politique. Cependant, comme les difficultés rencontrées par la gauche dans les années qui suivirent l'élection de François Mitterrand laissaient prévoir un échec électoral du Parti socialiste au rendez-vous législatif de 1986, quelques bons esprits, à droite, se mirent à réfléchir sur ce cas de figure. Édouard Balladur, dans un article du *Monde*, faisait dès 1983 la théorie de la cohabitation. Tant pis pour la statue du Commandeur : si la droite (on commençait à parler de la « droite » à droite depuis que la gauche occupait le pouvoir) remportait les prochaines élections, elle devait assumer le pouvoir gouvernemental !

Au lendemain de ces élections perdues par le PS, François Mitterrand appela, dans la posture du démocrate qu'il voulait être, celui qui était à la tête de la nouvelle majorité, Jacques Chirac. Les Français apprécièrent la formule cohabitationniste, comme si elle était une preuve de pacification, le pouvoir et le contre-pouvoir se trouvant assis à la même table du Conseil des ministres. Pendant deux ans, Chirac renversa la politique de gauche, au profit d'une « libération de l'économie », sous l'influence des idées thatchéro-reaganiennes qui semblaient réussir ailleurs. Le schéma « social-démocrate », avait-il dit, avait épuisé ses vertus. Il avait privatisé là où la gauche avait nationalisé, diminué les charges des entreprises, supprimé l'autorisation administrative de licenciement ; mais il avait échoué dans son projet d'instaurer l'autonomie des universités, son ministre Devaquet ayant démissionné à la suite des manifestations d'étudiants et de la mort dramatique, à la suite de l'une d'elles, du jeune Malik Oussekine. Un autre point noir obscurcissait le bilan des deux années de Chirac au gouvernement : le chômage. En 1988, la France compte désormais 2 500 000 demandeurs d'emploi, soit 200 000 de plus qu'en 1986, alors que Chirac et son ministre des Affaires sociales Philippe

Séguin avaient fait de la lutte contre le chômage leur « priorité absolue ».

François Mitterrand, qui n'avait guère d'estime pour Jacques Chirac, lui avait donné du fil à retordre pendant ces deux années de cohabitation, contestant ses projets de lois, refusant de signer certaines de ses ordonnances, se mettant carrément du côté des manifestants lors de la crise étudiante de décembre 1986 ou des grévistes en 1987. Le président de la République semblait éprouver un malin plaisir à jouer au chat et à la souris avec son Premier ministre. Chirac pouvait certes démissionner. Il y songea à plusieurs reprises, mais il avait déjà claqué la porte de l'hôtel Matignon sous la présidence de Giscard : répéter le geste risquerait de le discréditer. De surcroît, provoquer une crise pouvait amener une dissolution suivie d'élections défavorables à la droite. Il se maintint donc, l'air d'un élève un peu timide sous la férule du maître. Pendant ce temps-là, celui-ci regardait avec plaisir grimper sa cote de popularité. Selon une enquête de la SOFRES, les Français qui souhaitaient que Mitterrand soit candidat au renouvellement de son mandat n'étaient que 30 % de l'échantillon sondé en avril 1983 ; ils sont 46 % en avril 1987.

Telle est bien pourtant l'intention du Président : prendre sa revanche sur la défaite électorale aux législatives de 1986, et damer le pion à ce Chirac, dont il dit pis que pendre. Par exemple à son ami Maurice Faure, dans l'avion qui les emmène en Argentine en octobre 1987 : « Si Chirac voyage tant, le pauvre, c'est parce qu'il ne peut pas rester en tête à tête avec lui-même. Il n'a rien à se dire. Il n'a aucune conviction. Il n'a que des tactiques. Il ne fait que passer son temps à me contrer. Il n'y a que cela qui l'intéresse. [...] Ce type est vide en fait, complètement vide. Et quelle instabilité[1] ! » Très vite, Mitterrand s'est décidé à écraser ce paltoquet en combat singulier.

D'autres rêvaient déjà de la présidentielle de 1988. Michel Rocard, depuis sa tour de Conflans-Saint-Honorine, avait pu espérer que cette échéance serait la bonne pour lui. Longtemps chouchou des sondages, même si sa cote avait baissé depuis les élections de 1986, il était le seul à pouvoir remplacer celui qu'on appelait familièrement « Tonton ». Mitterrand, qui n'a jamais perdu de vue ce cadet qui piaffe et l'agace, entreprend de l'amadouer, et l'invite à déjeuner à l'Élysée au début de décembre 1987. Rocard, face à Mitterrand, éprouve un mélange de détestation et de fascination. Il n'aime ni l'homme, ni son passé, ni son ambiguïté politique, ni son système courtisan, mais il est instantanément flatté si le sphinx lui fait un petit signe d'amitié, si inespéré. Ce 4 décembre, Mitterrand annonce à Rocard sa décision, sa volonté de faire tomber Chirac et les siens. En même temps, il conseille à Rocard de se préparer. Certes, il ne peut lui promettre d'ores et déjà le poste de Premier ministre, car il y a d'autres postulants. Mais enfin… Voilà Rocard réconcilié et neutralisé par le Florentin.

Mitterrand annonce sa candidature le 22 mars, au « 20 heures » d'Antenne 2 : « Vous savez, depuis déjà quelques mois j'ai beaucoup écouté les discours des uns et des autres. Et, dans tout ce bruit, j'aperçois un risque pour le pays de retomber dans les querelles et les divisions qui, si souvent, l'ont miné. Eh bien, je veux que la France soit unie, et elle ne le sera pas si elle est prise en main par des esprits intolérants, par des partis qui veulent tout, par des clans ou par des

---

1. Cité par Franz-Olivier Giesbert, *Le Président*, Seuil, 1990, p. 290.

bandes. » Le ton est donné ; il est gaullien. Le Mitterrand de la « rupture » est mort, vive le Mitterrand de l'« ouverture ».

Nous ne sommes plus en 1981. La méthode socialiste, étatique plus que collectiviste, a échoué définitivement en 1983. Mitterrand et la gauche ont dû accepter les contraintes d'une réalité internationale et ses implications, dont la principale est la reconnaissance de l'économie de marché aux dépens de l'économie administrée. Du même coup, il n'y a plus de projet socialiste. Reste-t-il encore un socialisme, si ce n'est le mot ? La France a cessé d'être coupée en deux sur deux projets de société antagoniques. Contrairement à ce qui s'est passé en 1974 et en 1981, les Français, selon les sondages, ont tendance – effet de la cohabitation peut-être – à mettre les hommes politiques de gauche et de droite dans le même sac : ni Chirac ni Mitterrand, ni personne d'autre n'est à même de changer le cours de l'Histoire. Il s'agit de choisir le meilleur intendant, le meilleur gestionnaire, le meilleur père de famille, ni Moïse ni Lénine.

Séguéla, jamais en reste, a trouvé le nouveau slogan du candidat : « Génération Mitterrand », sans qu'on sache trop bien s'il s'agit de la génération des pépés ou celle des minots. Une affiche qui porte la formule laisse entrevoir un bébé en filigrane : faut-il comprendre que Tonton parraine l'avenir au Mustela ? « La layette, nous voilà ! » écrit *Le Canard enchaîné*. Après s'être mis sur les rangs, le Président chantera partout des variations sur le thème de l'« ouverture » et du « rassemblement ». « Nous ne sommes pas un camp qui veut abattre un autre camp. » Son programme tiendra dans une « Lettre à tous les Français » que publient vingt-cinq quotidiens sous la forme d'un encadré publicitaire, et dont Angelo Rinaldi fait dans *L'Express* une impitoyable critique grammaticale et syntaxique. Dans ce texte, qui n'est, il est vrai, un chef-d'œuvre ni de pensée ni de style, l'homme de l'Élysée insiste sur l'impératif de l'Europe, le grand marché et aussi l'Europe politique, l'Europe de la Défense, l'Europe sociale. Il enterre les nationalisations : « Laissons s'apaiser les bouillonnements que le va-et-vient *nationalisations-privatisations* ne prolongerait pas sans dommage. » Il veut que « la Bourse redevienne le lieu où l'épargne s'investit pour créer et bâtir et que cesse de triompher une économie de spéculation à courte vue ». Il dit vouloir aider les entreprises nouvelles par l'exonération fiscale. Reste une mesure de gauche tout de même : le retour de l'impôt sur les grandes fortunes qu'a supprimé le gouvernement Chirac. L'ensemble du programme est frappé au coin d'un bon sens quelque peu centriste.

À ce jeu-là, l'adversaire le plus redoutable de Mitterrand pourrait être non pas Chirac mais le professeur Barre, le candidat de la droite libérale et européenne, plus ou moins patronné par l'UDF à laquelle il n'appartient pas officiellement. Étonnant parcours que celui de cet ancien Premier ministre, complètement décrié sous Giscard pour avoir exercé le rôle du père Fouettard, mais que les Français apprécient de plus en plus pour son franc-parler, son indépendance, ses analyses et sa tranquillité d'éléphant Babar. Plus gaullien que les gaullistes, le député de Lyon a refusé le principe même de la cohabitation. En mars 1987, il devance Chirac dans les intentions de vote des Français : 30 % contre 18 % ; l'écart diminue mais se maintient en novembre de la même année : 24,5 % contre 18 %. Pour les électeurs de droite comme pour l'ensemble des Français, Raymond Barre est, en cet automne, considéré comme le meilleur candidat de la majorité. Pourtant, en janvier 1988, la faveur populaire se retourne en faveur de Jacques Chirac dans cette espèce de primaire rampante qui se répète à droite depuis 1969. Le maire de Paris vient alors de déclarer sa candidature ; dans les semaines et les mois suivants, le chassé-croisé des intentions de vote le confirme dans son rôle de leader. La première explication est que Barre n'est pas soutenu par un parti national puissant : au lieu de l'état-major et des cadres de l'UDF, il a préféré s'appuyer sur ses propres réseaux, qui ressemblent plus à des sociétés de pensée qu'à des groupes de colleurs d'affiches. Ensuite, Raymond Barre, s'il a de la tête, n'a pas le cœur et les tripes d'un Jacques Chirac en campagne. Le Premier ministre n'est jamais tant à son affaire que dans la course aux suffrages : on l'a vu, dès ses premiers pas en politique, quand il arrachait en Corrèze un siège de député à la gauche ; on l'a vu ensuite dans toutes les confrontations électorales mener campagne tambour battant, orateur infatigable, vedette des préaux et des salles de théâtre, chéri des foules, hussard lancé à l'assaut des urnes que rien n'arrête. Il jubile, Jacques Chirac, devant ces mains qui s'élèvent vers lui, ces fleurs qu'on lui jette, ces vaches qu'il tapote, ces rillettes qu'il avale avec un verre de vin local. Le professeur Barre est un brave homme, un grand honnête homme, un savant, mais ce n'est pas le roi du « mâchon » lyonnais et de l'appel aux masses. A-t-il un programme, Chirac ? Il veut des entreprises compétitives, la diminution des impôts, l'allégement des charges sur les entreprises. Il veut aussi confirmer l'arrêt de toute immigration nouvelle, lutter contre l'immigration clandestine, faciliter l'intégration des étrangers…

L'immigration ! Le thème a pris une importance centrale dans la préoccupation des Français. C'est sur ce thème qu'a mordu à pleines dents une nouvelle extrême droite conduite par Jean-Marie Le Pen et son

Front national. L'ancien pirate s'est fait une nouvelle tête, plus présentable, en troquant le bandeau noir contre un œil de verre. La percée de ses couleurs s'est produite lors d'une élection municipale partielle à Dreux, en 1983. À la stupeur générale, une forte minorité d'électeurs s'est prononcée pour la liste du FN. Le Pen a confirmé son ascension politique aux élections européennes de 1984. Là-dessus, le prince Mitterrand s'avisa que la montée de l'extrême droite pouvait être une bonne affaire pour la gauche. Fort de la promesse contenue dans le programme commun, il avait fait voter par sa majorité socialiste, au grand dam de Rocard, le retour du scrutin proportionnel pour les législatives qui s'annonçaient défavorables pour la gauche : en faisant entrer au Palais-Bourbon un groupe important de lepénistes, il diviserait ainsi la droite et l'empêcherait peut-être de gouverner. Si le projet échoua, il n'empêche que l'arrivée des trublions à l'Assemblée réduisit la nouvelle majorité, tout en épinglant une médaille démocratique sur le drapeau d'un parti que d'aucuns qualifiaient de « fasciste ». Ce n'était pas exactement le cas, il s'agissait plutôt d'un populisme ou d'un national-populisme xénophobe et identitaire. Mais le chef lui-même, ancien para en Algérie, accusé d'y avoir pratiqué la torture, entouré d'anciens pétainistes et d'éternels activistes, sentait le soufre. Fondateur d'une maison de disques, la SERP, il avait mis en vente en 1965 un trente-trois tours, *Voix et Chants de la révolution allemande*, qui lui avait valu une condamnation pour « apologie de crimes de guerre ». Provocateur-né, avide de publicité, il ne pouvait s'empêcher de faire des déclarations tonitruantes, odieuses, sacrilèges, comme à propos des chambres à gaz des camps de la mort hitlériens, dont les négationnistes affirmaient l'inexistence, et à propos desquelles Le Pen avait dit, narquois, qu'il s'agissait d'un « détail ». Ses électeurs n'avaient pour la plupart sans doute aucune sympathie pour les nostalgies fascistes ou nazies, mais Le Pen, c'était plus fort que lui, s'entêtait à faire plaisir aux plus extrémistes de ses fidèles plutôt que de tout mettre en œuvre pour élargir son audience sur les thèmes contemporains. Peut-être y trouvait-il l'instrument d'une publicité gratuite : il était devenu le monstre dont chacun savait le nom et que 80 % des Français abhorraient. Une contre-star, une anti-star, mais une star tout de même. En même temps, ses turpitudes ne paraissaient pas freiner sa marche en avant, puisque, dans les sondages, on observait sa progression, notamment chez les employés et les ouvriers : le Front national était-il en passe de se substituer au Parti communiste dans son pouvoir tribunitien, dans sa fonction protestataire ?

Le Parti communiste, en effet, semblait glisser comme une luge vers une chute inexorable. Georges Marchais n'eut alors aucune envie de se retrouver le petit dernier de la « bande des quatre » – c'est ainsi que Le Pen désignait les quatre grands partis français, en utilisant une formule chinoise datant de la période post maoïste. Il favorisa donc la candidature d'André Lajoinie, qui était un peu pataud, mais qui n'en était pas moins le président du groupe communiste parlementaire à l'Assemblée. André Lajoinie, « candidat révolutionnaire », enfant de la ruralité rouge (il avait présidé la section agricole du parti), fit de son mieux, aidé par l'appareil, les militants, la presse communiste, mais il ne paraissait pas crédible, même aux yeux des électeurs communistes. Quelle idée avait eu le bureau politique du Parti de présenter ce gars-là ? Bien des voix communistes allaient se diriger vers le président socialiste et, déjà, un certain nombre – 5 % – vers Le Pen.

Un dissident, Pierre Juquin, un intellectuel du parti, ancien membre du bureau politique, soutenu par les « rénovateurs » communistes et aussi par Alain Krivine de la Ligue communiste, des personnalités comme Gilles Perrault et Haroun Tazieff, pouvait aussi prendre des voix au PCF. Arlette Laguiller, de son côté, continuait sa carrière, au profit des « travailleurs » et encore des « travailleurs », mais cette fois elle jurait de ne plus se désister au deuxième tour. Comme un(e) trotskiste n'est jamais seul(e), une autre tendance parmi les « fils du Prophète » pointait son nez, Pierre Boussel, du Mouvement pour un parti des travailleurs, qui ressemblait à un notaire de chef-lieu de canton, et dont les membres, assez rares, se désignaient comme des « lambertistes ». On saura plus tard que Lionel Jospin avait été du nombre. Quant à l'écologie, elle est encore de la partie grâce à un Alsacien de 39 ans, Antoine Waechter, soutenu par Cabu, Cartier-Bresson et Cavanna.

Ce fut Le Pen, qui créa la surprise du premier tour :

| Candidats | Nombre de voix | % des suffrages exprimés |
|---|---|---|
| Mitterrand | 10 367 220 | 34,09 % |
| Chirac | 6 063 514 | 19,94 % |
| Barre | 5 031 849 | 16,54 % |
| Le Pen | 4 375 894 | 14,39 % |
| Lajoinie | 2 055 995 | 6,76 % |
| Waechter | 1 114 642 | 3,78 % |
| Juquin | 639 084 | 2,10 % |
| Laguiller | 606 017 | 1,99 % |
| Boussel | 116 823 | 0,38 % |

Les résultats confirmaient l'effondrement des actions communistes, plus d'un an avant la chute du Mur de Berlin. Chirac n'avait pas remporté un succès décisif, du moins avait-il devancé son concurrent Barre : le RPR restait le premier parti de la droite. Il aurait à affronter au second tour un Mitterrand vainqueur dans les grandes largeurs, on l'avait prévu depuis l'annonce de sa candidature. Mais Le Pen ? La presse étrangère concentra ses commentaires sur la montée en puissance de l'ancien para poujadiste et le danger d'une « fascisation » de la France ; des caricaturistes s'en donnèrent à cœur joie en alliant le coq gaulois à la croix gammée. Les analystes du vote lepéniste montrèrent que les progrès du FN étaient dus pour 17 % à des électeurs venus de la droite modérée (RPR/UDF), 15 % des anciens abstentionnistes, et 11 % de la gauche. Le danger devenait manifeste de voir grandir en France un parti réfractaire aux traditions républicaines et démocratiques : 80 % des Français en exprimaient la crainte dans les sondages.

Pour l'heure, on entre dans la campagne du second tour, dont le clou, une fois encore, est le face-à-face télévisé entre les deux candidats, cette fois Mitterrand et Chirac. Le duel a lieu le 28 avril, entre deux hommes qui ne s'aiment pas et ne se ménagent pas. Chirac a perdu toute timidité, et Mitterrand rien perdu de son art. D'entrée de jeu, il fait montre d'une ironie propre à mettre les rieurs de son côté. Jacques Chirac lui déclare qu'il l'appellera « Monsieur Mitterrand », parce qu'il y avait l'un en face de l'autre non pas un Président et un Premier ministre, mais « deux candidats ». À quoi Mitterrand, pince-sans-rire, lui répond : « Vous avez raison, monsieur le Premier ministre. » On assiste à quelques moments d'une rare intensité, surtout à propos des actes terroristes qui ont eu lieu à Paris en 1985 et 1986. Chirac reproche à Mitterrand d'avoir amnistié deux individus qui deviendront les assassins futurs de Georges Besse, le P-DG de Renault, et du général Audran, du ministère de la Défense, victimes du groupuscule terroriste Action directe. Mitterrand esquive de son mieux. Il contre-attaque sur la responsabilité de Chirac qui a laissé repartir en Iran Gordji, impliqué dans l'attentat sanglant de la rue de Rennes. Chirac conteste cette implication, puisque aucune preuve n'existe, et impute au juge la décision : « Pouvez-vous vraiment contester ma version des choses en me regardant dans les yeux ? » Mitterrand, tranquille : « Dans les yeux, je la conteste. » Lequel des deux est un menteur ? L'affaire Gordji était embrouillée, et le téléspectateur perplexe, mais la violence de l'affrontement était manifeste. La controverse sur les impôts est plus amusante. Les deux adversaires s'empoignent sur la TVA, lorsque Chirac a l'idée de gagner à lui l'immense parti français des propriétaires d'animaux domestiques : « Vous avez plus que doublé le taux de la TVA sur les aliments pour les chiens et les chats. » Mitterrand, désireux de ne pas laisser à son adversaire le monopole de l'amour des bêtes, réplique que lui aussi aime beaucoup les chiens et les chats, mais que « les produits de première nécessité pour les humains » ont la priorité de ses attentions. Plantu, le caricaturiste du *Monde*, ne laissera pas passer une si belle occasion : il représentera un chien ayant la tête de Chirac et aboyant : « 15 % de TVA en plus sur le Canigou, c'est une infamie ! » et son propriétaire, dont on ne voit que le bras et la main qui tient le chien Chirac en laisse : « Cessez de parler comme un vulgaire roquet ! » Un autre thème fort est celui de l'immigration, mais les deux adversaires se montrent résolus à lutter contre l'immigration clandestine et, par leurs propos respectifs, témoignent de l'inquiétude des Français sur le thème favori de Le Pen. En conclusion, ils parlent tous deux de justice sociale, refusent tous deux les inégalités, appellent tous deux à la solidarité : la cohabitation revenait en force.

Le 4 mai, Chirac crut marquer un point grâce à la libération des derniers otages français détenus au Liban depuis 1985, et que le préfet Marchiani, chargé de mission au cabinet de Charles Pasqua, ramena opportunément à Paris. Cependant, un épisode dramatique surgit le lendemain, qui ne fut pas à l'avantage du Premier ministre : en Nouvelle-Calédonie, les gendarmes avaient pris d'assaut un groupe d'indépendantistes du FLNKS retranchés dans une grotte avec des otages ; 2 gendarmes et 19 Kanaks sont tués. L'homme à poigne, le chef viril, toute cette mythologie dont Chirac avait entretenu les Français durant la campagne se retournait contre lui. Face à cette démonstration de force aveugle, qui rappelait les pires moments des guerres coloniales, Mitterrand paraissait incarner l'humanité.

Celui-ci fut élu sans bavure le 8 mai 1988, par plus de 54 % des suffrages, un chiffre qui débordait nettement l'électorat de gauche du premier tour. Il avait su rallier à lui 68 % de l'électorat écologiste, 19 % de l'électorat lepéniste, et aussi 14 % de l'électorat centriste de Raymond Barre. L'exploit était de taille de la part d'un président sortant qui avait battu quelques années plus tôt les records d'impopularité. Mais qui avait gagné, au juste, sous le slogan de la « France unie » ? Était-ce un candidat socialiste ? On pouvait en douter. Rien des thèmes majeurs de la campagne mitterrandienne de 1981 ne subsistait, si ce n'est la volonté affirmée de justice sociale qu'il partageait avec Jacques Chirac. Le socialisme à la française, mis à mort en 1982-1983, ne s'était pas relevé de ses échecs. Simone Veil fait un commentaire dans la presse qui en dit long sur le changement de cap : « Il y a eu des époques où [les centristes] ont souhaité pouvoir gouverner avec les socialistes, et puis les socialistes sont partis à la dérive : il y a eu le programme commun et ils ont été de plus en plus marqués par les communistes, même en 1981. Si, aujourd'hui, les socialistes ont renoncé à ces fantasmes et s'ils ont pris conscience que la priorité, c'est d'avoir une politique économique sérieuse, solide, alors il y a des possibilités un jour de se retrouver. Je le souhaite. Il n'y a pas d'obstacle de principe à gouverner avec les socialistes. En revanche, il y a un problème de principe tout à fait clair à ne faire aucune alliance, aucun compromis, avec le Front national. »

Pour mettre en pratique l'annonce de l'ouverture, le président de la République remonté en selle appela Michel Rocard à la tête du nouveau gouvernement. La dissolution prononcée, de nouvelles élections législatives suivirent un mois après la présidentielle. La droite démontra sa force de résistance en obtenant 47 % des sièges dans la nouvelle Assemblée mais aussi 50,3 % des suffrages exprimés. La désignation d'un socialiste au poste de Premier ministre pouvait laisser des doutes sur la volonté d'ouverture affirmée par François Mitterrand. Du moins s'agissait-il d'une ouverture au sein même de la famille socialiste : l'homme de la « première gauche » siégeant à l'Élysée faisait appel au représentant de la « deuxième gauche » qu'il avait toujours combattu. La partie n'était pas finie.

L'élection de 1988 avait démontré l'exceptionnel talent de François Mitterrand, sa pugnacité à remonter dans l'estime publique après avoir tant déçu. D'une élection à l'autre, il avait su transformer son image : ancien leader du socialisme français, il était devenu un père de la patrie, désireux d'union, affamé de paix sociale, clamant la nécessité de l'ouverture. Face à un Jacques Chirac combatif, mais quotidiennement occupé par ses fonctions de Premier ministre, l'hôte de l'Élysée avait pris tout son temps et mis tous ses soins à distiller ses poisons contre son adversaire.

Cette élection avait sonné le glas du communisme. La déroute de Lajoinie mettait définitivement fin au rayonnement d'un parti qui avait dominé de sa puissance la gauche française depuis la Libération. Le Parti socialiste, libéré d'une rivalité qui l'avait tantôt fait dériver vers la droite, tantôt se figer dans un programme irréaliste, pourrait désormais affirmer son autonomie et s'engager dans une voie « sociale-démocrate », où Léon Blum l'avait appelé dans son livre écrit pendant la guerre, *À l'échelle humaine*. Au demeurant, le vainqueur de l'élection n'avait jamais envisagé explicitement cette révision ; c'est l'arrivée de Michel Rocard au gouvernement qui en devenait la caution.

La droite, de son côté, avait essuyé une nouvelle défaite, mais Jacques Chirac pouvait se féliciter d'avoir confirmé le RPR, le parti qu'il avait fondé, au premier rang de l'opposition, dont il était désormais le leader incontestable. Il avait 55 ans ; François Mitterrand ne pouvait pas en dire autant.

# 4

# Chirac deux fois improbable (1995, 2002)

Le dimanche 11 décembre 1994 fut le jour où l'élection présidentielle de 1995 s'est décidée. Jacques Delors devait déclarer, à l'émission *7 sur 7* de TF1, animée par Anne Sinclair, s'il était oui ou non candidat. Delors venait d'achever son mandat à la présidence de la Commission européenne, avait acquis la réputation internationale d'un homme d'État, passionnément convaincu du destin européen de la France. Lors du dernier sommet de l'Union qui se tenait à Essen les 9 et 10 décembre, il avait été très entouré, pas seulement par les dirigeants socialistes européens : Helmut Kohl y avait été d'un au-revoir-à-bientôt qui signifiait son espoir de collaborer de nouveau au prochain sommet avec un Jacques Delors président de la République. *L'Humanité* se gendarma, on s'en doute : « Kohl dans la course à l'Élysée. Le chef d'orchestre allemand tient la baguette. » L'Europe « vaticano-boche » refaisait surface.

Le samedi 10 décembre, dans l'après-midi à Paris, à la Sorbonne, quatre cents partisans de Delors s'étaient réunis en assemblée générale du club Témoins, pour lancer à leur favori un ultime appel « de l'amphithéâtre Richelieu » : « Chaque jour, sondage après sondage, mais aussi par une multiplicité de témoignages individuels ou collectifs, les Français se tournent plus nombreux vers vous. »

De fait, on assistait depuis plusieurs semaines à un feu d'opinion pour Jacques Delors. Depuis juin 1991, il caracolait en tête des personnalités socialistes, devant Michel Rocard. Celui-ci, élu premier secrétaire du parti en 1993, avait subi les effets du désastre électoral de la liste qu'il conduisait aux élections européennes de 1994 (Jean-Pierre Chevènement et Bernard Tapie dirigeaient des listes concurrentes) : Rocard fut mis en minorité, Henri Emmanuelli le remplaça à la tête du PS. Éjecté de son siège, Michel Rocard se trouvait aussi éjecté de l'avenir. La cote de Delors s'éleva d'autant plus haut. L'« homme de Bruxelles » plaisait. Les brèches creusées dans le crédit du Président Mitterrand favorisaient Delors, qui apparut comme l'honnête homme du Parti socialiste qui avait su prendre ses distances du mitterrandisme : il n'était pas du clan. Ses interventions à la radio, à la télévision, ses articles de journaux avaient dessiné de sa personne un portrait avantageux, empreint de modération autant que de conviction. Un sondage révélait que pour 22 % des Français qui le situaient à gauche, 36 % en faisaient un homme du centre gauche, et 18 % le plaçaient au centre. C'était un excellent positionnement : Delors pouvait être le candidat des socialistes qui saurait attirer sur sa tête les nombreux suffrages centristes. L'« ouverture » annoncée par Mitterrand mais qui n'avait pas eu lieu, Delors en serait le maître d'œuvre. Mais voulait-il vraiment devenir président de la République ? Tout son comportement le laissait entendre, mais le « sphinx de Bruxelles », tout en laissant monter le degré de la « fièvre delorienne », occupait le terrain sans nous dire s'il irait jusqu'au bout. Il dut le faire tout de même plus vite qu'il ne l'aurait voulu, car le PS et son premier secrétaire Emmanuelli le poussaient à sortir de son silence pour ne pas partir les derniers dans la course à l'Élysée.

Le 11 décembre, Jacques Delors expliquait devant des millions de Français stupéfaits qu'il ne serait pas candidat. Son argument était qu'il n'aurait pas la majorité pour le soutenir dans l'œuvre de réforme à ses yeux nécessaire au redressement du pays accablé par le chômage. Cette explication révélait que cet homme, pourtant courageux, n'avait pas l'étoffe d'un Président. Son pessimisme ressemblait à de la pusillanimité : il avait semblé apeuré devant son destin. Car cette majorité souhaitée, il ne tenait qu'à lui de la construire : porté par une vague de fond, il pouvait, une fois élu, dissoudre 1,Assemblée et la conquérir par des législatives nouvelles. Renoncer avant d'essayer dénonçait une vraie faille dans la personnalité de Delors. On glosa. La rumeur courut qu'il avait dû suivre le conseil de son épouse. Le vrai est que Delors avait toutes les qualités sauf celles qui forment la *virtú*, inspirent le désir de conquête, l'ambition de gouverner. Plein de contention morale, il était comme pris de vertige face à la demande populaire. Qu'avait-il donc eu besoin d'entretenir le suspense ? La droite respira ; les socialistes, dépités, retombaient à pied d'œuvre. N'avaient-ils pas perdu leur meilleure chance de revanche sur les élections législatives de 1993, si catastrophiques pour eux ? Même Emmanuelli, de la Gauche socialiste, y alla de ses regrets. Seul ou presque seul, Jean-Luc Mélenchon exprima sa satisfaction dans le camp socialiste. Ségolène Royal, qui présidait le conseil national du parti, dessina le portrait de son futur porte-parole : « Il faut que notre candidat soit capable de sublimer le PS, de saisir l'occasion de la campagne présidentielle pour créer un grand mouvement social-démocrate de l'an 2000 qui permettra d'attirer à lui tous ceux qui sont favorables à des changements profonds. » Le « social-démocrate » n'était donc plus honni au PS : Delors du moins pouvait être crédité de cette dédiabolisation.

Les deux dernières années du second septennat de François Mitterrand avaient été calamiteuses. Un moment servi par la guerre du Golfe, pendant laquelle il jouit d'un appui massif de l'opinion, il subit par la suite un discrédit tel que le triomphe de la droite aux législatives de 1993 parut aller de soi. La nouvelle cohabitation, avec Édouard Balladur Premier ministre, permit à Mitterrand de reprendre faveur sous le masque de plus en plus hiératique de la sagesse et du respect de la loi majoritaire. En septembre 1994, il défrayait encore la chronique à la suite du livre de Pierre Péan, *Une jeunesse française*, le présentant comme un ancien pétainiste tardivement entré dans la Résistance, et, plus grave, comme celui qui avait gardé jusqu'en 1986 son amitié à René Bousquet, l'organisateur côté français de la Rafle du Vel' d'hiv' en juillet 1942. L'image du président de la République se brouilla au regard d'une grande partie de ses partisans. L'admiration des admirateurs prenait l'eau. Le mystère de l'homme Mitterrand devenait opaque pour beaucoup : quelle était donc la vérité de ce personnage qu'ils avaient soutenu si longtemps les yeux fermés ?

Le bilan du double septennat n'était pourtant pas négatif, mais tout dépend de quel point de vue on se place. On doit ainsi créditer Mitterrand d'avoir fait, contre l'opinion, abolir la peine de mort. D'avoir entériné les institutions de la Ve République, et partant de les avoir renforcées. Il avait été le Juvénal du régime gaullien ; son *Coup d'État permanent* lancé en 1964 contre le pouvoir personnel annonçait un nouveau système politique – un de plus ! Or la victoire de 1981 ne fut pas suivie d'un chamboulement constitutionnel. Le nouveau Président avait tout à gagner à cette puissance de l'Exécutif naguère contestée mais qui devenait sienne. La grande réforme, prise dès 1982, avait été celle de la décentralisation. Depuis le Second Empire, les penseurs politiques la réclamaient : les bureaux parisiens écrasaient tout, étouffaient tout, se mêlaient de tout, il fallait en finir ! Pareille réforme ne pourrait vraiment être appréciée qu'avec le recul. D'ores et déjà on savait qu'elle était nécessaire. À cette réforme de structure s'ajoute la politique européenne de François Mitterrand, qui fut d'un homme d'État convaincu, résolu, visionnaire : sans lui, il est peu probable que serait née la monnaie unique.

Accepter de « cohabiter » avec un Premier ministre d'un autre bord, du camp d'en face, était une décision lourde de conséquences. Qui eût cru possible pareil attelage dix ou vingt années plus tôt ? Mitterrand respectait à la lettre la Constitution. On peut lui reprocher de n'en avoir pas suivi l'esprit – c'est-à-dire l'esprit de De Gaulle, qui excluait tout pouvoir dyarchique, et pour lequel Matignon était subordonné à l'Élysée. Mais on pouvait tout aussi bien savoir gré à l'ancien chef socialiste qui proclamait vouloir rompre avec le capitalisme, d'en finir avec notre éternelle guerre civile, de se prêter à la pacification, de subordonner ses intérêts de partisan aux intérêts supérieurs de la démocratie.

En revanche, si nous nous plaçons du point de vue des espérances socialistes, le bilan était sombre. François Mitterrand, s'il faut le dire d'un mot, aura été un des grands liquidateurs du socialisme français. Sa stratégie même – l'alliance avec le PCF – commandait le refus théorique de la social-démocratie ou, pour être plus exact, du révisionnisme. Les nationalisations devaient être le signe éclatant, la preuve indiscutable, et l'annonce dans les actes d'une société nouvelle. On en était vite revenu. Quelques lois sociales furent appréciées : lois Auroux, semaine des 39 heures, cinquième semaine de congés payés, possibilité de la retraite à 60 ans, RMI, mais tout cela n'allait pas loin comparé aux espérances immodérées que le programme socialiste avait fait naître.

Le retour à la normale fut concrétisé par une politique monétaire qui ne manqua pas de mérite. Il y avait fallu un certain courage. Quand Mauroy osa décrocher le SMIC et les salaires de la fonction publique du taux de croissance, les gens de droite furent reconnaissants car eux n'auraient jamais osé. En un sens, on peut savoir gré aux socialistes d'avoir déniaisé la gauche. Ce n'était pas dans les intentions de Mitterrand, c'était dans son bilan. Eh oui ! il fallait s'y faire, nous étions dans un système capitaliste, dont les deux piliers s'appellent l'entreprise privée et le marché. On pouvait corriger ce système, l'améliorer, le combiner avec les mérites de l'Etat-Providence ; on ne pouvait pas le changer sur un simple déplacement de majorité. La chute du Mur de Berlin en 1989 et la fin de l'URSS étayaient la démonstration.

Malheureusement, ni Mitterrand ni son parti n'ont été capables d'une révision éclatante de leurs dogmes, à la manière des socialistes allemands qui avaient su le faire au congrès de Bad-Godesberg de 1959. Sans doute ont-ils produit un « Bad-Godesberg » rampant, un « Bad-Godesberg » *de facto*, peu à peu avoué, mais rien qui ressemblât à une mise au point franche et décisive décrochant sans ambiguïté le Parti socialiste du socialisme étatique, comme si les concessions des derniers congrès n'étaient que les éléments d'un repli stratégique, d'une NEP à la française, provisoire, en attendant de repartir en avant, le poing tendu sous le drapeau rouge, et *L'Internationale* sur les lèvres dès que la conjoncture serait meilleure.

Le pire ressortissait au jugement moral. Contrairement à un de Gaulle élevant l'ingratitude à la hauteur d'un devoir d'État, Mitterrand aura été un homme de clan. L'amitié qu'il conserva pour Pelat, dont la fortune s'était accrue grâce aux nationalisations et de jolis tripotages ; la complaisance qu'il afficha sans désemparer pour tous les petits et grands profiteurs de son parti ; le choix si contesté d'Édith Cresson comme Premier ministre ; la défense désinvolte de l'indéfendable Bernard Tapie, qu'il fait ministre, et loue *urbi et orbi* au moment de ses pires turpitudes ; ses liens avec Bousquet ; les demi-aveux qu'il fait de son passage à Vichy sans le moindre regret et en osant affirmer qu'il ignorait en 1942-1943 le Statut des Juifs ; l'usage scandaleux des écoutes téléphoniques, tout cela avait défiguré la fin du règne. Politicien au sens péjoratif du mot, tacticien de première force, il avait donné constamment l'impression que la seule chose importante à ses yeux était, après avoir conquis le pouvoir, d'en user comme un roi sans divertissement, et de le conserver sans défaillance. Tout était bon à cette fin. Un changement de mode de scrutin, complaisance tactique à l'égard de l'extrême droite pour nuire à la droite, des retournements de veste en veux-tu en voilà, l'oubli des promesses d'hier, le reniement des naïfs qui avaient cru en ses paroles… Le pouvoir, le pouvoir en soi, le pouvoir comme but de la politique. Au profit de quoi ? Au profit de qui ? Au profit premièrement de lui-même.

Tel est le procès qu'on lui fait au moment où, malade, promis à une mort prochaine, il semble se détacher de tout. En juin 1988, au lendemain de sa réélection, François Mitterrand atteignait 63 % de confiance au baromètre de la popularité et gardait une bonne cote pendant toute la durée du gouvernement Rocard ; il perdait la confiance des Français lorsque Édith Cresson succéda à celui-ci, et plus encore avec le gouvernement de Pierre Bérégovoy ; sa cote était descendue à 35 % en avril 1995.

Dans cette conjoncture difficile, l'espérance Delors était venue à point. Le jet de l'éponge de celui-ci imposait aux socialistes un choix de remplacement rapide. Lionel Jospin, ancien premier secrétaire du parti, se dit prêt le 4 janvier 1995. Une autre possibilité pour le PS était de soutenir Henri Emmanuelli. Un congrès extraordinaire trancha le 5 février : Jospin était investi. Il devait être la révélation de la campagne. À 57 ans, il pouvait se flatter d'incarner « une nouvelle gauche », lavée des sales affaires de son passé récent, « une gauche porteuse des valeurs de justice, de vérité et de progrès ». Sous un air de clergyman baptiste, froid d'apparence, cet ancien ministre de l'Éducation nationale avait une réputation d'intégrité et de rigueur qui plaisait. L'hebdomadaire d'extrême droite *Rivarol* poussait l'objectivité jusqu'à le dire « honnête » au temps de la « dérive affairiste du socialisme ». Toutefois, Jospin ne plaisait pas à tout le monde au sein du Parti socialiste, et surtout pas à Laurent Fabius. Entre les deux hommes, c'était une rivalité à couteaux tirés ; le congrès de Rennes, en 1990, avait été le théâtre d'un affrontement indigne entre les deux courants qu'ils animaient. Pour l'heure, le parti devait se montrer uni face à la droite, et l'on étouffa momentanément ces querelles.

Le pasteur Lionel se lança avec une belle énergie à la tête de ses fidèles. Il avait beaucoup à faire pour redresser l'image de son parti. Jusqu'à sa candidature, les Français qui déclaraient avoir une « mauvaise opinion » du PS étaient majoritaires (60 % contre 26 %) ; en mars 1995, la belle campagne du candidat socialiste rétablissait la confiance (47 % contre 44). On lisait alors sous une photo du *Nouvel Observateur* : « Relunetté, recoiffé, Lionel Jospin au Salon de l'Agriculture. Aujourd'hui, les sondages ont effacé les vieilles images d'un homme présenté comme un brillant second, un apparatchik de fer, un ministre guindé… » L'espoir renaissait chez les socialistes.

Jacques Delors, comme pour réparer la déception qu'il avait provoquée, se met à la tête d'un comité de soutien de Lionel Jospin, qu'il présente le 20 mars, non sans optimisme : « Jospin va gagner. » Parmi les quatre cents signataires, des comédiens, Pierre Arditi, Maria Casarès, Michel Piccoli ; des chanteurs, Barbara, Pierre Perret ; des hommes de théâtre et de cinéma, Patrice Chéreau, Yves Robert ; des écrivains, Érik Orsenna, Denis Roche, Alain Decaux ; des philosophes, Paul Ricœur, Jacques Derrida… On le savait : la culture est de gauche.

Cependant tous les électeurs de gauche ne font pas de la candidature Jospin une panacée. L'écrivain Claude Roy donne ainsi son avis, dans *Le Monde* du 5 avril : « Non, je ne pense pas que ces élections présidentielles aient un rapport quelconque avec la démocratie, la liberté, l'égalité et la fraternité. Non, je ne pense pas que voter, comme je le ferai, pour Lionel Jospin, soit un terme et une solution, puisse faire oublier rapidement, malgré l'honnêteté du candidat, la corruption du PS, l'infâme congrès de Rennes, les compromissions politiciennes et la dérive des mots et des hommes. » Pour certains, voter Jospin risque peut-être de retarder la régénération nécessaire de la gauche. Une fois leur candidat élu, les socialistes seront tout occupés à affronter les problèmes immédiats, dans des conditions de faiblesse insigne, repoussant aux calendes grecques la réflexion, l'autocritique, la reformulation d'un parti de gauche. À cette fin, pensent-ils, le PS pourrait tirer le meilleur profit d'une cure d'opposition.

En tout état de cause, ce n'est plus le Parti communiste qui pourrait entraver sa route. Espérant faire oublier la déroute de Lajoinie, il présente Robert Hue, secrétaire national du parti. L'homme paraît bon enfant, chauve, barbu, rond, issu d'une famille communiste, lui-même dès seize ans membre des Jeunesses communistes, ancien infirmier dans le Val-d'Oise, maire de Montigny-lès-Cormeilles depuis la belle cuvée de 1977. Il a fait une carrière rapide dans le parti, membre du bureau politique dès 1990. Trois ans plus tard, Marchais lui a proposé de lui succéder, ce qui est fait en janvier 1994 au cours d'un Congrès soigneusement préparé. En guerre contre l'« argent-roi », il rassemble de meeting en meeting des militants qui n'y croyaient plus. À la télévision, sa tête de brave homme remplace avantageusement les gros yeux de Georges Marchais, mais il n'a pas la langue si bien pendue. Il ne fait pas l'éloge, lui, du communisme des pays de l'Est. Il est vrai qu'il n'en a plus grand mérite, puisque celui-ci n'existe plus. « Une gauche bien à gauche », voilà le slogan ; faire mieux qu'André Lajoinie, voilà le but. La barre n'était pas très haute.

À gauche encore, Dominique Voynet, porte-parole des Verts. Car l'écologie n'est plus au-dessus des partis, ni à droite ni à gauche. Le parti des Verts existe désormais, qui s'affirme ancré à gauche.

Médecin anesthésiste, exerçant à Dôle, elle a été du petit groupe fondateur et en est devenue le porte-parole en 1992, l'année où elle a été élue au conseil régional de Franche-Comté : « En 1981, déclare-t-elle, beaucoup de Français pensaient pouvoir changer la vie. Quatorze ans plus tard, c'est toujours notre objectif : il suffit de marier l'écologie, la démocratie et la justice sociale. » Ce « il suffit » fait sourire les vieux briscards : cette jeunette (elle a 37 ans) se fait de douces illusions. Elle sait ce qu'elle veut, pourtant : elle est de ceux qui, avec Yves Cochet, poussent le mouvement à gauche, neutralisant Brice Lalonde de Génération Écologie, et marginalisant Antoine Waechter, partisan du non-alignement. « C'est Calamity Jane ! » déclare Lalonde. Lors de ses meetings, on peut se demander si ce sont vraiment les questions d'environnement qui priment. En tout cas, elles n'ont pas l'exclusivité de son programme : soutenue par des militants d'extrême gauche, elle accuse Jospin d'avoir un programme « incolore, inodore et sans saveur ».

Le vert se combine au rouge, mais le vrai rouge reste dans les mots d'Arlette Laguiller, qui se présente pour la troisième fois, au nom de Lutte ouvrière, et du Mouvement ouvrier révolutionnaire. Butte témoin de l'utopie marxiste, elle use d'un langage démodé, où reviennent, incessants, les « travailleuses » et les « travailleurs », qui ne sont vraiment eux-mêmes que dans la grève, en attendant la révolution. Elle veut faire peur aux patrons, alors que Jospin ne « veut pas déplaire à la bourgeoisie », et parle d'un « troisième tour social ». Le vieux disque est rayé, quasi inaudible, mais « Arlette », à 55 ans, en prenant la défense des femmes et des opprimés avec une constance qui touche, rallie des électeurs bien au-delà de son groupuscule trotskiste.

Ils sont ainsi quatre à gauche et à l'extrême gauche à entrer dans la mêlée, mais un seul peut prétendre au second tour, Lionel Jospin. À droite et à l'extrême droite, ils sont quatre aussi : Édouard Balladur, Jacques Chirac, Philippe de Villiers et Jean-Marie Le Pen, mais ils sont deux – les deux premiers de la liste – à pouvoir s'imposer.

Encore une fois, la droite est divisée, mais d'une division inédite. L'UDF, en effet, a renoncé à présenter un candidat, car elle a trouvé le sien en la personne du Premier ministre RPR, Édouard Balladur. Au lendemain des élections législatives, gagnées de peu par la droite, Mitterrand avait désigné Balladur comme Premier ministre. Celui-ci avait fait quelques signes d'approche à ce sujet, alors que Jacques Chirac ne tenait pas à être une nouvelle fois dans la position inconfortable d'un Premier ministre de cohabitation, surtout sous la houlette élyséenne de François Mitterrand. Aussi un accord avait été passé entre les deux néo-gaullistes : je te passe la rhubarbe (Matignon) et tu me passes le séné (la candidature en 1995). Or Balladur conduisit assez habilement les affaires, un pas en avant, un pas en arrière, et apparut de plus en plus à l'opinion comme un homme politique serein, intelligent, un peu guindé, certes, mais de bonne entente avec Mitterrand, permettant une cohabitation apaisée, ce qui faisait un grand contraste avec cet agité du bocal qu'était Chirac. Même les électeurs du RPR, d'après les sondages, troquèrent progressivement Chirac contre Balladur au tribunal du cœur. Ce renversement s'était produit dès septembre 1993 et s'était maintenu jusqu'au début de l'année 1995. Parallèlement, la cote d'amour de Balladur était largement supérieure à celle de Chirac chez les sympathisants UDF. Bref, à neuf mois de l'élection, l'opinion aspirait Balladur vers la candidature. Jusqu'en septembre, il arrivait en tête des intentions de vote des Français, tous candidats réunis ; ce n'est qu'en octobre qu'un autre candidat potentiel faisait mieux que lui, mais c'était Jacques Delors, et l'on sait ce qu'il advint de lui.

Justement, lorsque Delors tira sa révérence, Jacques Chirac rebondit. En décembre, sa cote était au plus bas : 12 %. Le 12 de ce même mois, Pasqua, ministre de l'Intérieur, fort des sondages des RG, croyait devoir prévenir Chirac : « Un conseil d'ami, ne te présente pas. » C'était mal le connaître. Son « ami » Balladur voudrait prendre l'Élysée ? Il le combattrait de toutes ses forces, et avec l'aide du RPR, dont son fidèle Jean-Louis Debré était le secrétaire général. Toute la campagne de Chirac va donc être orientée contre Balladur, qu'il va s'employer à peindre comme un conservateur, tandis que lui, faisant mine d'incarner le gaullisme social, s'affirme le champion du « changement », dénonce l'« immobilisme » au pouvoir, prend parti pour le « peuple » contre les nantis, les élites, les technocrates, et le « culte malsain de l'argent ». Il trouve dans le texte d'un démographe, Emmanuel Todd, la formule idéale à réveiller l'instinct de classe : la France est la proie d'une « fracture sociale ». *Rivarol*, qui défendait Le Pen, décrit un « nouveau Chirac, empruntant son bleu de chauffe à Delors, [...] à l'écoute non plus de ces opulents amis de trente ans qui ont nom Jérôme Monod ou [Jacques] Friedmann, mais des “masses", des humbles, bref : des exclus ». L'un des inspirateurs de la campagne était Philippe Séguin, dont la fibre sociale était avérée ; Dominique de Villepin, venu du cabinet d'Alain Juppé aux Affaires étrangères, déploya, lui aussi, toute son énergie, notamment en direction des journalistes, pour promouvoir la candidature de Chirac.

Était-ce suffisant pour déstabiliser Édouard Balladur ? Celui-ci ne manquait pas de soutiens dans l'état-major gaulliste. Le ralliement le plus saisissant fut celui de Charles Pasqua : il écrivait à Jacques Chirac en janvier qu'il jugeait le Premier ministre « le plus à même de défendre les idées gaullistes ». Balladur se posait, quant à lui, en réformateur tranquille « sans fractures ni ruptures ». Le malheur était qu'il était toujours Premier ministre et devait affronter quelques fractures circonstancielles. Ainsi, en février, le rapport sur l'enseignement supérieur de Daniel Laurent, proposant une certaine décentralisation des universités et l'augmentation des droits d'inscription, soulève la protestation des organisations étudiantes et une journée d'action et de grève le 7 février. Déjà, la réforme des IUT en janvier avait provoqué des mouvements de grève. Dès lors, Balladur et son ministre de l'Enseignement supérieur François Fillon suspendent la circulaire sur les IUT. Une reculade dénoncée par les partisans de Chirac. Toujours en février, une sombre affaire d'écoutes téléphoniques visant Jean-Pierre Maréchal, beau-père du juge Éric Halphen, sur la demande de Didier Schuller, conseiller général de Clichy, et dont le dossier était précisément entre les mains du juge Halphen. Maréchal avait été mis en examen pour extorsion de fonds et trafic d'influence, mais la cour avait annulé la procédure irrégulière. Charles Pasqua est visé ; on dénonce les écoutes illégales qu'il a autorisées au profit d'un conseiller général RPR proche du ministre. C'est un tollé contre le ministre de l'Intérieur ; Balladur est éclaboussé. Claude Evin, membre du bureau politique du PS, s'interroge : faudra-t-il « vivre cette campagne sous la menace permanente des coups bas d'une vraie-fausse police politique aux ordres de Charles Pasqua, pour le bénéfice du candidat Balladur ? » La cote de Balladur est à la baisse. Le 13 février, la publication des décrets d'application de la loi sur le Contrat d'insertion professionnelle (CIP) est dénoncée comme un « sous-SMIC » pour les jeunes et provoque une série de manifestations, au terme desquelles, le 31 mars, Balladur retire le CIP.

Chirac ne tire pas argument des difficultés du Premier ministre, il préfère en profiter en silence. L'important est d'élever la voix contre « ceux qui pensent rassurer en ne modifiant qu'un minimum de choses » : suivez mon regard. Chirac marque des points. Dès lors Balladur se rebiffe et dénonce « les agitateurs, les faux espoirs et les fausses promesses ». Nicolas Sarkozy, ministre du Budget et directeur de campagne de Balladur, s'en mêle, en chiffrant le programme de Jacques Chirac : 500 milliards de francs. La bataille des chiffres est ouverte ; la bataille tout court devient plus âpre.

Parallèlement se développe la campagne de Jean-Marie Le Pen. Les thèmes ne lui manquent pas : « Le chômage, l'immigration, l'insécurité, le fiscalisme, la dénatalité, le laxisme moral… que je n'ai cessé de dénoncer au risque de lasser la patience de la gauche caviar et de la droite des beaux quartiers, sont là, plus que jamais menaçants. Ils ont même, ces fléaux, pris des dimensions catastrophiques, demain peut-être apocalyptiques… » Le meilleur article de sa boutique reste l'immigration : « Je m'engage solennellement, déclare-t-il, le 20 janvier, à faire cesser toute immigration et à rapatrier dans leur pays trois millions d'immigrés. » Tout est simple : « il suffit », comme dirait Dominique Voynet. Le président du Front national, à 67 ans, n'a rien perdu de son culot, de sa verve et de ses imparfaits du subjonctif qui n'interdisent pas, à l'occasion, la crudité du vocabulaire. La réputation du FN est toujours aussi sulfureuse. À

Marseille, un originaire des Comores avait été tué par ses colleurs d'affiches, ce qui avait provoqué sur son passage, le 28 février, au Salon de l'agriculture, le cri d'un visiteur : « Assassin ! », suivi d'un coup de sifflet. Le Pen avait hurlé : « Je vais te le faire avaler, ton sifflet de merde, connard ! » Le 1er mai, lors de la manifestation Jeanne d'Arc, un jeune Marocain est jeté à la Seine par trois skinheads ; Le Pen décline toute responsabilité : un incident de « racisme banal », dira-t-il. Une caravane parcourt les routes du pays ; sous le chapiteau installé, le chef du Front national harangue les foules avec une jubilation de tribun heureux. Il soigne ses passages à la télévision, se défend d'être raciste contrairement au « racisme des étrangers à l'égard des Français de souche ». Il tonne contre le traité de Schengen qui a transformé les frontières en passoire, contre l'« invasion », et revendique le soutien populaire. Sa cote, qui était de 15 % en décembre 1994, monte à 20 % en avril 1995. La progression est particulièrement sensible parmi les ouvriers. Peu à peu, Le Pen grignote le terrain, se posant en sauveur contre l'« établissement », les énarques, les corrompus et leurs alliés, les gros (mais il ne dira pas lui-même le montant de ses ressources et le montant de ses impôts en 1994, comme le font les autres candidats).

Un autre postulant de la droite extrême, Philippe de Villiers, présente quelques-uns des thèmes favoris de Jean-Marie Le Pen : contre l'Europe de Maastricht (nom qu'il prononce comme une obscénité), contre l'immigration, pour les trois couleurs flétries. Mais il a du mal à passer pour un homme de la France profonde, car ce Vendéen, qui se réclame si fort de ses origines, est un énarque, encore un énarque, ancien sous-préfet, ancien secrétaire d'État sous Chirac en 1986 ; il est président du conseil général de Vendée :

cette carte de visite, son allure de hobereau catholique ne le prédisposent pas au vote des « exclus ». Il se réclame encore du gaullisme, trahi par Jacques Chirac. Il n'ira pas loin.

Enfin, comme dans toute élection présidentielle, il faut un candidat fantaisiste, qui a réussi à glaner le quorum des parrainages nécessaires, il y a, en 1995, un Jacques Cheminade, ancien élève d'HEC et de l'ENA, qui se dit défenseur de l'agriculture et de l'industrie contre la spéculation et l'« oligarchie financière malthusienne ».

Le vrai combat reste celui qui se joue entre Chirac et Balladur. Au fur et à mesure que se déroule la campagne, la fonction de Premier ministre en exercice apparaît de plus en plus comme un handicap dans une France en crise, hantée par le chômage. Édouard Balladur est vivement mis en cause, à la suite des révélations du *Canard enchaîné*, pour ses liens avec la Société générale de services informatiques (GSI) : il avait fait l'aller-retour entre le public et le privé, et encaissé une jolie plus-value en revendant ses actions GSI au moment où il devenait Premier ministre en 1993. Balladur évoque le droit, la légalité, communique l'état de son patrimoine imposable, mais la révélation de ses biens (un appartement à Paris, une maison à Deauville, un chalet à Chamonix, un portefeuille d'obligations) lui porte un coup fatal. Balladur essaie bien de se refaire une image populaire, sans convaincre. L'amiral Philippe de Gaulle se déclare pour Chirac, bientôt suivi par Chaban-Delmas, et par des personnalités inattendues, Pierre Bergé l'ami de Mitterrand, et le neveu même du président de la République, connu des téléspectateurs, Frédéric Mitterrand. Le maire de Paris bénéficie de plus en plus de sa position extérieure au gouvernement, en essayant de rafler le vote protestataire. De son côté, Lionel Jospin mène une campagne sérieuse, solide, argumentée : on le découvre, on croit en lui, en ses chances. Il promet une réduction du temps de travail à 37 heures dès 1997, le rééquilibrage des impôts favorisant outrageusement les revenus du capital, la réduction à cinq ans du mandat présidentiel, l'indépendance de la justice. Les trois concurrents se disent européens, même Chirac qui fait de l'Europe une « ambition nécessaire ». Ils veulent tous moderniser, protéger, réformer, sans soubresaut inutile. À quelques jours du scrutin, il semble que les jeux soient faits ; les résultats le confirment : Jospin et Chirac sont les vainqueurs du premier tour le 23 avril 1995 :

| Candidats | nombre de voix | % des suffrages exprimés |
|---|---:|---:|
| Jospin | 7 097 786 | 23,30 % |
| Chirac | 6 348 375 | 20,84 % |
| Balladur | 5 519 845 | 18,58 % |
| Le Pen | 4 570 838 | 15 % |
| Hue | 2 632 460 | 8,64 % |
| Laguiller | 1 615 552 | 5,30 % |
| Villiers | 1 443 186 | 4,74 % |
| Voynet | 996 010 | 3,32 % |
| Cheminade | 84 959 | 0,28 % |

Deux chiffres étaient inquiétants pour la démocratie : la progression des abstentions, qui atteignent 21,62 %, et la confirmation du vote en faveur du candidat de l'extrême droite auquel il faudrait ajouter les suffrages recueillis par Philippe de Villiers. La droite s'interroge : rien ne dit que ces électeurs choisiront Chirac au second tour, tandis que la dynamique créée par Jospin laisse toutes ses chances à la gauche, malgré le rapport arithmétique qui, d'après le premier tour, lui est nettement défavorable (40 contre 60).

La grande surprise de la campagne du premier tour aura été, en effet, la métamorphose de Lionel Jospin. *Le Nouvel Observateur* le note : « Tétanisé par le poids de sa candidature, Lionel Jospin a démarré sa campagne en introverti. Il termine en champion du bain de foule. » Le candidat socialiste aux allures de professeur étriqué de l'école du dimanche s'est pénétré de la chaleur des masses. Il a su se démarquer des deux septennats monarchiques de Mitterrand et prôner un nouveau socialisme, honnête, pragmatique, réaliste. Simple conseiller général, habitant un appartement modeste, loin des pompes du pouvoir, roulant dans sa Renault banalisée, il tranche aussi bien sur la « noria des Safrane » gouvernementales, de droite comme de gauche. Psychologiquement, il s'est transformé, est devenu moins cassant, plus soucieux de son apparence, non sans une touche ludique qu'il obtient en jouant sous la caméra du saxophone, tout comme Clinton. « Un homme d'État est né », déclare Bernard Kouchner. Il annonce une refonte du Parti socialiste, aux dépens des fidèles de Mitterrand et des « fabiusiens », avec l'appui de Martine Aubry, de Dominique Strauss-Kahn, tandis qu'Henri Emmanuelli, son rival malheureux au PS, joue la carte de la loyauté.

Comme d'habitude, et pour la quatrième fois, on attend beaucoup du duel télévisé entre Jospin et Chirac. Les amateurs de vacheries ou de coups fourrés sont déçus. Le débat se déroule entre deux rivaux qui s'efforcent à la courtoisie. Jospin entend démontrer que, contrairement aux dires de son adversaire, il est compétent. La préparation de son intervention est soignée, ses démonstrations sont précises, mais sans envolée, sans attaque fulgurante. De son côté, Chirac, plein de méfiance vis-à-vis de cet *homo novus*, tient à prouver que lui aussi est partisan du changement et que lui aussi est un partisan de l'Europe et de la monnaie unique. Un débat indécis, sans émotion, en rien décisif.

On refait les comptes. En principe, Chirac doit gagner haut la main, mais qui sait ? Rien ne dit qu'il ralliera les électeurs de Le Pen, souvent issus de l'électorat de gauche ; qu'il aura les suffrages des centristes, qui détestent l'« État RPR » et doutent encore des convictions européennes de Chirac. Celui-ci n'a obtenu après tout qu'un tiers des voix de la droite. Son grand souci est de rassembler au maximum toutes ces voix éparpillées contre le danger socialiste. L'électeur est une bête capricieuse. Sans doute, il choisit au second tour en fonction du candidat qu'il veut éliminer, mais rien ne dit que c'est Jospin. Après tout, son socialisme est modéré, on n'en est plus au programme commun ! Et puis, il est vraiment européen, lui ! Quant aux électeurs communistes, ils sont disciplinés. Même ceux d'Arlette Laguiller n'iront pas donner leurs voix à Chirac. En réfléchissant à toutes les variations possibles de l'électorat de droite, les chiraquiens ont peur. Tout de même, la « logique des reports » existe, écrit Jean-Claude Casanova dans *L'Express*, et, malgré toutes les incertitudes, la droite est alors trop forte dans le pays pour faire trébucher le maire de Paris, malgré la tentation des uns et des autres : le rejet de Mitterrand joue en sa faveur.

De fait, le dimanche 7 mai 1995, Jacques Chirac, après deux tentatives infructueuses, est élu président de la République par 52,63 % des voix contre 47,37 % pour Lionel Jospin. Les abstentions ont été de 20,34 %, mais, combinées avec les 5,95 % de votes blancs ou nuls, c'est plus du quart des électeurs inscrits qui ne se sont pas prononcés. On a assisté à une nouvelle polarisation gauche-droite, mais incomplète. Jospin a rallié à lui la majorité des ouvriers et des employés, des salariés en général (51 %) et des chômeurs (58 %) ; Chirac, les agriculteurs, les artisans et commerçants, les professions libérales, les cadres supérieurs et, sur un autre plan, les catholiques. Il y a bien eu un vote de classe en 1995. Mais le vote contestataire du premier tour (extrême gauche, extrême droite, abstentions volontaires, votes blancs ou nuls) est encore perceptible au second : les sondages (BVA/*Le Monde*) révèlent que 30 % de l'électorat de Le Pen s'est réfugié dans l'abstention et 13 % dans le vote blanc ou nul ; c'est aussi le cas d'une bonne partie des électeurs d'Arlette Laguiller. Jacques Chirac, malgré son net succès, est d'une légitimité fragile : il a obtenu au premier tour seulement 15,9 % des électeurs *inscrits* ; au second, il est élu avec seulement 39,5 % des inscrits.

Le vainqueur pouvait avoir une inquiétude sur le bon état de la démocratie française. Pour le moment, il était tout à la joie de sa victoire, enfin ! Il saura aussi bientôt que les électeurs de moins de 35 ans l'avaient choisi. Mais ce capital était pour lui un défi. Celui qui, dans la campagne du premier tour, avait dénoncé la « fracture sociale », avant de remiser cette cause, pour rassembler les forces de droite au second tour, saurait-il répondre aux attentes de cette jeunesse, avide de changement ?

Après le septennat giscardien et les deux septennats mitterrandiens, le gaullisme était-il de retour ? On en doute. Le gaullisme du général de Gaulle qui avait le style d'une épopée politique, nourri de

Michelet et de Péguy, n'a pas eu de filiation, parce que personne, à moins de risquer le ridicule, ne pouvait reprendre son langage de la grandeur. Du chef altier de la France libre, incarnation de la patrie outragée et renaissante, on tomba en Pompidou. Celui-ci n'était pas un médiocre, loin s'en faut, mais il ne pouvait s'autoriser de sa carrière antérieure pour rejouer de Gaulle devant le parterre des nations. Avec lui s'installait au pouvoir le gaullisme post-gaullien, empirique, prosaïque, bourgeois réaliste, toujours gaulliste par son culte de l'État, mais post-gaullien faute de complicité avec le grand vent de l'Histoire.

Le gaullisme de Chirac tout autant que celui de Balladur ressortit bien à cette tradition pompidolienne, même s'il existe quelques nuances entre l'un et l'autre, et l'on dirait comme Tocqueville : « Quand on vient à rechercher par quelles grandes mesures ils différeraient, on n'en trouve guère de fort considérables et l'on voit bien qu'ils feraient des choses analogues dans un autre esprit, plutôt que des choses très différentes. »

Le RPR s'était imposé comme le grand parti de la droite, là où le Général, à la fois de droite et de gauche, avait toujours voulu le rassemblement. La France allait-elle s'aligner sur le modèle de la bipartition comme dans les autres pays démocratiques ? Le second tour pouvait le laisser croire, mais on ne pouvait oublier le premier, annonciateur de l'émiettement politique croissant sous la V$^{e}$ République. La dualité entre deux hommes du même parti, Chirac et Balladur, montrait les limites de la procédure électorale : l'ambition des individus primait sur la discipline des partis, du moins au RPR.

*2002, la décomposition*

La victoire de Jacques Chirac en 1995 s'est noyée en quelques mois dans un fossé d'incompréhension de plus en plus profond entre l'État et les citoyens. Dès l'automne, les réformes décidées par le gouvernement d'Alain Juppé pour remettre à flot les comptes de la Sécurité sociale et aligner les retraites des régimes spéciaux sur le statut général avaient provoqué un mouvement social interminable et la chute de la confiance dans les sondages. Malavisé, mal conseillé, Chirac avait cru bon de dissoudre l'Assemblée en 1997 ; les élections qui suivirent donnèrent la victoire à la gauche. Du coup, le vaincu de l'élection présidentielle, Lionel Jospin, devenait Premier ministre, pour une nouvelle cohabitation, qui dura cette fois cinq ans. Ce qui, dans le système français, devait être exceptionnel était en train de devenir la règle : un exécutif à deux têtes querelleuses.

Pendant la majeure partie de son mandat, Jospin profita d'une bonne conjoncture économique qui permit, plus encore que ses réformes, la baisse du chômage. Malheureusement, le chiffre de celui-ci repartait à la hausse au début du nouveau siècle. Ce nouvel assombrissement du marché de l'emploi cessa néanmoins au début de l'année 2002 d'être la principale préoccupation des Français. Un autre danger surgissait : la montée de la délinquance. Le 29 janvier, *Le Monde* titrait à la « une » : « Les mauvais chiffres de la délinquance. Forte croissance des vols avec violence. Les moins de 13 ans sont de plus en plus impliqués. » Un dessin de Plantu représentait deux voyous sur un scooter qui venaient d'arracher le sac d'une femme ; celle-ci criait au secours, tandis que son mari la ramenait au calme : « Tais-toi ! Tu fais le jeu de la droite ! » Comme souvent le caricaturiste, en quelques coups de crayon, en dit plus que l'éditorialiste. L'insécurité est une chose haïssable, mais le sentiment largement répandu des Français est que la gauche se révèle inapte à la réprimer. L'idéologie « anti-sécuritaire », si répandue dans ses rangs, jette le trouble et parfois l'indignation chez les gens les plus menacés par les agressions physiques, les vols avec violence, les injures quotidiennes, c'est-à-dire par les personnes les plus modestes, celles des grands ensembles et des banlieues pauvres. Chaque jour apporte son lot de faits divers désolants, effrayants, terribles. En mars, à Évreux, une bande s'acharne jusqu'à la mort sur un ouvrier peintre, père de trois enfants, qui défendait son fils victime de racket. Les journaux, rapportant ce drame, révélaient qu'on estimait à 10 000 le nombre de rackets par an en France. Les pouvoirs publics étaient tenus pour responsables, et la campagne présidentielle fut occupée de ce problème de sécurité, devenu majeur.

Déjà, en 1999, une voix venue du Parti socialiste, celle de Julien Dray, avait alerté l'opinion dans son livre *État de violence*. Cette fois un journaliste du *Nouvel Observateur*, Hervé Algalarrondo, publiait un ouvrage sur le sujet au titre accusateur : *Sécurité : la gauche contre le peuple*. Il s'en prenait à la « gauche caviar », post-soixante-huitarde, mais aussi à Jospin et à la « gauche plurielle » au pouvoir, plus attentive aux avis des intellectuels, pour lesquelles les mesures sécuritaires étaient forcément des mesures droitières, voire fascisantes, qu'aux plaintes des victimes. Sur cette progression de la délinquance un non-dit est de règle : il ne faut pas identifier les auteurs s'ils appartiennent à des minorités ethniques d'origine maghrébine ou africaine. Journalistes, sociologues, intellectuels divers, tantôt nient le fait d'une « surdélinquance » dans cette catégorie d'habitants (« les enfants d'immigrants ne sont proportionnellement pas plus délinquants que les jeunes Français issus des mêmes milieux sociaux »), tantôt usent de maints euphémismes pour désigner les coupables (tous confondus sous le terme de « jeunes », alors que des crimes selon la loi deviennent des « incivilités »), ou encore s'emploient à fournir les justifications au titre de circonstances atténuantes. Ce « dénégationnisme » – selon l'expression du magistrat Didier Peyrat (*Éloge de la sécurité*) – part de la volonté louable de ne pas favoriser le racisme et le Front national. Mais l'enfer, comme l'antiracisme, est pavé de bonnes intentions, et certaines formes d'antiracisme peuvent se révéler contre-productives : le racisme que l'on veut combattre s'en nourrit. La coupure entre les classes populaires et les élites, dont on parle tant désormais, est évidente : d'un côté le langage généreux de l'antiracisme qui masque des réalités déplaisantes, de l'autre côté des gens qui subissent les rackets, les agressions physiques, les vols, les « incivilités », les incendies de voitures, et qui ne comprennent pas l'impunité. Face à une même réalité d'anomie, deux discours s'affrontent, le discours « savant » de l'égalité et le discours « sauvage » du ras-le-bol.

L'euphémisation ou l'occultation de la réalité se sont exercées aussi, à la même époque, à propos de ce qu'on a appelé la nouvelle judéophobie – agressions d'élèves juifs, incendies d'école ou de synagogues, graffiti antisémites... – dont le nombre a fortement crû avec la Seconde Intifada, et qui culmine au printemps 2002. Alors qu'en 1980 l'attentat devant la synagogue parisienne de la rue Copernic, et en 1990 la profanation du cimetière de Carpentras avaient entraîné de grandes manifestations contre l'antisémitisme, les violences antijuives du début des années 2000 ne suscitent que des réactions tardives et fort peu comparables, comme si l'antisémitisme n'était haïssable qu'en fonction de l'identité de ses auteurs. On peut parler d'une certaine forme d'intimidation, voire de démission, des élites politiques et intellectuelles face aux délits et crimes en provenance de jeunes gens considérés eux-mêmes comme des souffre-douleur d'une société de discrimination et du racisme ordinaire.

Cette intimidation et ces euphémismes créent un malaise qui profite en dernier ressort à celui qui ne cesse d'établir l'équation entre immigration et délinquance. À mensonge (par omission), mensonge et demi (par généralisation). C'est ainsi que les politologues et leurs sondages constatent une aimantation de plus en plus nette des ouvriers par le Front national, depuis 1986. Anciens électeurs communistes ou socialistes, nombre d'entre eux mêlent leurs voix désormais à celles d'autres électeurs très divers sur un enjeu rassembleur : l'immigration. De surcroît, Le Pen, qui a senti le vent, accentue de plus en plus son discours « social », se posant en défenseur des chômeurs et autres laissés-pour-compte.

L'impuissance des pouvoirs publics face à la délinquance n'est pas la seule raison du discrédit du personnel politique, qui assombrit cette élection présidentielle. Depuis les années 1980, les « affaires » – autre euphémisme – ont terni la réputation des élus et des dirigeants, enrobés dans une corruption prétendue générale. Plus profondément, la perte de confiance dans les élus n'a cessé de s'accroître depuis les années Mitterrand, qui ont vu la succession des « affaires », le passage au pouvoir de ministres corrompus, la mise en examen de dirigeants appartenant à tous les partis, les accusations portées contre l'ancien maire de Paris, Jacques Chirac, et son successeur, Jean Tiberi, la condamnation par un tribunal d'un président du Conseil constitutionnel, Roland Dumas… Une enquête de la SOFRES du 2 octobre 2000, réalisée pour *Le Monde*, donnait la mesure de la défiance généralisée. À la question : « Avez-vous le sentiment que la corruption est très fréquente, occasionnelle, rare ou tout à fait exceptionnelle parmi les parlementaires ? » 72 % des sondés répondaient par le soupçon : 27 % jugeaient la corruption « très fréquente » et 45 %, « occasionnelle », contre 25 % qui l'estimaient « rare » ou « tout à fait exceptionnelle » (3 % sans opinion). On a le sentiment, en cette veille d'élection, que les ministres intègres et les conseillers vertueux se font rares !

Le chef de l'État lui-même traîne derrière lui des casseroles sonores, celles du RPR et de la Mairie de Paris, qui le placent sous la menace des juges. Les Guignols de Canal + affublent sa marionnette des initiales SM, « super-menteur », quolibet qu'une partie de la presse reprend à son compte. Mais en dehors des indélicatesses des hommes et des financements occultes des partis, les réalités mêmes de la cohabitation qui, cette fois, a duré cinq ans, ont pour effet de confondre la gauche et la droite dans une même réprobation.

Longtemps, l'opinion a apprécié ce dualisme au sommet de l'État, qui était pour elle la preuve d'une pacification de la vie politique française ; elle associait pouvoir et contre-pouvoir dans une même œuvre d'utilité publique, forcément modérée. Il fallut attendre la troisième expérience, la plus longue, pour que la réalité de la situation apparaisse comme une anomalie et un affaiblissement du pouvoir exécutif, tiré à hue et à dia. « L'union est un combat », avait déclaré naguère Eugène Fajon ; on pouvait dire de la même façon : la cohabitation est un combat, celui qui oppose structurellement le président de la République à son Premier ministre. Petites phrases et manigances, crocs-en-jambe et chausse-trapes, la petite guerre de tranchées n'en finit pas.

Les deux hommes se retrouvaient face à face dans la campagne présidentielle, et chacun s'attendait à les revoir l'un contre l'autre au second tour. En somme, ils eurent tendance, Lionel Jospin surtout, à confondre le premier tour et le second, comme si tout était joué d'emblée. Chirac avait mis du temps à découvrir Jospin, qu'il avait négligé ; Jospin éprouvait un mépris pour Chirac que les médias illustrèrent par quelques phrases assassines. Tous les deux se trompaient sur l'adversaire, Chirac étant convaincu de l'usure fatale de son Premier ministre par cinq ans de cohabitation, Jospin sous-estimant les facultés de redressement du Président.

Le 14 juillet 2001, Chirac lance sa campagne, en accusant le gouvernement, dans son discours rituel, de négliger la sécurité des Français. C'est une déclaration de guerre ! Les deux hommes ne se ménageront plus. Le 21 février 2002, après avoir déclaré sa candidature, Jospin utilise une formule comme s'il était déjà au second tour : « Présider autrement », c'est « l'idée d'une présidence qui assume véritablement son rôle ». Dans un meeting de la Mutualité, il griffe : « Il ne peut être le seul Français qui ne se soumet pas à la loi commune. » Et comme Chirac fait sa campagne sur la sécurité, Jospin ne cessera de dénoncer son adversaire qui joue sur les peurs, « non pas pour les conjurer, mais pour en faire les instruments de la conservation d'un pouvoir dont on sent qu'il vous échappe ».

Lionel Jospin, en ce même 21 février, s'applique à une déclaration dont la fraîche honnêteté désoriente son propre camp : « Je suis socialiste d'inspiration, dit-il. Mais le projet que je propose au pays n'est pas un projet socialiste. Il est une synthèse de ce qui est nécessaire aujourd'hui, c'est-à-dire la modernité. » Il y avait là une erreur tactique qui lui coûtera des voix de gauche et d'extrême gauche : celles de ceux qui, convaincus comme tout le monde d'un deuxième tour entre Jospin et Chirac, voulaient précisément affirmer au premier leur identité de gauche, leur identité « socialiste ».

Jospin commit une autre erreur, psychologique celle-là, qui semble bien lui avoir été fatale. Le 11 mars, dans l'avion qui le ramène de la Réunion, d'ordinaire plutôt avare de confidences, il se laisse aller à répondre aux questions des journalistes qui l'accompagnent. Il croit avoir le bon esprit de dire que Chirac est « vieilli » et « fatigué », et donne une impression d'« usure » et de « passivité ». Le propos devenu public réveille incontinent l'endormi, qui comprend tout de suite la gaffe de l'autre : dans une société vieillissante, cette allusion à l'âge du capitaine n'est pas du meilleur effet ; Chirac saura en profiter. Fringant, comme rajeuni, dressé sur ses ergots, il contre-attaque : « Ce que fait M. Jospin s'apparente un peu au délit de sale gueule. » On veut donc l'abattre par tous les moyens : « Est-ce que ce ne sont pas des méthodes qui rappellent celles de tous les extrémismes ? » Lionel Jospin encaisse mal, comprend son impair, se sent déstabilisé et fait des lapsus étonnants. Lors d'un meeting, il dit ainsi : « Dans l'hypothèse que j'appelle de mes *vieux*... » Avant d'exprimer ses regrets le 18 mars, d'une curieuse formule : « Ce n'est pas moi. Cela ne me ressemble pas... », qui fait le bonheur des psychanalystes. Cet épisode pourrait passer pour anecdotique, et pourtant, c'est à partir des propos crépusculaires et aériens de Jospin que celui-ci voit sa cote d'amour s'affaisser dans les sondages.

Le candidat du Parti socialiste, trop sûr d'être du second tour, a négligé de dissuader les candidatures de proximité. Chef d'une « gauche plurielle », il ne fait rien pour empêcher chacune des fractions de celle-ci de se présenter au premier tour. Peut-être ne pouvait-il rien contre celle de Jean-Pierre Chevènement, ancien ministre de Mitterrand, en rupture de ban avec le PS, notamment sur l'Europe. Républicain nationaliste, celui-ci défend la fermeté de l'État aussi bien face aux délinquants qu'aux nationalistes corses et acquiert une certaine audience dans les premiers mois de la campagne. Cependant, Jospin aurait pu négocier le ralliement de la candidate du Parti radical, Christiane Taubira, celui de Noël Mamère des Verts, et peut-être du candidat du Parti communiste, Robert Hue, avec lesquels il aurait pu défendre un bilan commun. L'émiettement de la gauche est de surcroît aggravé par les candidatures de trois militants d'extrême gauche, l'infatigable Laguiller de Lutte ouvrière, le jeune facteur Besancenot pour la Ligue communiste et Gluckstein pour les lambertistes.

D'où vient cette vitalité de la France trotskiste et trotskisante ? Cet éternel retour d'un courant révolutionnaire qui ne fait jamais la révolution ? Je regarde les photos de ces femmes et de ces hommes rassemblés, debout, le poing levé, *L'Internationale* aux lèvres. Penser qu'ils croient encore au communisme, malgré l'histoire qu'ils connaissent, à un communisme sans Tchéka, sans Stasi, sans Goulag, sans déportation, sans nomenklatura, laisse rêveur. Passe encore pour les jeunes militants, il faut bien qu'ils jettent leur gourme, avant de devenir cadres de Paribas ou de faire une carrière d'élus au Parti socialiste.

Mais les quadras, les quinquas, les chevronnés, les chauves et les chenus ? Sans doute refusent-ils d'avoir leur âge : le communisme est la jeunesse du monde, et eux sont rouges parce qu'ils ne sont plus verts. Comme d'autres, symétriquement, sont Verts parce qu'ils ne sont plus rouges, mais c'est une autre histoire. Sans espérer prendre le pouvoir, ils disposent du moins de celui de nuisance, dont Lionel Jospin pourrait faire les frais.

La droite aussi est « plurielle » : la vieille opposition entre centristes et gaullistes revit grâce à François Bayrou. De la famille démocrate chrétienne, comme Jean Lecanuet, européen convaincu, il a voulu protéger l'UDF de la fusion avec le RPR et la Démocratie libérale, qui donnera l'Union pour une majorité présidentielle (UMP) aux législatives. Certains membres de l'UDF en seront ; Bayrou s'y refuse au nom de l'indépendance d'un centre droit qui doit défendre ses propres valeurs, une troisième voie. Agrégé de lettres, souriant, d'allure juvénile, beau parleur, il conquiert peu à peu son public. À sa droite, un autre candidat, Alain Madelin, se présente au nom des idées libérales. Christine Boutin, vice-présidente du conseil général des Yvelines, UDF, qui s'est fait connaître à l'Assemblée par son opposition irréductible à la loi sur le PACS des socialistes au nom de la morale chrétienne, s'est risquée de son côté. Et enfin Corinne Lepage, ancienne ministre, défend sa propre vision de l'écologie.

Le Pen, une fois encore, sera le candidat du Front national, dans une conjoncture qui lui est favorable. Mais il semble affaibli en raison de la scission qui s'est produite en 1998 à l'instigation de Bruno Mégret. La liste du Front national aux élections européennes de 1999 a été un échec pour Le Pen. Un peu vite, *Le Nouvel Observateur* a cru pouvoir titrer : « Le Pen, c'est fini. » Mais Le Pen est toujours là, la fleur à la boutonnière, provocant, hilare, enchanté de battre de nouveau les estrades et d'obtenir les 500 signatures obligatoires, malgré l'autre, ce Mégret, fondateur du MNR, qui les lui dispute.

On aura enfin un seizième postulant, Jean Saint-Josse, de Chasse, Pêche, Nature et Tradition, dont la liste a obtenu près de 7 % des suffrages aux européennes de 1999. Défenseur de la ruralité, opposé aux normes de la Commission de Bruxelles, sa candidature paraîtrait folklorique si elle n'était pas issue d'un monde bien réel, celui des traditions rurales, celui des chasseurs et des pêcheurs qui regimbent contre la mondialisation, contre l'Europe normative.

Jamais une élection présidentielle n'a connu un éventail aussi large de partis et d'intérêts concurrents. Pourtant, la campagne fait bâiller, terne, sans véritable envolée. Tout paraît se fixer sur l'inévitable affrontement du second tour Chirac-Jospin. On les connaît l'un et l'autre, ils ne peuvent surprendre. La télévision, sensible à l'Audimat, consacre de moins en moins d'heures à la campagne et aux candidats. Le Conseil supérieur de l'audiovisuel (CSA) donnera des statistiques éclairantes à ce sujet. Ainsi TF1, en 1995, avait consacré près de seize heures d'antenne aux candidats dans ses magazines d'information ; cette fois, juste un peu plus d'une heure. « La campagne c'est l'ennui », titre l'hebdomadaire *Télérama*. Le duel final annoncé ne motive guère l'attention. L'hypothèse, issue de certains sondages, selon laquelle Le Pen pourrait figurer au second tour soulève la colère de *L'Humanité* : « Revoilà la ficelle du vote utile, y écrit Maurice Ulrich. Il y aurait un danger de second tour Chirac-Le Pen donc, il faudrait, sans tergiverser, voter Jospin au premier tour. Le PS qui, depuis plusieurs jours, est à la recherche de moyens pour doper son candidat ne répugne pas à utiliser l'argument. Il est malsain. Gonfler le danger Le Pen à des fins de boutique, c'est lui donner encore plus de crédit qu'il n'en a. Il est mensonger, car son niveau dans les sondages n'est pas tel que l'hypothèse de sa présence au second tour soit crédible un instant. »

Le 21 avril oppose un démenti total au quotidien communiste. Émoi, désarroi, sensation : Le Pen arrive second, contre toute attente – sauf celle des sondeurs d'opinion qui s'interdisaient de jouer les Cassandre :

| Candidats | Nombre de voix | Suffrages exprimés |
|---|---|---|
| Chirac | 5 666 440 | 19,88 % |
| Le Pen | 4 805 307 | 16,86 % |
| Jospin | 4 610 749 | 16,18 % |
| Bayrou | 1 949 436 | 6,84 % |
| Laguiller | 1 630 244 | 5,72 % |
| Chevènement | 1 518 901 | 5,33 % |
| Mamère | 1 495 901 | 5,25 % |
| Besancenot | 1 210 694 | 4,25 % |
| Saint-Josse | 1 204 863 | 4,23 % |
| Madelin | 1 113 709 | 3,91 % |
| Hue | 960 757 | 3,37 % |
| Mégret | 667 123 | 2,34 % |
| Taubira | 660 576 | 2,32 % |
| Lepage | 535 911 | 1,88 % |
| Boutin | 339 142 | 1,19 % |
| Gluckstein | 132 702 | 0,47 % |

« Séisme ! » Le mot est sur toutes les lèvres au soir de ce dimanche 21 avril 2002, comme il sera dans tous les titres de journaux le lendemain. Pour la première fois depuis 1965, année de la première élection du président de la République au suffrage universel, un candidat d'extrême droite, Jean-Marie Le Pen, gagne la deuxième place au premier tour et, partant, le droit d'affronter son rival, le président sortant Jacques Chirac, au tour décisif. Le candidat du Parti socialiste, Lionel Jospin, Premier ministre sortant, est relégué dans l'infamie de l'élimination.

Les journaux étrangers font croire par gros titres au danger d'un avènement du fascisme en France. Je dois rassurer au téléphone une journaliste romaine de *L'Unita* : Chirac aura 80 % des voix au second tour, mais je la sens sceptique. Pourtant, à regarder de près les chifffres, il eût suffi à Lionel Jospin de pouvoir compter sur les voix de la radicale Christiane Taubira ou du communiste Robert Hue pour prendre la deuxième, voire la première place, au soir du 21 avril. La gauche s'est mutilée elle-même par ses propres divisions, par l'insuffisante autorité du chef socialiste, trop respectueux de ses alliés ou trop confiant en lui-même.

L'échec de la gauche a d'autres raisons, moins immédiates. Occupant cinq ans durant le siège du pouvoir réel (Matignon et la majorité à l'Assemblée), elle a présenté un bilan quelque peu décevant à son électorat traditionnel. Les lois et réformes dont elle s'honore ou bien ne concernent que des minorités (le PACS conçu d'abord pour les couples homosexuels, la couverture universelle de la Sécurité sociale), ou bien laissent l'opinion indifférente (la parité), ou bien sont carrément discutables et parfois très nettement discutées (les 35 heures).

Oubliant de tirer profit d'une exceptionnelle conjoncture économique, la gauche n'a su se résoudre à attaquer de front la question des retraites ; elle a échoué sur le problème corse ; elle a été quasi inexistante sur l'Europe et n'a guère montré de force en politique extérieure. Peut-être plus profondément encore, elle n'a pas su prendre à temps la mesure de l'exaspération publique face à la montée de la délinquance et de la criminalité. C'est par là, sans doute, qu'elle a été le moins attentive à la demande sociale des plus modestes citoyens, confrontés à la violence quotidienne et à la sensible progression de l'« activité délinquante ». Héritière d'une idéologie « anti-sécuritaire », estimant avec naïveté, de l'aveu même de Lionel Jospin, que la délinquance diminuerait à proportion de la baisse du chômage ; aveugle, à l'exception de quelques-uns de ses représentants, sur la formation des contre-sociétés dans les banlieues, la gauche n'a pas compris les appels de détresse et la demande d'autorité étatique que lui adressaient les plus déshérités de ses électeurs. On peut légitimement penser que cette question de la délinquance a été montée en épingle par les médias et par la droite, mais les socialistes n'avaient pas su, dans ce domaine, gagner la confiance des électeurs.

Parallèlement, elle ne donnait aucun signe de résistance aux effets les plus pernicieux d'un libéralisme économique en contradiction flagrante avec son « socialisme » supposé. Pour beaucoup – c'était caricatural, mais les images comptent –, le Parti socialiste était devenu le parti des « bobos » (bourgeois bohêmes, surtout parisiens) et le champion de la fête (Gay Pride, Fête de la musique, *rave parties*, etc.), allié à des partenaires en voie d'extinction (PCF), déjà éteints (les radicaux), ou invraisemblablement brouillons (les Verts). Lionel Jospin, coiffant le tout, paraissait, de surcroît, en manque de rayonnement pour séduire les masses. Avait-il du reste véritablement envie de devenir président de la République, lui qui s'était fait par le passé le contempteur du « présidentialisme » ?

Le comportement électoral des ouvriers, pendant longtemps base sociale de la gauche socialiste et communiste, est particulièrement cruel. Le 21 avril, ils ont voté en majorité pour les droites, toutes tendances confondues : 53 % (dont 24 % pour Le Pen et 13 % pour Chirac), contre 47 % pour les gauches (dont 13 % seulement pour Jospin). La déception de l'électorat socialiste traditionnel est encore visible dans l'étude de l'abstention (avec les blancs et nuls) : près du quart de celle-ci (24 %) provenait des électeurs qui se disent « proches du Parti socialiste ».

La montée aux extrêmes de droite et de gauche était plus qu'inquiétante. Les deux candidats de l'extrême droite – Jean-Marie Le Pen et Bruno Mégret –, obtiennent, à eux deux, près du cinquième des suffrages exprimés (19,57 %). Vieillissant, estimé sur un fatal déclin, en peine de signatures officielles nécessaires à sa candidature, le chef du Front national a réussi pourtant à devancer Lionel Jospin et à se placer pour le second tour.

Le vote populiste a gardé une certaine dimension régionale, dont les points forts sont le Nord, l'Est, la région lyonnaise et le Sud méditerranéen. Mais l'imprégnation lepéniste a gagné peu ou prou l'ensemble des départements. Les observateurs ont cru devoir discerner la corrélation la plus nette entre le vote d'extrême droite et la localisation de l'immigration arabo-musulmane. À vrai dire, les motivations électorales sont multiples : le chômage ou la peur du chômage, le déclassement, le tempérament autoritaire, l'attachement aux traditions sont autant de raisons du vote à l'extrême droite. Cependant, les enquêtes d'opinion montrent clairement les deux principaux enjeux, liés l'un à l'autre, pour l'électeur lepéniste : l'immigration et la délinquance.

Pour comprendre – ou relativiser – le phénomène, il faut aussi le replacer dans l'espace européen. Peu de pays échappent à la naissance et au progrès des partis populistes : Parti libéral d'Autriche, Liste Pim Fortuyn aux Pays-Bas, Ligue du Nord en Italie, Parti national britannique, Union démocratique du centre en Suisse, Parti du peuple danois, Parti de l'offensive étatique en Allemagne, Mouvement pour une Slovaquie démocratique, Autodéfense sociale en Pologne, Parti populaire au Portugal, Romania Mare en Roumanie, etc. Fort divers, ces mouvements populistes ont néanmoins en commun le discours xénophobe, que résume ainsi Pia Kjaersgaard, chef du Parti du peuple danois : « Le Danemark a toujours accueilli les immigrés. Mais, depuis quinze ans, nous avons énormément de gens du tiers-monde, du Moyen-Orient en particulier. Si on continue, cela deviendra un gros problème, lié à la criminalité. » Quelles que soient les particularités de ces mouvements, leur émergence dans la plupart des pays européens traduit le grand malaise de l'Europe riche et de faible natalité face aux pays pauvres des autres continents : la nécessaire importation de main-d'œuvre, doublée de la redoutable immigration clandestine, provoque les réactions en chaîne de la peur, de la xénophobie et du racisme. Souvent incapables de saisir à bras-le-corps la question, les dirigeants des partis traditionnels, de gauche comme de droite, ont laissé se développer les discours démagogiques des populistes, dont les slogans simplistes ont réussi à mobiliser un électorat par ailleurs menacé dans ses biens et dans son emploi.

Une autre forme d'extrémisme a marqué l'élection du 21 avril, celui de gauche. Un progrès considérable d'une élection présidentielle à l'autre : de 5,37 % en 1995 à 10,62 % en 2002. Le trotskisme tricéphale n'attire certainement pas les électeurs par ses visées marxistes-léninistes, mais le fort contingent de voix qu'il polarise n'en affaiblit pas moins la gauche. Les deux principaux candidats, Arlette Laguiller et Olivier Besancenot, ont des électorats semblables : il s'agit d'un vote plutôt féminin (62 % pour Laguiller, 61 % pour Besancenot), en provenance surtout des catégories employés, ouvriers et professions intermédiaires. La précarité de l'emploi et les inégalités sociales sont les préoccupations majeures de cet électorat : il s'agit d'un vote protestataire de gauche en faveur de candidats sans vocation au pouvoir mais sachant personnaliser l'amertume des « déçus du socialisme ».

Additionnés, les deux extrémismes, de gauche et de droite, atteignent un niveau de suffrages sans précédent : près de 30 %. Près d'un tiers des électeurs qui ont voté le 21 avril se sont ainsi placés, du moins *théoriquement*, hors du système politique. La fin de la guerre d'Algérie et le déclin régulier du Parti communiste avaient laissé espérer l'extinction des extrémismes sous la V^e^ République. La société française, plus que toute autre, a le génie de les sécréter, de les multiplier aux dépens des partis de gouvernement.

Enfin, le scrutin du 21 avril a révélé cette autre brèche dans la vie politique française : les progrès de l'abstention (plus de 31 % si l'on y ajoute les votes blancs ou nuls) en 2002. Chiffre d'autant plus inquiétant que l'élection présidentielle est, d'ordinaire, la plus suivie. La désaffection des urnes touche surtout les jeunes électeurs : plus du tiers des 18-34 ans (34 %). Encore faudrait-il alourdir ce chiffre de tous les jeunes citoyens n'ayant pas pris la peine de s'inscrire sur les listes électorales. Les déçus de la gauche plurielle semblent avoir ajouté leur mauvaise humeur abstentionniste aux habituels « pêcheurs à la ligne ».

Faisons les comptes. En pourcentage des suffrages exprimés, les votes extrémistes de droite (5 456 000) et de gauche (2 964 000) avoisinent les 30 %. Reportons-nous maintenant au nombre d'électeurs inscrits (40 575 000) : ces votes extrémistes (8 420 000) ajoutés aux 12 298 000 refus de vote (abstentions, blancs et nuls), représentent un peu plus de la moitié des citoyens français, sans compter ceux qui ne se sont pas inscrits sur les listes électorales et les électeurs de Jean Saint-Josse : la base de légitimité du système est devenue douteuse.

Contrairement à certains commentaires de la presse internationale, la France, au lendemain du 21 avril, n'était pas menacée par l'installation à l'Élysée de Jean-Marie Le Pen. Mais les démocrates pouvaient craindre que la victoire de Jacques Chirac ne fût pas assez éclatante le 5 mai pour démontrer que le pays n'était pas près de tomber sous les fourches du démagogue en chef. Le refus de Lionel Jospin de se déclarer publiquement pouvait laisser présager un dépit de son électorat, préférant renforcer l'abstention que de voter Chirac, fût-ce avec « une pince à linge sur le nez » comme on l'entendit dans la bouche de Dominique Strauss-Kahn. Mais la mobilisation générale anti-Le Pen, pour incomplète qu'elle fût, emplit les rues, les places, avant d'emplir les urnes. Les jeunes et les moins jeunes se rejouaient le grand air de l'antifascisme. Sur 100 électeurs de Jospin au premier tour, 19 ont préféré l'abstention au second (3 ont voté Le Pen), mais la discipline républicaine était mieux respectée chez eux que chez les électeurs d'extrême gauche (parmi ceux de Laguiller,

26 % s'abstiennent au second tour, et 5 % votent le Pen ; parmi ceux de Besancenot, respectivement 21 et 3 %). Au total, l'abstentionnisme était sensiblement corrigé au second tour, passant juste au-dessous de la barre des 20 %. Le sursaut républicain avait eu lieu ; Jacques Chirac l'emportait par 82,15 % des suffrages. « Je veux mettre la République au service de tous, déclarait le Président réélu, le soir du 5 mai. Je veux que les valeurs de liberté, d'égalité et de fraternité reprennent toute leur place dans la vie de chacune et de chacun d'entre nous. » Reste que le Président « le mieux élu de la V^e^ République » l'avait été dans des conditions qui ne témoignaient pas en faveur de la bonne santé de la République française.

Aurait-il une majorité pour gouverner ? Le premier tour des législatives, le 9 juin, présente encore le principal symptôme de la maladie démocratique : l'abstention. Cette fois, elle atteint un niveau record : 35,60 % (auxquels on ajoutera les 2,79 % de blancs et nuls). Ce n'était pas faute de candidats : en tout, 8 424 s'étaient présentés, autre record historique. La fragmentation de l'offre politique défiait le bon sens à Paris (27 candidats dans la 1^re^ circonscription, les quatre premiers arrondissements !).

Pourtant, le redressement, ébauché au second tour de la présidentielle, était confirmé à plusieurs égards, lors de ces scrutins des 9 et 16 juin. Tout d'abord, les candidats de l'extrême droite obtiennent moins de 13 % des suffrages (11,34 pour le FN, 1,09 pour le MNR), soit une perte de 7 points environ par rapport à la présidentielle du 21 avril. 41 % des voix de Le Pen et Mégret ont échappé à leurs candidats députés. L'extrême gauche, elle, se replie sur ses positions antérieures : 2,79 % pour l'ensemble de ses candidats. Au total, les voix de l'extrémisme passent de plus de 30 %, le 21 avril, à moins de 16 %, le 9 juin.

Il en résulte une polarisation gauche/droite beaucoup plus nette : en chiffres arrondis, 35 %/42 %. Le système parlementaire reprenait une certaine force. Le Pen avait annoncé que le Front national serait en mesure de se maintenir dans « plus de 300 circonscriptions ». Ses listes, finalement, n'ont figuré que dans 37 d'entre elles, soit une faible dose d'élections « triangulaires ».

Un des événements majeurs de la campagne aura été la réunification de la droite dans l'UMP (Union pour la majorité présidentielle). Une fraction du Centre, derrière François Bayrou, a refusé cette fusion et maintenu l'UDF. Néanmoins, l'UMP est en passe de devenir ce que sont dans les autres démocraties libérales les grands partis conservateurs ou conservateurs-libéraux. Cette droite modérée a bénéficié de la constance avec laquelle Jacques Chirac a refusé tout compromis avec le Front national, alors qu'il était tentant pour beaucoup, dans les régions notamment, de faire des alliances, au moins tactiques, avec le FN. Le Pen en a tiré une haine rancuneuse à l'endroit du président de la République, mais la droite libérale et néo-gaulliste y a gagné son estampillage républicain.

Après le « séisme » du 21 avril, ces quelques pierres destinées à la reconstruction de l'édifice ne paraissent pas suffisantes pour refonder une démocratie vivante. Les élections successives de 2002 auront révélé le mal politique français, qui ne tient pas seulement aux ratés de sa machine institutionnelle. L'état de santé de la démocratie en France est inquiétant parce que la démocratie est, de tous les systèmes politiques, le plus exigeant : il ne peut se fonder et se maintenir que sur la responsabilité des citoyens, à tous les échelons. Le démocrate appliqué, mal remis du premier tour de la présidentielle, éprouvait une légère gueule de bois. Abstention de masse, montée des extrêmes, rejet de la classe politique, atomisation des opinions, hantises sociales et sécuritaires, reconduction à 82 % d'un Président déconsidéré, tout cela sonnait comme un glas lugubre dans la République.

# 5

# La fabrique d'un président

Chaque élection présidentielle ouvre le grand bal des ego. Tout le monde ne peut-il pas devenir président ; à tout le moins se présenter aux suffrages de ses concitoyens ? Il suffit d'être français, d'avoir 23 ans, un casier judiciaire vierge : cela fait beaucoup de monde. L'attrait de la partie n'est pas nécessairement la fonction présidentielle, mais la tribune incomparable offerte à ceux qui parviennent à passer par le filtre des 100 puis des 500 signatures d'élus. Des dizaines d'amateurs chaque fois s'y essaient : Gaudissart rêvant de devenir illustres, prophètes de malheur, marchands d'orviétan, défenseurs des causes perdues, fabricants d'utopie, visionnaires enflammés, qui, à l'exemple du candidat des chiens battus de 1965, Marcel Barbu, se voient déjà prêcher aux foules par le truchement de l'écran magique. Ce qui est tout de même autre chose que de vaticiner, juché sur une caisse en bois, à Hyde Park Corner devant trente badauds. Nul doute que si Charles Fourier, qui attendait chaque matin sur un banc du Palais Royal le bienfaiteur qui le ferait sortir de l'obscurité, avait vécu à notre époque, il eût été candidat. Devant des millions de gens ébahis il eût décrit les merveilles de son phalanstère, et la face du monde eût pu être changée.

Le verrouillage des 500 signatures laisse la plupart des postulants hors circuit, mais on constate la limite de son efficacité, puisque, à tout coup, tombe sous nos yeux comme un aérolithe un Ducatel ou un Cheminade, même si bien des Ferdinand Lop doivent renoncer. Sérieux ou fantaisiste, le candidat fait taire sa discrétion, ses timidités, sa vergogne, et laisse libre cours à l'extériorisation d'un Moi mal enchaîné.

### *Profil*

On appelle charisme le rayonnement, l'aimantation, le magnétisme qui émanent de la personne : en théologie, on parle d'un don particulier conféré par la grâce divine ; en politique, la notion de pouvoir charismatique a été inventée par Max Weber. En avoir ou pas, telle est la question. Lorsqu'on demandait aux Français, en 1995 ou en 2002, ce qu'ils appréciaient respectivement chez Lionel Jospin et chez Jacques Chirac, ils répondaient : l'honnêteté pour le premier, la personnalité pour le second. Qu'est-ce que la personnalité ? Jospin en manquait-il ? Charisme est un mot savant, mais suffisamment vulgarisé pour qu'on le préfère à « personnalité » ; la chaleur humaine, si difficile à faire passer par l'écran de télévision, en est l'atout maître. On ne peut pas se refaire, et Jospin, malgré toute son application, a rarement pu sortir du jeu de rôles où il tenait dès le départ celui du quaker ou du clown triste. « Il y a des gens dégoûtants avec du mérite, et d'autres qui plaisent avec des défauts » (La Rochefoucauld).

Les meilleurs candidats sont des séducteurs, en attendant les séductrices. On aurait la curiosité, à ce sujet, de savoir s'ils le sont dans leur vie privée : rumeurs et légendes abondent sur le sujet, mais on espère encore, malgré les assauts de la presse à scandale et la complaisance coupable de certains, que les succès amoureux des candidats ne sont pas en passe de devenir en France de vrais arguments électoraux. À voir. Contentons-nous pour l'instant d'émettre l'hypothèse qu'il y a quelque correspondance entre l'art de séduire une personne et l'art de séduire des millions d'électeurs. Donc il est conseillé aux pisse-froid, aux introvertis, aux mal-aimés, aux hypocondriaques, aux timorés, aux puritains, aux refoulés, et à tous ceux qui en ont l'air malgré eux, de s'abstenir.

Le physique a son importance. La beauté n'est pas nécessaire, mais sans doute l'attrait, qui résulte d'une alchimie que directeurs et conseillers de campagne s'efforcent de rendre opératoire. On avait repéré que François Mitterrand, vu en gros plan, pâtissait d'une canine disgracieuse : la limer le radoucit indiscutablement. Jacques Chaban-Delmas, qui, en excellent joueur de tennis, ne manquait ni d'allant ni de charme, avait contre lui une voix de fausset : un ancien sociétaire de la Comédie-Française fit de son mieux pour atténuer ses aigus, mais on ne change pas de voix comme de chemise. En plus, Chaban, trop habitué au perchoir de l'Assemblée, tombait à l'heure de la télévision dans le défaut de maint élu : s'exprimer devant la caméra comme devant un parterre, de manière emphatique et solennelle. S'il fut, en 1974, trahi de manière certaine par Chirac, il le fut aussi par son organe vocal.

Roberto Michels, dans son essai sur *Les Partis politiques*, datant d'avant 1914, observe, à partir d'une étude sur la social-démocratie allemande, que tous les grands leaders politiques sont des orateurs. Pour l'être il ne suffit pas d'avoir du vocabulaire, de connaître la syntaxe ou le beau style. Il faut être doté d'une voix qu'on aime écouter, avoir le sens des formules et des images fortes, savoir s'adapter à son public : on ne parle pas pour le petit écran comme au palais des Sports. Avant les micros, il fallait une voix puissante ; avec les moyens modernes de communication, l'emphase confine au ridicule. Ne pas ennuyer, avoir de l'humour, de la repartie, du sang-froid. Éviter cependant l'ironie, qu'on n'est jamais assuré de n'être pas prise au premier degré. Et, puisque aujourd'hui on discerne les traits du visage sur le petit écran, éviter le sourire niais qui fait faux jeton, se montrer le plus naturel, le moins étudié possible. L'orateur-né (même si l'art oratoire se travaille) est promis à s'imposer. Dans le mouvement ouvrier, c'est le meneur, celui qui sait entraîner ses camarades de travail dans la grève, braver les fortes têtes, clouer le bec aux opposants, parler au patron. En politique, aucun grand chef de parti n'ignore l'art de parler. Clemenceau et Jaurès ont produit les plus admirables discours parlementaires et discours de réunions publiques. Ils étaient pourtant très différents de style. Le premier était concis, tout en phrases courtes et en formules percutantes ; le second avait l'art romantique du discours fleuve, lyrique, versant le trop-plein d'une inspiration profuse. Sous la Ve République, chacun avec son propre style, le général de Gaulle, Georges Pompidou, Valéry Giscard d'Estaing, François Mitterrand, Jacques Chirac ont su exercer par la parole une puissance de séduction. C'est sans doute un des défauts de Michel Rocard que de n'avoir jamais eu cette facilité de parler aux foules : langue trop sophistiquée, trop abstraite, trop riche en nuances, en parenthèses, en incises, élocution trop rapide ; ses logogriphes peinent à faire vibrer, n'est pas Lamartine qui veut. Bafouilleurs, radoteurs, chercheurs de mots, orateurs incapables de vous dessaisir de vos notes, il vaut mieux vous abstenir !

Y a-t-il un âge idéal pour réussir ? Le plus âgé des élus (ou réélus) fut Charles de Gaulle, à 74 ans ; le plus jeune, Valéry Giscard d'Estaing, à 48 ans. La fourchette est donc très ouverte. Avoir vécu, être expérimenté, rompu aux ficelles de la vie politique, est un atout certain. Les partis marginaux qui présentent ce qu'on appelle des « petits candidats » se croient avisés en lançant des jouvenceaux ou des tendrons : c'est qu'ils ne visent pas la victoire, occupés surtout d'attirer les électeurs des classes d'âge juvénile. Nietzsche jugeait qu'il existe un « âge de la prétention » chez les hommes doués, « entre leur vingt-sixième et leur trentième année » – une précision qui nous amuse, mais il y a bien un âge des certitudes que l'expérience corrige. Le président doit être un homme ou une femme de la maturité. D'un autre côté, un âge avancé peut faire craindre la maladie et la mort en plein exercice. La santé du président est une inquiétude, on l'a vu avec Georges Pompidou et François Mitterrand, mais ce n'est pas leur âge qui était en question. Pompidou s'est éteint à 63 ans : ce n'est pas encore aujourd'hui l'âge des Nestor décrépits. L'âge idéal est ce moment privilégié de la vie où l'on ne manque ni d'expérience ni d'avenir. Le modèle : John Kennedy, auquel a beaucoup pensé Jean Lecanuet. Jeunesse d'allure, sourire enjôleur, diction parfaite, rien ne lui manquait pour en faire un candidat attrayant, sinon vainqueur ; il avait 45 ans en 1965.

Si l'allure compte pour beaucoup, les qualités morales et intellectuelles sont passées au crible des éreinteurs. L'immoralité ou l'amoralité sont des notions variables dans le temps, mais un fond de nature morale s'impose. C'est par ce biais qu'on attaque souvent certains favoris. Jacques Chaban-Delmas a dû affronter l'affreuse rumeur selon laquelle il n'était pas étranger à l'accident de voiture dont avait été victime sa première femme. Avec moins de précaution, on l'attaqua sur sa feuille d'impôt révélant la part minime de sa contribution. La vérité était qu'il bénéficiait en toute légalité d'un avoir fiscal. Il eut le mérite, si c'en est un, de ne pas vouloir se défendre en rappelant que c'était son adversaire Giscard d'Estaing qui avait instauré ledit avoir fiscal aux fins de stimuler les investissements, mais cela ne l'empêcha pas de passer pour un politicien d'honnêteté douteuse. Giscard lui-même ne sut pas se dépêtrer de l'affaire des diamants qui lui colla à la peau jusqu'au bout. Mitterrand fraya avec des hommes d'affaires suspects et des hommes de Vichy, mais on ne le sut qu'au cours de son second mandat. En revanche, il traîna longtemps après 1959 la fausse tentative d'attentat de l'Observatoire, mais il put compter sur la mémoire courte des électeurs. Balladur fut accusé d'avoir vendu des actions avec grand profit après un aller-retour public-privé-public. Quant à Chirac, ses indélicatesses ou sa désinvolture d'ancien maire de Paris au regard des fonds publics sont devenues proverbiales : le juge l'attend toujours au coin de la rue. Lionel Jospin fut considéré comme un parangon de vertu, mais il fut mis en cause par un gros mensonge qu'il fit à propos de ses antécédents trotskistes, alors qu'il était Premier ministre. Membre de l'OCI – le groupe lambertiste –, il était entré au PS au début des années 1970 où il avait fait peu à peu carrière. Il n'y avait pas de quoi fouetter un chat, s'il s'agissait seulement d'une fredaine juvénile, mais les dénégations premières de Jospin tenaient au fait que les lambertistes pratiquaient l'« entrisme » – entrer au PS pour le noyauter clandestinement – et qu'on pouvait dès lors le soupçonner d'avoir adhéré au Parti socialiste non parce qu'il s'était modéré, mais bel et bien dans une intention tactique chère au groupe trotskiste en question. Quoi qu'il en soit, Lionel Jospin eut le tort de nier son ancienne appartenance, et de répandre le bruit qu'il y avait eu erreur d'identification sur la personne : ce n'était pas lui, c'était son frère.

Ces faux pas, ces accusations plus ou moins fondées nous rappellent le principe de la République selon Montesquieu : la vertu. Y manquer n'empêche pas la victoire car d'autres facteurs jouent dans une élection. Cela peut servir d'être un citoyen intègre, irréprochable sur les questions d'argent, et, si possible, s'épargnant de mentir, mais les infortunes de la vertu existent aussi. Outre que les Français sont un peuple assez cynique pour élire ou réélire des gens d'une honnêteté douteuse (la réputation de « Florentin » n'a pas desservi Mitterrand), il y a des cas où un excès de vertu stérilise l'action ou affaiblit des positions. Ainsi Raymond Barre, à force de vouloir placer les Français devant les réalités économiques du moment sans ménagement, a vu sa cote de Premier ministre tomber très bas et a sans doute nui à la réélection de Valéry Giscard d'Estaing. Pis encore le cas de Pierre Mendès France qui, au nom des principes intangibles, renonce, pour avoir condamné la Constitution de la V$^{e}$ République, à toute candidature à la présidentielle, et se suicide politiquement. François Mitterrand qui, en 1958, s'était opposé comme lui au projet constitutionnel de la V$^{e}$ République, avait eu le sens politique autrement sûr en sachant utiliser les nouvelles institutions au profit de la gauche et de lui-même. De la vertu, oui, mais pas au point de se ligoter les mains et de se coudre les lèvres. Plus encore que la vertu de Montesquieu, le candidat idéal doit être doué de la *virtú* de Machiavel, ce mélange de force, de maîtrise, de volonté sur lequel on ne se trompe pas. Il est vrai que la denrée est rare, peu de princes postulants peuvent s'en targuer et, du reste, on n'en est sûr qu'a posteriori.

Au demeurant, Machiavel ou ce qu'on croit être de Machiavel peut inspirer la trahison, les coups tordus, les manigances. Pompidou, choisi par de Gaulle et Premier ministre pendant six ans, se laisse aller, cessant d'être chef du gouvernement, à deux déclarations à l'étranger qui peuvent passer pour avoir favorisé le non au référendum de 1969, à la suite duquel le Général quitte l'Élysée. Giscard, appartenant à la même majorité, se prononce la même année pour le non qui causera la chute de De Gaulle. Le premier rassurait les Français : le grand Charles peut partir, je suis là. Le second préparait déjà l'après-gaullisme. Dans les deux cas, le fondateur de la Ve République a eu l'occasion de se sentir trahi par les siens. Jacques Chirac est une figure de traître plus réussie. Sa première trahison en 1974 en faveur de Giscard lui permet d'éliminer la vieille garde gaulliste, sa deuxième trahison, en 1981, de savonner la planche sous les pieds de Giscard : la voie est libre pour lui. Cependant, « trahir » n'est pas vaincre : on l'a vu en 1995, quand Édouard Balladur, après avoir rompu le pacte tacite qui le liait à Jacques Chirac, s'en fit le rival. Le traître alors a tout perdu, entraînant dans sa chute ceux qui l'ont suivi. On n'aime pas le traître pour ses trahisons, si l'on aime le vainqueur malgré ses trahisons. En tout cas, se lancer dans la mêlée présidentielle n'est pas fait pour les enfants de chœur : manigances, roueries, stratagèmes, manœuvres et combines ne doivent pas répugner, quitte à en abandonner l'exécution à ses proches. Il y a dans chaque ambitieux un Ganelon qui sommeille.

Les qualités intellectuelles sont bienvenues, à condition toutefois de ne pas en faire l'étalage. Tous ceux qui parviennent à la dernière étape savent faire preuve de facultés d'analyse, de compétence, de connaissance des dossiers. Encore doivent-ils éviter la présomption. Giscard a souffert de donner l'impression d'avoir le monopole de l'intelligence contre un peuple ignare. En France, cette séparation, cet écart, cette fracture se sont concrétisés dans le syndrome de l'énarchie. À partir des années Pompidou ont surgi dans les postes politiques les premières promotions de l'ENA fondée au lendemain de la Libération. C'est sans doute une chance pour la France d'avoir su créer une école de la haute administration, dont les élèves sont recrutés par concours, corrigeant ainsi les abus du piston, du népotisme, et les recrutements de faveur de l'avant-guerre. En même temps, dès lors que les énarques sont entrés en politique, la crainte s'est renforcée d'un accaparement par eux de la chose publique, au point que le mot « énarque » a pris un tour péjoratif. On leur reproche un sentiment de supériorité nourri par leur ignorance de la France profonde, des Français en général, du « terrain » : manque d'écoute, manque de cœur, manque d'esprit concret. La figure symbolique en a sans doute été Valéry Giscard d'Estaing, polytechnicien et ancien de l'ENA, dont l'intelligence était connue de tous et particulièrement de lui-même. Il s'efforça de corriger ses origines aristocratiques et son capital de diplômes en essayant de faire peuple, mais se montrer en chandail et jouer de l'accordéon en public comme au bal à Jo n'a pas suffi à rabaisser sa suffisance naturelle. Le moment clé du syndrome, perçu par plusieurs dizaines de millions de téléspectateurs, fut celui du duel final l'opposant à François Mitterrand en 1981. Giscard, imbu de sa suprématie intellectuelle sur un Mitterrand qui ne sortait pas des grandes écoles, un juriste frotté de littérature, et peu versé en économie politique, frisa le ridicule en donnant la leçon.

« Je ne suis pas votre élève ! » lui lança Mitterrand, gagnant ainsi l'approbation des auditeurs supportant mal le mépris du président sortant, sûr de lui et toisant son adversaire comme peut le faire un docteur *honoris causa* mal élevé face à un paysan du Danube. Mitterrand, à ce moment-là, incarna le peuple qui en a soupé des élites présomptueuses. « Tout vainqueur insolent à sa perte travaille » (La Fontaine).

Le comble de l'énarchie n'était pourtant pas arrivé : ce fut en 1995 quand, pour la première fois, deux énarques se firent face, Lionel Jospin et Jacques Chirac : leur duel télévisé ennuya tout le monde. Pourtant c'est sans doute un des atouts de Chirac de savoir, si souvent, faire ignorer son *cursus honorum*, grâce aux pintes de bière et aux tranches de saucisson qu'il sait avaler avec une gourmandise apparente, aux claques dans le dos et aux bisous distribués, bref à une simplicité plus naturelle du reste qu'étudiée. Tous les candidats ou pré-candidats, énarques, normaliens, centraliens, polytechniciens et autres détenteurs de peaux d'âne, savent bien qu'il faut faire peuple : encore faut-il y parvenir. C'est un art difficile d'être plus intelligent que la moyenne et de ne pas l'étaler.

Il en va de même de l'origine sociale, si souvent liée au savoir. À cet égard, l'exemple de Laurent Fabius est pathétique. Comme on disait jadis, ce politicien est un homme bien né. Un bourgeois, passé par la rue d'Ulm et l'ENA. Très intelligent, lui aussi, et comprenant parfaitement en quoi son arbre généalogique et son curriculum vitae peuvent le desservir à la tête du Parti socialiste. Le voilà donc qui s'efforce de « se rapprocher du peuple », écrivant livre sur livre, avec un lexique réduit au possible, pour confier aux foules combien il aime regarder à la télé la *Star Ac'*, combien il peut être modeste, simple de goûts, voire vulgaire ! Comme tout le monde. Il va même jusqu'à se hasarder à la Fête de *L'Humanité*, au risque de prendre des œufs sur la tête. Rien n'y fait : personne n'y croit. Chacun s'acharne à le considérer comme un opportuniste. Il existe une intuition populaire : quelle que soit la sincérité de Laurent Fabius, jurant ses grands dieux que son retournement de veste de 2005 s'inspire de convictions profondes, les citoyens français subodorent en lui la « classe ». Il y eut pourtant d'autres bourgeois socialistes dans l'histoire, mais en Fabius la « vile multitude » repère toujours le bourgeois plutôt que le socialiste.

La compétence technique, l'expérience ministérielle, la connaissance des chiffres, tout cela, qui est nécessaire, est un bagage insuffisant. « La véritable école du commandement, écrivait de Gaulle, est la culture générale. » Celle-ci ne s'enseigne pas, elle s'acquiert et s'enrichit par soi-même : la lecture en est la source principale. De ce point de vue, de Gaulle, Pompidou et Mitterrand ont été les meilleurs : par leur culture, ils donnaient l'impression d'une profondeur de pensée qui les ancrait dans la durée. C'est ce rapport au temps long qui risque de faire défaut aux experts, aux techniciens, aux spécialistes de la conjoncture.

La principale qualité morale reste la volonté, la confiance en soi, l'idée somme toute bizarre de se croire nécessaire au pays. On sait à quel point cette conviction animait le général de Gaulle, amené depuis le 18 juin à confondre la France et sa personne. L'histoire lui avait offert un brevet de missionnaire : le refus de la défaite, la France libre, la Résistance, la Libération, la restauration du pays au rang des grands : en cinq ans, le Général avait fondé sa légende. On le compara à Jeanne d'Arc, parfois par dérision, mais au fond il incarnait à sa manière ce que la jeune Lorraine chantée par Villon et Péguy avait été jadis : un sauveur. La suite était difficile à assumer. Mais pour chacun de ses successeurs, il y a eu cette intuition, cette imagination folle, cette prétention saugrenue qu'il pourrait ou qu'il devrait être le Premier des Français. Il ne faut pas manquer de superbe ou de mégalomanie pour sortir de ses fonctions ordinaires et prétendre à diriger un pays en s'offrant au choix populaire. Celui qui est trop pénétré du goût de la dérision ne pourrait jamais s'y frotter, trop conscient des obstacles, trop sensible au comique des honneurs, trop critique de la simplification qui préside aux formules d'une campagne électorale de ce type. Il verrait tout au second degré, là où il faut se montrer primaire. Croire en soi, c'est braver sa propre ironie envers soi-même et envers toutes les grandeurs d'établissement, selon l'expression de Pascal. Donc, être doué d'un orgueil sans faille, et de surcroît persévérant, pugnace, immunisé contre le découragement : François Mitterrand s'y reprend à trois fois avant d'être enfin élu ; Jacques Chirac tout autant. L'élection du Président au suffrage universel encourage la volonté de puissance enfouie dans le cœur des hommes qui ont choisi de faire de la politique leur métier. L'essor de la démocratie a interdit la publicité du désir de domination : nous sommes tous des égaux. En fait, l'instinct des chefs a beau s'être civilisé, s'être plié à l'injonction des grands principes, il n'a pas disparu pour autant. Exercer le pouvoir, fût-ce un pouvoir illusoire tant la force des choses en rétrécit le champ, demeure un désir violent que certains individus ressentent dès leur jeunesse. Il ne faut pas s'en plaindre : sans ces affamés de supériorité, nous n'aurions pas d'hommes d'État. Mais là où les démocraties modernes se sont contentées de faire sa part à une aristocratie gouvernante, la

V^e^ République a dépassé la loi d'airain (R. Michels) des tendances oligarchiques en démocratie en instaurant une monarchie élective. Tous les projecteurs se braquent pendant des mois sur ceux qui pourraient en être les titulaires. Dans notre système, c'est le peuple qui fait le roi, mais il est à craindre que le peuple ne soit que l'outil de l'avènement d'un seul.

S'exposer chaque jour ; subir les outrages, les caricatures, les cris d'hostilité ; n'avoir de cesse d'assumer ses responsabilités ; être requis chaque jour par les destinées du pays ; porter beau, sourire, rester serein, en dépit des déluges d'embarras, des adversités innombrables, des abîmes d'impuissance : les compensations, en comparaison, semblent dérisoires du point de vue de Sirius, mais elles existent. Avoir un train de maison princier, un avion toujours à sa disposition, des courtisans zélés, les vivats des foules… Il y a pourtant plus stimulant : la frénésie de dominer ; d'être tout en haut ; de ressentir une supériorité sur tout le monde ; mais en même temps de se croire prédestiné à incarner, au vu et au su de tout le monde, les valeurs de sa communauté historique, ce qui le justifie à ses propres yeux. Le suffrage universel est le nouveau sacre, par lequel le Président se distingue du commun. Les Rocard et les Jospin, si ambitieux soient-ils, paraissent bien avoir manqué de cet appétit-là : ce qu'ils gagnent en humanité, ils le perdent en esprit de conquête.

Et la religion ? C'est un fait que chacun des huit finalistes, de 1965 à 2002, affiche plus ou moins une religion ou une culture à dimension religieuse. Les candidats de droite ne répugnent pas à se montrer en compagnie de leur épouse à la messe dominicale : c'est le cas de De Gaulle, de Pompidou, de Giscard, de Chirac. Le Pen, lui, est à la tête du parti refuge de l'intégrisme catholique. Les candidats de gauche sont plus réservés, mais on sait que Mitterrand a reçu une éducation catholique et Jospin, protestante. Les religions chrétiennes sont plutôt bien portées dans le pays de Bossuet et de Calvin. La question depuis longtemps posée par les sondages est de savoir si les Français accepteraient un président juif. Il est notable qu'ils ont déjà eu des chefs de gouvernement juifs, comme Léon Blum ou Pierre Mendès France. Mais un président de la République ? On observe à ce sujet une évolution très nette depuis cinquante ans en faveur de l'indifférence en la matière. Le problème qui se pose aujourd'hui concerne la religion musulmane, la deuxième religion de la France. S'il est possible qu'on assiste à une évolution analogue à celle de l'attitude des Français face à leurs compatriotes juifs, ce n'est certainement pas mûr aujourd'hui. De toute façon, nous ne sommes pas aux États-Unis : de même que pour les autres appartenances religieuses, il est recommandé au candidat de montrer la plus grande discrétion dans sa pratique et, par-dessus tout, d'afficher le respect le moins équivoque de la laïcité. À cet égard, il ou elle pourra toujours chercher des modèles chez ses aînés. Rappelons ainsi que de Gaulle, participant et communiant à une messe lors d'une de ses visites à Moscou, avait voulu signifier symboliquement sa défense de la liberté dans un pays officiellement athée. Bref, tout candidat à la présidentielle doit, s'il pratique une religion, savoir concilier celle-ci avec le principe de laïcité énoncé dans l'article Ier de la Constitution. Au besoin, il saura opposer ce principe à l'autorité religieuse éventuellement opposée à telle ou telle loi, comme ce fut le cas notamment en 1975, à propos de la loi sur l'IVG : Valéry Giscard d'Estaing, à ce moment-là, n'a craint ni la semonce romaine ni sa condamnation à l'enfer.

Une femme a-t-elle ses chances ? Dès 1974, Arlette Laguiller est sur les rangs. En 1981, elles sont trois, Arlette Laguiller, Marie-France Garaud et Huguette Bouchardeau. Il y aura désormais régulièrement au moins une présence féminine à chaque consultation. Ces femmes n'obtiennent que des résultats très faibles et aucune d'elles n'imagine pouvoir passer le premier tour. L'élection de 2007, qui voit une femme, Ségolène Royal, investie par l'un des deux grands partis français et donc en position d'être élue, est une première. En suivant de près les sondages, on s'aperçoit que, loin d'être un handicap, l'identité féminine de la candidate socialiste se révèle plutôt un atout.

Enfin, on peut se demander s'il existe des carrières qui prédisposent à la victoire. Ainsi, le poste de Premier ministre est-il favorable ou non ? Plusieurs présidents avaient exercé la charge de Premier ministre : Pompidou et Chirac. Notons cependant qu'ils n'étaient ni l'un ni l'autre en exercice à Matignon lorsqu'ils remportèrent l'élection ; le premier fut vainqueur sous Maurice Couve de Murville et le second sous Édouard Balladur. La règle a été jusqu'à présent l'échec du Premier ministre candidat à la présidence : échec de Chirac en 1988, échec de Balladur en 1995, échec de Jospin en 2002. Avoir été et ne plus être à la tête du gouvernement semble bien la meilleure position, mais des présidents ne furent jamais Premier ministre. Si l'on exclut de Gaulle qui, lui, fut président du Conseil de 1944 à 1946, Giscard et Mitterrand n'avaient jamais été à la tête d'un gouvernement avant leur victoire à la présidentielle. Comme s'il était préférable d'avoir été ministre que d'être le Premier ministre en exercice, car celui-ci a toujours un bilan tout chaud à défendre, sans compter les urgences quotidiennes qui l'empêchent de se consacrer entièrement à sa campagne.

Résumons-nous : un homme (ou une femme) dans la force de l'âge, expérimenté, crédible, excellent orateur, doté d'un charisme incontestable grâce à ses qualités physiques et morales, plutôt mégalo que parano, respectueux de la laïcité, ayant autant que faire se peut l'intuition de ce que le public attend de lui (ou d'elle), voilà le candidat idéal. Pourtant, fût-il doué de toutes les qualités *sine qua non*, cela ne suffirait pas s'il est seul. Il doit de surcroît pouvoir compter sur une organisation, un parti, un mouvement, qui le soutienne, l'entoure, le porte sur le pavois, l'encourage dans les moments difficiles. De Gaulle, fort de sa légende et de sa gloire, avait beau s'élever contre le système des partis, qu'eût-il fait sans l'UNR ? Du reste, tout opposé qu'il fût aux partis, il créa lui-même en 1947 un Rassemblement du peuple français (RFP) qui se donnait peut-être pour un anti-parti (le parti divise, le rassemblement rassemble !). Ce fut un fiasco final, mais un loupé qui aurait pu ne pas avoir lieu quand on pense au raz-de-marée gaulliste aux élections municipales de novembre 1947. *A contrario*, l'échec du Général en 1946 est aussi l'échec d'un homme seul, face à des partis qui lui sont plus ou moins hostiles. Il croyait en démissionnant qu'on reviendrait vite le prier de revenir, pariant sur la division de ses adversaires. La doctrine gaullienne d'hostilité aux partis s'accommodera fort bien d'un puissant parti gaulliste après 1962. Qui n'a pas un grand appareil de parti derrière lui n'a guère de chance de parvenir au sommet. C'est vrai dans tous les pays démocratiques, pourquoi la France échapperait-elle à cette nécessité ?

À l'époque des sondages, la tentation de jouer la carte de l'opinion contre les diktats d'un appareil peut être forte ; on doit constater qu'il s'agit souvent d'un jeu dangereux. Michel Rocard se porte candidat en 1980 sans le soutien de son parti, parce que les sondages le portent au plus haut. Il assortit néanmoins sa candidature d'une promesse de retrait au cas où le Premier secrétaire du PS, François Mitterrand, serait candidat. Rocard connaissait trop bien le poids de l'appareil pour le braver. Son retrait, qui a été parfois moqué, relevait de cette connaissance acquise par un militant de longue date. Raymond Barre, d'une certaine manière, a joué de l'opinion contre les appareils, comptant davantage sur des réseaux plus ou moins actifs que sur l'UDF, qui, mise à distance, ne le soutint qu'à moitié.

Le parti, c'est d'abord le nerf de la guerre électorale. Il faut de l'argent pour faire campagne. Jusqu'en 1989, les candidats proches du gouvernement ont bénéficié des fonds spéciaux allant dans les caisses du parti majoritaire. Le chef de cabinet de Matignon avait à sa disposition de l'argent frais en belles coupures neuves de la Banque de France. Cela dit, tous les partis avaient leurs sources de financement occultes. Le Parti communiste a longtemps bénéficié des bonnes affaires de Jean-Baptiste Doumeng, roi de l'import-export avec les pays de l'Est, dont les fonds transitaient par la Banque centrale de l'Europe du Nord. D'une manière générale, les partis bien implantés dans les collectivités locales ont reçu de l'argent, par l'intermédiaire de sociétés-relais intéressées aux bakchichs des marchés publics. La gauche comme la droite avaient appris à prélever leur dîme lors de la signature des contrats. Le béton payait les campagnes. Le pot aux roses fut découvert à la suite d'un certain nombre de procès pour abus de biens sociaux. Les lois Rocard et Balladur mirent fin au scandale. En 1995 fut décidé le financement officiel des partis politiques. Dans tous les cas, le parti politique tient donc la manne nécessaire à la propagande sans laquelle le candidat serait bien démuni, à moins d'être archimillionnaire. Un plafonnement des dépenses de campagne a été fixé pour l'élection de 2007 : 15,481 millions d'euros au premier tour pour chaque candidat et 20,679 pour le second tour.

Outre l'argent, le parti fournit la main-d'œuvre militante. Il en faut, pour organiser les réunions publiques, coller les affiches, garantir un service d'ordre, faire du porte à porte, vendre les journaux et distribuer les tracts sur les marchés, et aujourd'hui répandre la bonne parole sur Internet. Sans un grand parti, on risque une rapide marginalisation. Même les « petits candidats » sont portés par le soutien d'organisations actives, faute desquelles on prêche dans le désert. C'est aussi à la collecte des 500 signatures que le parti est voué : les candidats des partis les moins forts ne peuvent les obtenir que grâce à la persévérance des militants qui doivent les recueillir dans trente départements différents et qui se heurtent souvent à des élus respectueux des consignes de leur propre parti pour les leur refuser.

Enfin, le candidat doit pouvoir compter sur des collaborateurs qui puissent lui fournir des munitions, lui permettre de répliquer aux arguments du camp d'en face, détecter ses faiblesses, monter en épingle les erreurs, les à-peu-près, les dérapages de l'adversaire. Quand le *fair-play* oblige, le candidat laissera l'un de ses équipiers monter à l'abordage. Ségolène Royal évoque-t-elle l'indépendance du Québec ? Aussitôt les sarkozystes, oublieux de leur saint patron de Gaulle et de son « Vive le Québec libre ! » de 1967, bombardent les agences de presse de leurs commentaires acides : la gaffe ! la gaffe ! De même, au PS, on guette tout ce qui, dans le discours de

Nicolas Sarkozy, peut prêter aux contre-attaques. Les candidats se ménagent ; leurs partisans agressent. Le parti, cependant, joue mal son rôle quand il ne laisse pas son candidat, entouré d'une petite équipe opérationnelle, libre de ses propos et de sa stratégie. Trop de monde nuit. L'Atelier de campagne de Jospin en 2002 multiplia les mots d'ordre en confusion. Le parti ne doit pas tenir en laisse son candidat ; mais sans la machine du parti, l'espoir de vaincre est des plus limités.

*Le marketing politique*

Nous restons là dans l'action politique traditionnelle, mais, dès 1965, s'est imposée une nouvelle forme de communication : le *marketing* politique. Celui-ci, qui eût pu exister sans élection présidentielle au suffrage universel, a été dopé par la personnalisation de l'enjeu. L'exemple américain l'a stimulé : la construction d'une star est plus facile que celle d'un parti politique. Son pionnier en France fut Michel Bongrand qui eut l'idée d'appliquer à la politique les méthodes au service de la vente commerciale. En bon gaulliste, il alla proposer ses services au général de Gaulle, par l'entremise de son ami Jacques Foccart, en vue de l'élection présidentielle de décembre. De Gaulle refusa avec hauteur : qu'avait-il besoin d'une campagne de publicité, lui qui était l'histoire de France en chair et en os ? Bongrand se retourna alors vers le candidat centriste Jean Lecanuet, largement inconnu. Entouré d'une dizaine de collaborateurs, Bongrand construisit littéralement l'image de Lecanuet, sur le modèle de John Kennedy. Comme la télévision devenait l'instrument de choix de la campagne, l'expert soumit le candidat à un entraînement intensif : enregistrements, simulations, corrections des défauts. Les autres instruments de communication n'étaient pas négligés : patrons de presse sollicités, meetings dans toute la France, décentralisation du discours appliqué à chaque région selon ses caractères et ses problèmes. L'important n'était pas seulement de diffuser des idées – celles d'un antigaullisme modéré, notamment sur la question de l'Europe chère aux centristes – mais surtout de « vendre » un homme. Lecanuet bénéficiait d'un physique avantageux, d'un sourire éclatant, d'un allant plein d'optimisme qui l'avantageaient ; encore fallait-il exploiter ses talents. Parmi les méthodes de Bongrand, l'une fut particulièrement efficace. Ce fut un dernier meeting au palais des Sports de Paris, rassemblant cinq mille participants, et au cours duquel fut retransmis en direct sur un écran géant, placé au-dessus de la tribune, le dernier discours du général de Gaulle. Lecanuet déclara qu'il avait proposé au Général un face-à-face auquel il s'était refusé. Le moment était venu de lui substituer un face-à-face virtuel grâce à la mise en place du dispositif conçu par le directeur de campagne. Lecanuet put ainsi reprendre point par point le discours de De Gaulle pour le discuter sur le vif. Cette réunion, reprise par l'ensemble des médias, posa Lecanuet en véritable champion du premier tour. L'essai fut assez concluant puisque l'inconnu désormais fameux contribuait largement à mettre de Gaulle en ballottage. Bongrand retrouva le camp gaulliste pour les élections législatives de 1967, pour lesquelles il acheva de mettre au point les méthodes de son marketing.

Vendre un homme, le rendre sympathique ou plus sympathique, dans le dessein de lui gagner un électorat rétif : pour y parvenir, il faut le rendre humain. Et quoi de plus humain que de le voir en photo dans sa vie intime, comme savent le faire les Américains ? Conseillé par Joe Napolitan, Giscard fut affiché sur le mur des villes en compagnie de sa fille Jacinthe. C'était charmant ; on applaudit. L'idée avait de l'avenir. Désormais, les épouses et les rejetons seront plus ou moins mobilisés pour faire de la figuration autour de la vedette. Couples heureux qui sourient à l'avenir de la France, marmots à quatre pattes dans le bureau de papa, visages clairs de la jeunesse et de l'avenir.

L'important dans chaque campagne est de gagner à soi une partie des électeurs potentiels de l'autre camp, sans alerter pour autant ses propres troupes. D'où résulte la quête du métal actif de la bonne formule, de la formule clé, celle qui fera boum. Depuis la monarchie de Juillet, la France politique est en chiens de faïence : le « mouvement » défie la « résistance », – ce qu'on rebaptisa ensuite le « mouvement » et l'« ordre établi », la gauche et la droite. Toujours les deux camps ont eu un noyau dur, force d'inertie inentamable : fidèles qu'on ne peut déloger, conservateurs endurcis ou progressistes inconditionnels. Mais il y eut, il y a toujours entre les deux camps un « marais » fait d'indécis : c'est là que chaque postulant doit pêcher les voix qui lui manqueraient à ne compter que sur ses propres supporteurs. La formule à imaginer doit donc concilier deux idées contraires, la fidélité à son camp et l'ouverture au marais. L'alliance des contraires s'appelle en rhétorique l'oxymore. Une bonne campagne électorale doit donc inventer l'oxymore qui rassure les uns et attire les autres. On peut imaginer la « révolution douce », la « mutation apaisée », la « fracture paisible », le « bouleversement serein », ou je ne sais quelle « hardiesse prudente ». Il y a mieux. Valéry Giscard d'Estaing vulgarisa le « changement dans la continuité », mais jamais on ne trouva plus bel oxymore que celui de la « force tranquille » dont s'empara Jacques Séguéla pour la campagne de François Mitterrand en 1981. D'après le témoignage de Michel Bongrand (*Le Marketing politicien*), la formule n'était pas de Séguéla mais de son équipe à lui, et destinée non pas à Mitterrand mais à Giscard. Après avoir essayé « force paisible », « force réfléchie », Bongrand s'était arrêté à « force tranquille » pour en faire « un pays fort et tranquille ». Cependant, Giscard ne confia pas le marché à Bongrand mais à l'un de ses concurrents, Philippe Michel, qui lui fit accepter la formule d'affiche : « Il faut un président à la France. » Étrange tautologie : Giscard était déjà président depuis sept ans ! L'alliage de la force et de la tranquillité ne fut pas enterré puisque, à la suite d'une indiscrétion, il fut connu de l'équipe Séguéla qui s'en empara. Une affiche suivit : « La Force tranquille » figurant François Mitterrand en premier plan, tandis que dans le lointain apparaissait un village avec son clocher digne de Charles Trénet. Le message était clair : « Je suis une force, le socialisme est une force, mais rassurez-vous, gens des classes moyennes, vous ne risquez rien, tranquillité assurée. Moi qui voulais tout casser, selon la droite, je suis un homme du terroir, voire de la tradition. » Les mauvaises langues qui connaissaient l'histoire et Pétain ajoutaient pour rire : « La terre, elle, ne ment pas. » Mais l'affiche et la formule furent probablement la plus belle trouvaille de cette campagne ; elle contribua sans doute à la victoire de Mitterrand. Depuis ce beau succès, d'autres ont traqué l'oxymore magique. Le dernier en date est Nicolas Sarkozy. Pendant des mois il nous parle de « rupture », tout comme Mitterrand avait parlé de « rupture avec le capitalisme ». Il s'est un jour avisé que ce mot-là pouvait être trop dur à l'oreille des gens pépères. Eurêka ! La « rupture » est devenue la « rupture tranquille ». Comme les hallebardiers à l'Opéra, le tout est d'avancer en faisant du surplace.

Il faut parler au cœur, nous dit le conseiller en communication. Tous ces énarques n'y entendent rien ; ils ne sont que chiffres, bilans, plans, statistiques, dossiers. Parfois l'un d'eux s'ingénie à tempérer ses ardeurs démonstratives par une formule qui touche les braves gens. Combien de voix a gagnées Valéry Giscard d'Estaing, le docte, en lançant à François Mitterrand dans son duel de 1974 : « Monsieur Mitterrand, vous n'avez pas le monopole du cœur ! » Loin d'être un cliché, cette formule très simple intervertissait les rôles : le grand argentier faisait la nique au socialiste sur le terrain même de la compassion et de la solidarité. La formule avait été jetée dans le feu du débat, sans avoir été semble-t-il préparée. Mais le conseiller en communication reste toujours attentif aux aspects affectifs d'une campagne réussie. Quelques visites par-ci par-là dans les régions sinistrées par la désindustrialisation, le chômage, la nouvelle pauvreté, sont toujours bienvenues. Le cœur ! le cœur ! c'est le cri du conseiller comme le poumon chez les médecins de Molière.

Montrer qu'on est près du peuple, qu'on est du peuple, c'est partager ses joies aussi. Rien ne vaut, pour le démontrer, que d'assister à une grande réunion sportive, surtout s'il s'agit d'un match international livré par une équipe de France. On négligera les équipes de basket, de hand-ball, ou de hockey sur gazon, qui n'attirent pas les multitudes, au bénéfice des deux grands sports qui font le plein du Parc des Princes ou du Stade de France depuis 1998. Le plus beau est le moment où les deux candidats finalistes se retrouvent dans les mêmes tribunes, comme Jospin et Chirac, flanquant Mitterrand, le samedi 6 mai 1995, pour la finale du championnat de France de rugby. Applaudir, s'enflammer avec la foule, venir féliciter les joueurs l'un après l'autre… À condition d'éviter les matchs à risque, quand les Corses sifflent *La Marseillaise* ou quand les beurs, dans un match France-Algérie, vous envoient une canette vide au visage. On conseillera donc au candidat de ne pas trop se risquer à certaines confrontations et de choisir soigneusement ses équipes et son jour. Moyennant quoi, le stade sera pour lui un bain de foule d'autant plus avantageux que les zooms des télévisions ne manqueront pas de diffuser en gros plan sa ferveur toute populaire.

Tous ces dits et gestes passent par le relais nécessaire des médias audiovisuels. Cela va de soi aujourd'hui, mais qu'on songe à des temps pas si éloignés de nous où l'homme politique n'avait pour tout écho que les murs du préau où il tenait réunion et les journaux. Tout notre système de représentation, de conquête de l'opinion a été bouleversé en quelques décennies. La première entrée des médias nouveaux dans la vie politique date de 1932, quand la radio fut mise à contribution en vue des élections législatives. C'est sous la IV^e^ République que la télévision fait sa première percée. La vente des récepteurs, qui est faible, augmente brusquement lors du couronnement de la reine d'Angleterre, Élisabeth II, en 1953. La même année, en décembre, la chaîne unique de la télévision française retransmet le marathon – sept jours, sept nuits – à l'issue duquel René Coty est élu président de la République par le Congrès siégeant à Versailles. Dans les années suivantes, les Français s'équipèrent peu à peu de téléviseurs et les gouvernements firent un usage de la télévision d'État de plus en plus intensif. Alors que

Mendès France s'adressait encore aux Français, en 1954, par ses causeries au coin du feu à la radio, Guy Mollet, nouveau président du Conseil de 1956, donna un rendez-vous régulier aux téléspectateurs pour expliquer sa grandiose politique. L'élection présidentielle au suffrage universel devait consacrer définitivement, à partir de 1965, la télévision comme un instrument privilégié des relations entre les hommes politiques et leurs concitoyens. Cette année-là, la France comptait 6,5 millions de récepteurs, et l'on sait que nombre d'électeurs s'accrochaient au petit écran sans être forcément détenteurs d'un poste. Très vite, on s'aperçut que celui-ci avait partie liée avec le processus de personnalisation du système politique, dont la clé de voûte était la présidence de la République.

Il a donc fallu que les candidats s'approprient la maîtrise d'un outil de communication complètement nouveau. Média froid, contrairement à la radio, selon la distinction de McLuhan, la télévision ne sert son utilisateur que s'il parvient à oublier au mieux les caméras et à garder son naturel qui souvent le fuit et ne revient pas au galop. Il faut de l'entraînement, des conseils, un discours adapté, toutes choses qui ont tendance à transformer l'homme politique en acteur et, si possible, en tête d'affiche. Tous n'y réussissent pas également ; presque tous font des débuts maladroits, aussi bien le général de Gaulle, qui deviendra expert, que Français Mitterrand, qui saura corriger sa mauvaise présentation initiale, ses tics, ses clignements d'yeux et ses dents de loup. Devenir télégénique s'apprend, même si certains sont plus doués que d'autres.

L'élection de 1965 est exemplaire à ce titre. De Gaulle, après son échec (relatif) du premier tour, comprend l'importance de la télévision et daigne enfin faire campagne. Cette fois, il utilise à fond son temps de parole et, pour ne pas ennuyer, au lieu d'un soliloque préfère un dialogue avec le journaliste Michel Droit. Le Général s'y montre le grand acteur qu'il sait être dans ses conférences de presse : une gestuelle étudiée, un vocabulaire alliant le mot juste, une certaine gouaille, un ton bonhomme… Aucun téléspectateur n'oubliera la manière dont il se moqua ce jour-là des europhiles qui « sautent sur leur chaise comme un cabri » (et le Général sautait lui-même sur sa chaise) en disant : « Europe ! Europe ! Europe ! » La performance était réussie, et le Général l'emporta. Mais ce qui était plus porteur d'avenir, c'était bien l'émergence du candidat Lecanuet encore plus démonstrative du pouvoir télévisuel et de la personnalisation de la vie politique. En quelques semaines un inconnu s'était révélé, imposé, grâce à sa puissance de séduction télégénique. *A contrario*, la mauvaise prestation télévisuelle est mortelle. On le vit bien en 1974, lorsque Chaban-Delmas parut au petit écran flanqué d'André Malraux. Le maire de Bordeaux avait cru habile d'avoir à ses côtés le prestigieux écrivain, compagnon du général de Gaulle. Malheureusement pour lui, le style de Malraux vieillissant, plus approprié au Panthéon qu'aux salons et aux salles à manger, sonnait faux, et Chaban lui-même ressemblait à un petit garçon en culottes courtes devant le maître inspiré : l'effet était comique.

Désormais, plus personne ne pourra faire fi de la communication télévisuelle, de ses exigences, de ses lois, d'autant que, très vite, le parc des récepteurs s'accroît et permet bientôt à tous les Français d'être soumis à cette influence. Les réunions publiques les plus fréquentées ne compteront vraiment qu'en raison de leur retransmission, ne fût-ce que par une courte séquence au journal télévisé. À cet égard, la télévision, devenue désormais la fée de tous les logis, les premiers grands duels devant la caméra, avant le second tour, entre Giscard et Mitterrand en 1974, de nouveau entre les mêmes en 1981, et le duel Mitterrand-Chirac de 1988 ont été de grands moments de campagne, très suivis par les électeurs. Ont-ils pour autant changé des convictions, opéré des reclassements, suscité des transfuges ? Il est difficile d'apprécier leur importance en termes d'influence sur les votes : au lendemain de chaque face-à-face, les avis sont partagés, chacun ayant tendance à juger que son favori était vainqueur, à moins que, par crainte ou superstition, il ne l'ait jugé battu, mais sans changer pour autant son intention de vote. En tout cas, ces duels ont été le sacre de la télévision politique. La rencontre Chirac-Jospin de 1995 n'eut pas le même éclat, et Chirac refusa de débattre avec Le Pen en 2002. Il se pourrait qu'en 2007 un face-à-face Ségolène Royal-Nicolas Sarkozy relance l'intérêt de ces échanges aigres-doux qui furent parfois de haute volée. Le certain est que la campagne classique, qui voyait les candidats prononcer leur morne discours l'un après l'autre, a définitivement lassé le téléspectateur. C'est pourquoi, du reste, le clip télévisé a tendance à remplacer le laïus traditionnel, mais, par là même, le caractère publicitaire, « à l'américaine », des campagnes présidentielles s'accentue aux dépens du débat d'idées. L'émotion a délogé l'argumentation.

La télévision reste irremplaçable dans la fabrique d'un candidat, moins peut-être au cours des quinze jours de campagne que dans les longs mois qui les précèdent. De nombreuses émissions, comme *100 minutes pour convaincre* ou de plus frivoles, sont autant de manifestations de précampagne. Pour leur Audimat, les chaînes ont intérêt à inviter des personnalités en vue, bien douées pour le spectacle, opérant ainsi une présélection dont les partis politiques respectifs ne pourront pas ne pas tenir compte. Les invités, eux, se mettent en scène ; s'installent dans les starting-blocks.

La télévision, cependant, a un pouvoir ambivalent : elle promeut et elle déstabilise. Outre les maladresses éventuelles de l'homme politique, celui-ci doit compter depuis 1995 avec *Les Guignols de l'info*, qui avaient été précédés sept ans plus tôt par *Le Bébête Show* de Stéphane Collaro et Jean Amadou. L'audience de ces cruelles pantalonnades est sans commune mesure avec celle d'un journal satirique comme *Le Canard enchaîné*. La télé, libérée de ses entraves étatiques depuis les années 1980, peut se livrer à toutes les entreprises de déstabilisation des hommes politiques. La raillerie n'est plus innocente, elle mine jour après jour la crédibilité des acteurs politiques. On ne saurait dire la part que ce type d'émission a prise dans le fossé de plus en plus profond qui sépare aujourd'hui les citoyens des responsables politiques ; on peut cependant émettre l'hypothèse que la charge satirique réitérée contre les hommes du pouvoir et leurs opposants n'a pas servi l'esprit civique. Le candidat doit donc s'entourer d'une équipe particulièrement chargée de ses relations avec les médias.

Parmi ceux-ci la presse écrite, malgré le déclin qu'elle connaît, reste un relais capital. Le candidat ne saurait s'épargner d'entretenir de bonnes relations avec les journalistes. Un système d'échanges s'établit : l'un fournit des informations, les autres parlent de lui. *Le Monde*, *Le Canard enchaîné* sont, avec les grands hebdomadaires comme *Le Nouvel Observateur*, des feuilles à soigner. La presse de province ne doit pas être oubliée. On lui fait parfois quelques fleurs, comme Nicolas Sarkozy qui réserve sa déclaration de candidature en décembre 2006 à une poignée de quotidiens régionaux, car il importe de ne pas paraître le Parisien suffisant.

La communication est désormais au premier rang des soucis et des efforts d'un candidat à la présidence. « La communication est devenue le préalable à l'action », écrit dans son *Témoignage* Nicolas Sarkozy, qui s'y entend en la matière. Assisté, quand elle ne s'embarque pas pour Cythère, par son épouse Cécilia, il peut compter sur une équipe de conseillers et de publicitaires qui s'appliquent à une com' de tous les instants. Sarkozy lui-même s'efforce, avec l'aide de Franck Louvrier, son conseiller de presse, aux bonnes relations avec les journalistes, qu'il tutoie volontiers. Il dispose de quelques appuis solides dans les groupes de presse, Arnaud Lagardère (*Paris Match* et Europe 1), Serge Dassault (*Le Figaro, L'Express*) ; son fils cadet est le filleul de Martin Bouygues (TF1).

Tout vise à transformer le candidat ou le précandidat en star. Des tee-shirts sont imprimés à son nom, des artistes l'accompagnent sur les estrades ; la compétition politique rivalise avec l'élection de Miss France : Marianne troque son bonnet phrygien contre le chapeau de Mme de Fontenay. Cependant, on peut craindre certains retours de bâton. L'affaire Cécilia l'a montré. Nicolas Sarkozy avait imité les hommes politiques qui, depuis Kennedy, aiment à entrouvrir la porte de leur vie privée, pour se produire avec femme et enfants. Une saine habitude française épargnait aux citoyens et aux hommes politiques eux-mêmes le dévoilement de leur intimité. « La vie privée doit être murée, lit-on dans le Littré. Il n'est pas permis de chercher à savoir ce qui se passe dans la maison d'un particulier. » Tout change ! Le candidat d'aujourd'hui trouve avantageux de figurer dans la presse people, et de s'exhiber avec sa conjointe en couple idéal dans *Voici, Gala*, ou *Paris Match*. Jusqu'au jour où le couple idéal donne de la bande ; et la même presse d'en faire ses choux gras en narrant les infortunes du brillant leader. Immédiatement, l'arroseur arrosé s'indigne : « La vie politique ne devrait pas tout autoriser ! », déclare-t-il à Poitiers, en mai 2005 ; et de réclamer le respect de la vie privée : « Respectez ma famille » – une famille qu'il avait lui-même enrôlée pour sa promotion. Cette mésaventure a valeur d'une fable dont la morale est simple : le candidat ou la candidate prend un risque à instrumentaliser les siens pour émouvoir le bon peuple. Au train dont vont les choses, il est à gager qu'au contraire l'obsession de la com' fera faire n'importe quoi aux postulants : il y a une logique de la « starisation » qui passe par là. Giscard l'avait le premier pressenti, en s'exhibant avec sa fille ; depuis les dérapages n'ont cessé de se multiplier. On est un homme (ou une femme) comme les autres : on sait pleurer, rire, s'émouvoir, craquer, rebondir, jouer, courir, nager, faire du vélo… L'heure n'est plus aux discrets, aux gens qui refusent de confondre la politique avec le music-hall ou le divan du psychanalyste. Les conjointes sont mises à contribution, même si toutes ne sont pas sous contrôle. *Le Monde* des 21-22 avril 2002 observe un « véritable étalage d'intimité. Un phénomène qui a gagné ceux des candidats qu'on aurait pu croire les mieux immunisés contre ce phénomène : Jean-Pierre Chevènement et Arlette Laguiller. » Bernadette Chirac publie un livre personnel, où elle n'hésite pas à évoquer les frasques de son président d'époux. On l'applaudit, on se presse dans les salons du livre pour un autographe : « C'est une star », déclare avec admiration Jean-Pierre Raffarin. La vieille règle républicaine de la séparation entre vie publique et vie privée est bien remise en cause ; tout concourt désormais à la transgresser, malgré les risques encourus par des candidats trop prompts à étaler leur courrier du cœur. Pourra-t-on résister pour autant à cette pente glissante ?

Ségolène Royal et Nicolas Sarkozy présentent leurs vœux de 2007 aux Français par la voie d'Internet. Nouveau saut dans la communication : la multiplication rapide des usagers de la Toile dans les années précédentes amène les candidats les plus « branchés » à ouvrir sites et blogs. Les sites servent à diffuser notamment les vidéos enregistrées, les blogs permettent les échanges entre le candidat et son public. Tout cela est très étudié : « Entre les deux candidats, lit-on dans *Le Figaro*, la différence de style saute aux yeux. C'est d'abord aux militants de son parti que s'adresse Nicolas Sarkozy [qui n'est pas encore investi par l'UMP]. D'où le fond bleu et le logo de l'UMP bien visible. Cadré en gros plan, le président du parti se montre solennel dans son costume sombre et maîtrise à la perfection son texte. À l'opposé, l'image de Ségolène Royal est délibérément moins formelle : habillée d'une veste sombre avec col et fourrure agrémentée de petites touches colorées, assise dans un fauteuil blanc devant un mur blanc, entourée d'un simple lampadaire et de décorations style guirlandes de Noël. Aucun logo, aucun signe ne fait allusion au PS, que d'ailleurs elle ne cite jamais. » Être proche des gens, n'avoir pas l'air de suivre les consignes d'un parti, ne pas décevoir… On ne mesure pas encore très bien l'effet « blog », mais on peut être certain que la Toile est devenue un des moyens de communication de grand avenir : les jeunes générations en sont le moteur. Le marché des micro-ordinateurs et d'Internet a explosé ; ils équipent les ménages comme naguère la télévision et le lave-linge. L'interactivité donne l'illusion d'une démocratie à la base, où chacun a le droit de parole. Le discours *ex cathedra* a été cassé, de même que les sermons des prêtres du haut de la chaire dans les églises : l'esquisse d'une démocratie d'opinion apparaît. Bernard Stiegler, directeur culturel au Centre Pompidou, pousse un cri d'alarme dans *Le Monde* : « Halte au populisme télécratique. » Les pulsions se libèrent sans frein : « Lorsque le désir ne lie plus les pulsions à travers les structures sociales capables de les transformer en sublimation, c'est-à-dire en inventions sociales (artistiques, scientifiques, politiques, techniques, etc.), les pulsions se déchaînent et ruinent la société. »

C'est encore l'élection présidentielle qui, en France, a lancé les sondages d'opinion, et les sondages le lui ont bien rendu. La technique avait été mise au point par les Américains, Gallup en particulier : la méthode très approximative des sondages quantitatifs avait été remplacée par la méthode de l'échantillonnage, soigneusement constitué par sexe, âge, catégorie socioprofessionnelle, etc. En 1936, contrairement à toutes les prévisions, Gallup avait annoncé la victoire de Roosevelt, ce qui avait définitivement lancé l'enquête d'opinion par sondage aux États-Unis. Le Français Jean Stoetzel, découvrant cette méthode lors d'un séjour en Amérique, décida d'en importer l'idée en France et créa l'IFOP en 1938. De nombreuses enquêtes eurent lieu, que la revue de l'IFOP *Sondages* a résumées jusqu'en 1978. Longtemps ces sondages ont été consacrés aux études de marché à la demande des firmes. Avec l'arrivée du micro-ordinateur, le dépouillement des enquêtes devint plus facile, et de nombreux instituts de sondage furent par la suite créés. Les sondages politiques entamèrent vraiment leur carrière en 1962, quand l'IFOP annonça pour les deux référendums d'avril et d'octobre des chiffres très proches du résultat final. L'élection présidentielle de 1965 confirma. Le soir du premier tour, l'IFOP se livra, sur Europe N° 1, à une opération d'estimation à la sortie des bureaux de vote, dont l'exactitude fit sensation : la scientificité des sondages était acquise. De Gaulle était mis en ballottage. La veille, *France-Soir* avait publié les résultats des intentions de vote, donnant 43 % seulement à de Gaulle, alors que les Renseignements généraux, eux, lui accordaient généreusement 54 % des voix. Entre les deux tours, l'IFOP et la SOFRES (créée en 1962) annoncèrent tous les deux 55 % pour de Gaulle, ce que confirma le résultat final. La crédibilité des sondages devenait indiscutable, on n'allait plus s'en passer. La France en serait si friande qu'elle deviendrait championne en la matière : point de journée en campagne électorale sans sondages, que désormais les journaux commandent et répercutent.

La pratique des sondages a modifié en profondeur la donne politique. Elle a apporté une consistance à la notion d'opinion publique jusque-là insaisissable. Avant l'« ère Gallup », on estimait l'opinion à vue : à partir de la presse, des chefs de parti, des rumeurs. Au fond, les tendances de l'esprit public n'étaient interprétées que par le truchement des élites qui, précisément, « faisaient l'opinion ». Désormais, les photographies successives des choix, des préférences, des réactions de la société civile permettent aux politiques de ne plus ramer dans le brouillard ou de s'adonner à la méthode Coué.

Les sondages peuvent-ils pour autant remplacer le suffrage universel ? Certes non, car voter reste un acte autrement engageant que répondre aux questions d'un sondeur par téléphone. Les « erreurs » des sondages qui, en fait, n'en sont pas exactement étant donné la part importante des indécis et des choix de la onzième heure restituent au suffrage universel sa dignité. Les sondages nous livrent une information momentanée susceptible de variations, de toutes les variations qui ont encore lieu le jour J dans l'isoloir. Ils n'en demeurent pas moins une source d'information qu'aucun parti, aucun homme politique ne peut négliger.

Ces sondages ont-ils une influence sur le vote ? Ils peuvent avoir déjà une influence sélective sur la décision de se porter candidat. Ce fut le cas de Michel Rocard en 1980, avant de se retirer. Raymond Barre a été encouragé, lui aussi, à se présenter en 1988 en raison de la bonne cote de popularité qu'il avait atteinte. Édouard Balladur, bénéficiant d'une cote excellente en 1994, et très supérieure à celle de son « ami » Jacques Chirac, décida de se lancer. En janvier, *Le Monde* publiait un article de Jérôme Jaffré qu'il intitulait : « Pour l'opinion, l'élection présidentielle est déjà jouée. » De son côté, Jacques Delors est poussé par les sondages en 1994 à se donner l'air d'un candidat possible. Pour 2007, il n'est pas douteux que les sondages ont fortifié Sarkozy et Royal dans leur conviction de se présenter. Les sondages peuvent jouer ainsi contre les appareils : le candidat imprévu s'appuie sur l'opinion pour court-circuiter les instances de son parti ou du parti dont il est proche. Aux sondages publics s'ajoutent les sondages restés secrets, commandés par le candidat, pour se rassurer ou pour connaître les désirs des électeurs. Toutefois, les sondages défavorables ne doivent pas décourager les outsiders. On a vu un Lecanuet passer de 2 % des suffrages prévus à près de 16 % des voix réelles, en 1965. En 1981, François Mitterrand décide de se présenter malgré (ou à cause de) la suprématie de Michel Rocard dans les sondages. En 1995, parti très bas, Jacques Chirac finit par rattraper et dépasser Édouard Balladur en février. Il caracolait en tête des intentions de vote le mois précédent, avec plus de 30 % ; il n'en obtenait plus que 19,5 % au début d'avril. La fable du lièvre et de la tortue est rééditée sans cesse. En 2002, tout le monde s'attend à une « finale » entre Chirac et Jospin, et c'est Le Pen qui est qualifié face au président sortant. On a pu du même coup mettre en cause la fiabilité des sondages. En 1995, après la défaite de Balladur qu'il soutenait et l'arrivée en tête de Jospin contre toute attente, Sarkozy déclare : « Ce sont les instituts de sondage qui ont été complètement balayés. » De fait, aucun sondage n'avait laissé entendre que Jospin arriverait en tête du premier tour. François Bayrou juge qu'il s'agit d'« un problème démocratique majeur qu'il faudra examiner ». Pierre Georges, dans *Le Monde* du 25 avril, se moquait : « Les maîtres sondeurs dont les avis font autorité et les chiffres nécessité viennent de vivre leur dimanche noir. Ils annonçaient Grouchirac. Grosse catastrophe, survint Josblucher. » Cependant, Thomas Ferenczi, dans le même journal, rappelle qu'il ne faut pas prendre les sondeurs pour des prophètes : « Selon l'enquête de BVA, 11 % des votants disent s'être déterminés le jour même du vote et 15 % dans les tout derniers jours. Est-il bien honnête, disent les sondeurs, d'accuser l'instrument de n'être pas fiable alors que c'est l'objet mesuré qui est de plus en plus volatil ? ».

Faut-il déplorer la publication des sondages ? Ne risque-t-elle pas de peser sur les décisions de vote ? Car les électeurs n'appartiennent pas à la seule catégorie des résolus, des partisans, des inconditionnels ; outre les indécis, certains sont devenus des « électeurs stratéges », qui règlent leur vote en fonction des rapports de force que, précisément, leur indiquent les sondages. L'échec de Jospin en 2002 donne à réfléchir. Nombre d'électeurs ont été convaincus par les sondages qu'ils auraient à trancher nécessairement au second tour entre Chirac et Jospin ; les électeurs de gauche se sont alors sentis libres de nuancer leur choix lors du premier tour, en offrant leurs voix aux différents représentants de la gauche plurielle, voire de l'extrême gauche. « Si les "petits candidats", expliquait Christiane Taubira, candidate du Parti radical, commencent à se faire entendre, c'est qu'ils disent des choses que Lionel Jospin ne dit pas. Je n'ai pas la certitude que leur présence pénalise Jospin ; en revanche, je suis sûre que leur absence pourrait faire augmenter encore l'abstention. » Au nom des vertus du pluralisme, Le Pen passa. Mais aussi en raison des sondages qui rassuraient les électeurs de gauche sur pareille éventualité.

L'inquiétude née de l'influence perverse des sondages est apparue assez vite. En 1974, à la demande d'Alain Poher, président de la République par intérim, *France-Soir* renonce à publier l'ultime sondage de l'IFOP à la veille du premier tour. Trois ans plus tard, la publication des sondages est interdite pendant la semaine qui précède l'élection par la loi du 19 juillet 1977. La mesure est jugée maladroite car elle ne peut empêcher la publication des derniers sondages dans la presse étrangère, francophone notamment, de sorte que les résultats de la dernière semaine, en principe secrets, deviennent le secret de Polichinelle. C'est pourquoi une nouvelle loi, en février 2002, a ramené l'interdiction à la veille du scrutin.

Ces sondages, réglementés et surveillés par une commission ad hoc, sont donc devenus un des éléments importants de la campagne électorale, et avant même celle-ci, ils éclairent les ambitions, les encouragent ou les découragent. Mais l'usage illimité des sondages inquiète les moralistes : après la *médiacratie*, qui invite les politiques à se transformer en acteurs, ne risque-t-on pas de tomber dans une *sondocratie* propre à changer les citoyens en parieurs ? Nous voilà loin des programmes, des professions de foi qui engagent, des convictions qui entraînent. L'électeur, cessant d'être citoyen, participe à la vie politique en consommateur, aux dépens de la démocratie. La victoire d'un individu prime sur le sens collectif de cette victoire. Toutes les techniques modernes de communication concourent à achever la mise en place de la politique-spectacle et de l'État-spectacle.

La surabondance des sondages fait courir le risque d'une « tyrannie démocratique », annihilant la liberté des candidats puis des élus. Il est normal qu'en démocratie on s'attache aux vœux des citoyens, mais faut-il pour autant se conformer à l'opinion dominante ? L'expérience tentée en 2006 par Ségolène Royal, désireuse de s'ouvrir à une forme de démocratie directe, participative, soit à travers son blog, soit à travers son projet de jurys de citoyens, est en ce sens ambivalente. Si la démocratie participative a pour but de mettre en prise le candidat ou l'élu avec les électeurs, elle ne peut qu'être approuvée ; en revanche, si elle doit se substituer aux projets du postulant et, plus tard, du président, elle est grosse de toutes les faiblesses et de toutes les justifications abusives. Le Président n'est pas un dictateur qui, appuyé sur les fidèles de son parti, impose sans examen une ligne à ses concitoyens ; il n'est pas davantage le simple écho législatif et juridique de la *vox populi*. Gouverner en démocratie repose sur la dialectique du vouloir-faire et de l'écoute. Une ligne politique ne se dessine que dans le rapport constructif entre la volonté gouvernementale et l'attente populaire. Parfois la première doit forcer la seconde, comme le fit, par exemple, Mitterrand, en annonçant en 1981 l'abolition de la peine de mort, envers et contre les sondages qui, à cette époque, lui étaient défavorables. Quand un leader ne sait pas prendre des mesures impopulaires, quand un candidat ne sait pas annoncer, au milieu de ses promesses, des impératifs qui déplaisent, on peut douter de ses facultés à gouverner. Gouverner, du reste, c'est aussi expliquer : l'action pédagogique doit précéder les décisions qui ne sont pas d'emblée acceptées par l'opinion. À l'inverse, la subordination de l'action politique aux tendances majoritaires de l'opinion est le risque que font courir les sondages incessants et les variations des cotes de popularité, par lesquelles les hommes politiques, quoi qu'ils en disent, sont obnubilés. La démocratie doit rester un processus de délégation laissant aux gouvernants une liberté d'action nécessaire, faute de quoi nous tomberions dans une démocratie d'opinion synonyme de la démagogie. Ainsi, un risque réel se dessine au cours des campagnes présidentielles les plus récentes. La fabrique du Président au moyen des médias et des sondages contribue à vider la vie démocratique de son sens. « Il suffit, écrit Jacques Rigaud, de voir l'énergie et l'imagination que déploient présentement ceux et celles qui aspirent au pouvoir suprême pour construire une image propre à retenir l'attention des médias et pour propager l'idée qu'ils ou elles se font de l'air du temps et des attentes de l'opinion. Être proche des gens, se montrer sensible à leurs problèmes quotidiens semble compter beaucoup plus que d'avoir des idées de réforme et d'amples vues d'avenir » (*Le Prince au miroir des médias*). Nous savions que la Ve République avait les attributs d'une monarchie élective, il ne faudrait pas pour autant qu'elle devienne une monarchie de kermesse.

Il faut pourtant admettre l'évolution, qui ne va pas toute dans le mauvais sens. La République a été très longtemps un système de *démocratie gouvernée*, un régime représentatif qui ne donnait aux citoyens qu'un droit électoral de délégation sans participation. Le mouvement général de l'opinion allié aux révolutions technologiques qui en permettent l'expression ébauche une *démocratie gouvernante*, c'est-à-dire selon la terminologie du juriste Georges Burdeau l'intégration des citoyens dans le processus de décision. Ceux-ci délèguent, oui, car ils ne peuvent se réunir tous les jours sur le forum, mais ils n'entendent plus donner pour cinq ans carte blanche à leurs élus. Il ne sert à rien de diaboliser les sondages. Ceux-ci sont une donnée désormais indéboulonnable de la vie politique. Réglementés, contrôlés, ils sont des instruments irremplaçables d'information, qui auraient pu éclairer les hommes politiques de jadis. Les citoyens eux-mêmes y trouvent leur compte, en se situant mieux dans la société où ils vivent. Reste à trouver pour les responsables politiques leur ligne d'autonomie : l'opinion révélée ne gouverne pas.

En définitive, une question reste en suspens : un bon Président est-il nécessairement un bon candidat ? Et inversement le meilleur des candidats sera-t-il le Président souhaité ? L'évolution des campagnes électorales depuis 1965 ne laisse pas d'inquiéter l'observateur d'esprit démocratique : marketing, slogans publicitaires, sondages, omniprésence de l'image dans les médias, déchaînement des pulsions par la Toile : la société de consommation a imposé peu à peu ses normes et ses aberrations à l'élection présidentielle – la plus réductrice, la plus simplificatrice des procédures électorales. Faudrait-il la jeter au rebut ?

# 6

# Une originalité française

Donner « une tête à l'État » fait partie des intentions infrangibles du général de Gaulle en fondant la Ve République. Pour le comprendre, il faut faire un détour par l'Histoire et se souvenir d'abord que cette « tête », qui a pendant des siècles régner sur la France, est tombée dans un panier de son en janvier 1793. La Révolution, par cet acte sanglant et symbolique, remettait le pouvoir au peuple souverain des citoyens. L'égalité proclamée substituait à la monarchie monocéphale une démocratie sans tête. En un sens, de Gaulle a été le restaurateur de la monarchie – d'une espèce particulière, la monarchie élective.

*Un peu d'Histoire*

La Révolution, qui bouleversa la société française en remplaçant la société d'ordres par la société de classes, en émancipant la terre paysanne des droits féodaux, en supprimant la religion d'État et en proclamant les droits de l'homme, en instituant la méritocratie au lieu des privilèges de la naissance, bref cet événement immense, qui changea radicalement le cours de l'Histoire, échoua cependant – contrairement à ce qu'ont réussi les Américains – à donner aux Français un régime stable, une Constitution en granit, une démocratie praticable. Sur les ruines de la monarchie constitutionnelle, qui n'avait duré qu'un printemps, dans le chaos d'un régime républicain sans président, instable et décrié, le coup d'État du 18 Brumaire exécuté par le général Bonaparte redonnait une tête à l'État, tête consulaire métamorphosée bientôt en tête impériale.

Dès lors va se dérouler jusqu'à la V^e^ République, et pourrait-on dire jusqu'à nos jours, un affrontement continu et renouvelé entre les partisans d'un pouvoir exécutif fort et les défenseurs d'un pouvoir législatif prééminent. Après une restauration monarchique à double détente (retour des Bourbons en 1814-1815, retour des Orléans de 1830 à 1848), la France a pris congé définitivement de ses monarques couronnés. Elle n'en a pas moins, à partir de l'échec de la République de 1848, connu un nouveau cycle impérial sous Napoléon III de 1852 à 1870.

Arrêtons-nous un court moment sur cette longue séquence institutionnelle qui suit la Révolution, et à laquelle l'avènement de la III^e^ République va mettre fin. Alors même que le pays est sous l'autorité d'un monarque – roi ou empereur –, deux « partis » se font face, l'un qui soutient la prérogative de l'exécutif, l'autre qui revendique les droits du Parlement. La querelle entre les deux n'est pas de pure technique institutionnelle, mais d'ordre idéologique. Les partisans de la suprématie exécutive sont généralement des conservateurs, monarchistes ou nostalgiques de la monarchie, bonapartistes ou ralliés au pouvoir impérial : le principe d'autorité prime à leurs yeux sur le principe de liberté, cher aux défenseurs du régime parlementaire. La représentation de la société, aux yeux de ces conservateurs, reste empreinte des valeurs de l'Ancien Régime, le respect des hiérarchies familiales et sociales, soutenu par le catholicisme. « Je suis un catholique politique », disait Balzac, et Maurras, qui n'était pas croyant, ne dira pas autrement.

En face de ces partisans d'un exécutif fort, les libéraux et plus tard les républicains prônent l'autonomie politique des assemblées. « Nous ne sommes pas condamnés à croire, écrit Benjamin Constant, que les hommes aient besoin d'un maître. Nous n'apercevons aucun motif pour désespérer de la liberté. » Chez Constant, le pouvoir de la Chambre des députés a ses limites, car il reconnaît au roi le droit de dissolution, mais le monarque, dans sa conception, n'a qu'un pouvoir neutre, un pouvoir d'arbitrage entre les autres pouvoirs. Le parti républicain, qui se constitue sous le Second Empire, est plus radical, se faisant partisan d'un régime parlementaire qu'on pouvait qualifier d'absolu contre l'autoritarisme issu du coup d'État du 2 décembre 1851. L'idéologie républicaine en formation, hostile à tout pouvoir personnel, se déleste de son trop-plein de jacobinisme au profit d'un libéralisme constitutionnel qui prendra forme sous la IIIe République.

Passons rapidement sur le passage de l'État avec tête impériale à la République acéphale. Le débat ne fut pas clos d'emblée. En effet, l'Assemblée issue des élections du 8 février 1871 était composée en majorité de conservateurs, souvent monarchistes, favorables à la primauté de l'exécutif. Les divisions de cette majorité ayant interdit la restauration, l'Assemblée vota les lois constitutionnelles de 1875, résultant d'un compromis entre républicains modérés et orléanistes désespérant d'un retour à la royauté. Toutefois, les fonctions du président de la République, élu pour sept ans par les parlementaires, n'avaient pas de définition rigoureuse : la France avait-elle créé un « parlementarisme dualiste », c'est-à-dire un régime dans lequel le cabinet est tributaire également de la majorité parlementaire et du chef de l'État ; ou un « parlementarisme moniste », autrement dit un régime parlementaire dans lequel le cabinet dépend exclusivement de la majorité ? L'imprécision devint criante après les élections législatives de 1876, favorables cette fois aux républicains, et qui firent cohabiter un Président de tradition monarchique avec une Chambre des députés républicaine. Où était la borne des pouvoirs du Président Mac-Mahon ? Qui avait la suprématie : lui ou la Chambre qui appuyait le gouvernement ? La crise du 16 mai 1877 devait mettre un terme à cette ambiguïté. À la suite d'un conflit entre Mac-Mahon et la majorité de la Chambre, le président de la République, avec l'accord du Sénat, procéda à la dissolution. Les élections qui suivirent consommèrent sa défaite, les républicains, entraînés par Gambetta, revenaient en force au Palais-Bourbon. Mac-Mahon, après avoir plus ou moins tenté de se soumettre, se démit en 1879. Son successeur, le républicain Jules Grévy, donna alors son véritable statut au président de la République. Chef d'État élu par la réunion des deux Chambres en Congrès, il avait la mission d'assurer le respect et la continuité des institutions de la République ; sa fonction politique principale était de désigner le président du Conseil, qui devait être accepté par la Chambre ; il présidait le Conseil des ministres ; il représentait la République dans toutes les grandes manifestations nationales et internationales. Cela dit, il ne prétendait plus gouverner. Son pouvoir de dissolution, son arme la plus redoutable, tomberait en déshérence jusqu'à la chute de la III$^{e}$ République. Le pouvoir, tout le pouvoir politique était passé aux mains des parlementaires, sous l'œil d'un Président potiche.

Les III^e^ et IV^e^ Républiques furent ce que les constitutionnalistes appellent des régimes de « médiation absolue ». Les électeurs sont conviés à voter pour des formations politiques, sans savoir jamais, le multipartisme aidant, qui gouvernera. Ce sont les députés qui, à la suite du choix du président de la République, en décideront. Les partis n'étant pas organisés ni disciplinés en général, les coalitions et les majorités apparaissent à chaque législature comme un kaléidoscope toujours changeant. Telle alliance électorale, de gauche ou de droite, peut donner une majorité différente. Entre les deux guerres en particulier, on voit les radicaux, régulièrement élus par des coalitions de gauche, finir par gouverner ou soutenir des gouvernements dits d'union nationale, c'est-à-dire avec des partis de droite. Ce manque de lisibilité politique est d'autant plus frustrant qu'au sommet de l'État siège un Président décoratif.

Ce régime d'assemblée a fonctionné à peu près convenablement jusqu'en 1914, mais non sans susciter de violentes critiques contre son instabilité et ses faiblesses. Régulièrement, le parti de l'exécutif – appelons ainsi les nostalgiques du pouvoir fort – s'efforce de faire réviser la Constitution. Sous la III^e^ République, les bonapartistes, les monarchistes, les boulangistes, les nationalistes, les ligues, tentent d'abattre le régime parlementaire. Après la Grande Guerre, la révision constitutionnelle qui vise à restaurer le pouvoir exécutif devient le pont aux ânes des réformateurs en tout genre : la brièveté des gouvernements l'encourage, la corruption la stimule, la crise économique la renforce. Et les réformateurs de tonner contre les « six cents bavards soit inconscients, soit trop malins, toujours impuissants » : la journée du 6 février 1934 sera une explosion d'antiparlementarisme qui fera trembler le régime. Les ligueurs voulaient un chef. La gauche, désormais dépositaire de la démocratie d'assemblée, parvient cependant à maintenir le « modèle républicain » fondé sur la prééminence du législatif. Après la Seconde Guerre mondiale, Charles de Gaulle, chef du gouvernement provisoire, préconise une Constitution qui rétablisse l'autorité de l'État sous la forme d'un exécutif renforcé, à travers la personne et la fonction du président de la République. Encore chef du gouvernement provisoire de la République, il déclare, le 31 décembre 1945, à l'Assemblée constituante : « Veut-on un gouvernement qui gouverne ou bien veut-on une Assemblée omnipotente déléguant un gouvernement pour accomplir ses volontés ? Cette deuxième solution, c'est un régime dont nous avons nous-mêmes fait parfois l'expérience, et d'autres aussi l'ont faite. Personnellement, je suis convaincu qu'elle ne répond en rien aux nécessités du pays dans lequel nous vivons, ni à celles de la période où nous sommes et où les problèmes sont si complexes, si précipités, si brutaux, qu'il paraît impossible de les résoudre dans un tel cadre constitutionnel. La formule qui s'impose, à mon avis [...], c'est un gouvernement qui ait et qui porte seul la responsabilité entière du pouvoir exécutif. » Une fois éloigné du pouvoir, le Général précise ses intentions dans ce qui fut appelé la « Constitution de Bayeux », en 1946. Il se heurte alors au refus des trois grands partis, communiste, socialiste et démocrate chrétien (MRP), qui, maîtres des deux assemblées constituantes successives, finiront par donner à la France une Constitution qui fait de la IV^e^ République une réplique de la III^e^. Une fois encore, le rejet du « pouvoir personnel » en avait été l'inspiration : la France de la Libération venait de subir pendant quatre ans d'Occupation le principat du maréchal Pétain, il fallait en revenir aux principes parlementaires de la République. C'est la crise algérienne, on le sait, qui devait clore la longue séquence du gouvernement d'assemblée. De Gaulle, revenu au pouvoir, pouvait enfin appliquer ses idées : restaurer l'État par le rétablissement d'un exécutif fort, par la personnalisation du régime, par l'attribution au Président de pouvoirs tels qu'il devenait le véritable chef du gouvernement.

Plusieurs raisons, rappelons-le, avaient cependant empêché en 1958 de pousser la logique jusqu'à l'élection du Président au suffrage universel. La nouvelle Constitution était aussi le fruit d'un compromis entre l'ancienne classe politique, attachée au régime parlementaire, et le nouveau guide. Proposer en 1958 une telle révolution institutionnelle eût risqué de faire échouer une nouvelle fois de Gaulle. D'autre part, la France était encore une République coloniale : allait-on faire dépendre l'élection du Président des votes des territoires d'outre-mer ? Une raison supplémentaire s'y ajoutait : le Parti communiste était devenu le parti le plus fort en France depuis 1945 : ne risquait-on pas de céder le pouvoir aux communistes dans une élection au suffrage populaire ? De surcroît, comme il le dira lui-même, le Général pouvait se passer de l'onction des urnes, lui qui bénéficiait d'une légitimité historique depuis l'Appel du 18 juin 1940. C'est donc en pensant à sa succession, dans la volonté de perpétuer le régime « semi-présidentiel » qu'il avait fondé, qu'il décida en 1962, après la fin de la décolonisation, de procéder à la révision qui établissait l'élection du Président au suffrage universel.

La V^e^ République a ainsi rompu, en deux temps, avec la tradition républicaine. L'État avait désormais une « tête ». Cette restauration avait la faveur de l'opinion, puisque le suffrage universel la ratifia. Elle répondait sans doute à un sentiment profond des citoyens qui, génération après génération, s'étaient si souvent manifestés contre l'anonymat des pouvoirs publics et l'interdiction faite aux électeurs de choisir leur gouvernement. Les démocraties étrangères, du reste, étaient toutes ou presque toutes personnalisées. Aux États-Unis, le Président élu est en même temps son propre Premier ministre ; en Grande-Bretagne, la plus ancienne des démocraties, le bipartisme permet à l'électeur de choisir le futur Premier ministre entre deux grands partis ; en Allemagne fédérale, il en va presque de même, sauf quand le Parti libéral, le parti charnière, peut à lui seul faire pencher la balance du côté des chrétiens-démocrates ou du côté des sociaux-démocrates... La médiatisation absolue, qui interdisait aux citoyens de choisir leur chef de gouvernement au profit des députés, seuls décideurs, perdait partout du terrain. La France de la V$^{e}$ République n'était pas une exception.

La procédure française de désignation est néanmoins originale. D'autres pays de l'Union européenne élisent leur chef de l'État au suffrage universel : l'Autriche, l'Irlande, le Portugal, la Finlande... Mais tous ces pays ont gardé un régime avant tout parlementaire. La France, au contraire, a opté pour un régime semi-présidentiel qui attribue au chef de l'État des pouvoirs qui ne sont pas seulement d'arbitrage mais de gouvernement. Malgré la lettre de la Constitution, qui attribue au Premier ministre, responsable devant l'Assemblée, la conduite des affaires, la pratique gaullienne a enraciné la subordination du Premier ministre au Président. C'est celui-ci qui non seulement désigne le chef de gouvernement, mais le contraint à démissionner à sa discrétion. Dans l'esprit du Général, nulle dyarchie (pouvoir à deux têtes) n'était supportable : le Premier ministre exécute et met en œuvre la politique du Président. La monarchie élective est une monarchie active là où les vieilles monarchies du continent sont des monarchies passives : la reine d'Angleterre désigne son Premier ministre, mais elle ne le choisit pas, les électeurs du parti vainqueur l'ont décidé pour elle.

*Bipartisme et multipartisme*

Cependant, l'élection du président de la République au suffrage universel n'a pas eu tous les effets que de Gaulle en attendait. Dans son esprit, le peuple souverain devait désigner un chef situé au-dessus des partis. Le maître mot, dans son vocabulaire, est rassemblement. Lui-même avait la conviction d'avoir rassemblé les Français à plusieurs reprises, dans la France de la Libération, dans la France décolonisatrice, à travers les référendums successifs et souvent largement approbateurs – jusqu'au dernier, fatal, celui de 1969. Le Président, dans cette conception, n'est pas un chef de parti, mais un monarque temporaire situé au-dessus des factions. En 1965, ces partis lui paraissent impuissants, divisés ; il ironise sur le « Cartel des non », ces formations qui se sont fédérées en 1962 contre la révision constitutionnelle ; le Parti communiste restait assez puissant pour empêcher, en raison de sa marginalisation, toute solution de gauche. Pourtant, par une ruse de l'Histoire, l'élection présidentielle a par la suite créé en France les conditions du bipartisme, à tout le moins d'une bipartition de la vie politique française, en raison du second tour de chaque élection, quand il ne reste plus face à face que deux candidats. Ce n'est pas encore clair en 1965, encore que, pour la première fois depuis les débuts de la guerre froide, le Parti communiste est poussé à s'allier avec le Parti socialiste sur le nom d'un candidat commun. Ce n'est pas encore fait en 1969, qui voit la gauche et la droite divisées en elles-mêmes. Le bipartisme fait un pas de géant en 1974, après que les partis de gauche eurent signé un programme commun de gouvernement deux ans plus tôt. Malgré les réticences du Parti communiste, le bipartisme est bien réel en 1981, consacrant la victoire de Mitterrand sur Giscard.

Pourtant, cette bipartition de la vie politique française atteint vite ses limites. L'élection directe du Président n'y est pas pour rien. Dans chaque camp, les ambitions personnelles, la volonté de légitimation de formations rétives aux partis dominants, ont trouvé dans l'élection présidentielle l'instrument d'exister, d'émerger, de compter comme les autres partis de gouvernement. De ce point de vue, l'élection de 1974 – celle d'un bipartisme en apparence triomphant – est éclairante. Cette année-là, les deux grands partis de gouvernement sont le PS et l'UDR. Normalement, c'est le chef de l'un ou l'autre qui doit l'emporter. Or, si Mitterrand est bien le candidat de la gauche pour le second tour, Chaban-Delmas, lui, est devancé par Giscard, qui n'est pas gaulliste. En 1981, c'est encore Giscard qui n'a pas l'appui ferme d'un parti majoritaire qui est encore face au leader socialiste. Si le bipartisme est figuré par la dualité des deux grands partis de gouvernement, il reprend force au cours des élections suivantes de 1988 et de 1995, qui voient Chirac, chef du RPR, majoritaire à droite, affronter Mitterrand puis Jospin, chefs d'un Parti socialiste majoritaire à gauche. En fait, et avant la catastrophique élection de 2002, les chiffres démontrent l'affaiblissement sensible du bipartisme.

Si l'on appelle « indice de polarisation » l'addition des résultats obtenus au premier tour par les deux candidats qualifiés pour le second, on observe le renforcement progressif du multipartisme :

| | | |
|---|---|---|
| 1974 : | suffrages de Mitterrand<br>et de Giscard : 43,24 + 32,60 | = 75,84 % |
| 1981 : | Mitterrand : 25,84<br>+ Giscard : 28,84 | = 54,15 % |
| 1988 : | Mitterrand : 34,09<br>+ Chirac : 19,94 | = 54,03 % |
| 1995 : | Chirac : 20,84<br>+ Jospin : 23,30 | = 44,14 % |
| 2002 : | Chirac : 19,88<br>+ Le Pen : 16,86 | = 36,74 % |

Ainsi, entre 1974 et 2002, les deux candidats finalistes ont vu leurs suffrages du premier tour tomber des trois quarts et plus des suffrages exprimés à un peu plus d'un tiers.

En 2002, la somme de la gauche plurielle et de la droite chiraquienne n'est que d'un peu plus de 48 %. Si l'on sait, par ailleurs, que les abstentions – record pour une élection présidentielle, on l'a dit – ont dépassé 28 % des inscrits, on mesure à quel point le système s'est usé, à quel point la confiance des citoyens à l'égard des représentants des deux majorités possibles s'est effondrée. L'un des enjeux de l'élection de 2007, dont les favoris sont Ségolène Royal et Nicolas Sarkozy, respectivement candidats des deux grands partis de gouvernement PS et UMP, sera donc de savoir si oui ou non la France reprend la tendance à la bipartition que la procédure électorale avait véritablement inaugurée en 1974. Ou bien si, confirmant l'évolution depuis 1995, le multipartisme continuera à produire ses dégâts.

Un autre indicateur nous éclaire, le nombre croissant des candidats homologués. Ils étaient six en 1965, neuf en 1995, seize en 2002. La situation est caricaturale. L'élection présidentielle devient la foire aux pains d'épices. Chacun peut y tenir son stand pour faire sa réclame. Le but n'est pas de devenir président de la République, mais d'utiliser le porte-voix offert par cinq cents élus, des maires en général, assez aimables pour parrainer les postulants du trotskisme, de l'écologisme, ou de je ne sais quelle petite formation qui trouvent dans cette occasion le moyen d'exister aux yeux de millions d'électeurs. Et ceux-ci de participer au jeu en répartissant leurs voix sur ces postulants sans espoir, en attendant éventuellement de redevenir réalistes au second tour.

Pour beaucoup, ce multipartisme, ce fractionnement des suffrages atteste la bonne santé de la démocratie dans le pays : à chacun selon ses désirs, à chacun selon ses idées. La démocratie pourtant en pâtit quand les deux candidats restés finalement en course n'ont obtenu que des suffrages si réduits qu'ils donnent au vainqueur une légitimité douteuse et matière à toutes les contestations. En 2002, Jacques Chirac obtient au premier tour moins de 20 % des votes, moins de 14 % des inscrits. Il aura beau être élu au second tour avec plus de 82 % des suffrages exprimés, contre Jean-Marie Le Pen, on peut conclure qu'il aura été le Président le plus mal élu de la V^e^ République. L'émiettement des candidatures contribue à saper l'autorité de l'élu et stérilise les grands partis.

L'élection présidentielle a aussi la vocation de favoriser les extrêmes. En 2002, un record : deux candidats d'extrême droite, Le Pen et Mégret ; trois candidats d'obédience trotskiste, Laguiller, Besancenot, Gluckstein. À eux cinq, près de 30 % des voix captées. L'élection encourage les dissidents de tous bords, Chevènement, Madelin, Lepage, Boutin, chacun ayant à vanter sa petite cuisine, aux épices si différentes de celle des autres. Et que dire des candidats catégoriels au service d'un lobby, comme le représentant des chasseurs de palombes et des pêcheurs de truites ? Chacun roule sa caisse en se croyant nécessaire à la vie démocratique. Personne ne conteste le droit à personne de penser comme il veut, mais une élection présidentielle est faite pour donner une « tête à l'État », et non pour installer son petit commerce. Évidemment, l'intérêt ludique de la campagne est d'autant plus vif qu'il y a plus de candidats : à seize chevaux partants, les paris sont plus aléatoires, le tiercé et le quinté plus hasardeux, et donc plus drôles.

Il suffit de comparer les voix obtenues par les « petits candidats » ou leurs groupes politiques aux élections législatives avec celles qu'ils ont à l'élection présidentielle pour observer à quel point celle-ci peut alimenter la dispersion des suffrages et flatter les fantoches. L'indiscipline incorrigible des électeurs y trouve son compte, tandis que l'institution elle-même est bafouée. La France d'aujourd'hui manque-t-elle à ce point de moyens d'expression qu'il faille recourir à une campagne présidentielle pour communiquer ? La presse écrite est pleine de débats, de lettres de lecteurs ; le radio-trottoir, les émissions interactives entre journalistes, invités, et auditeurs sont de toutes les chaînes ; les blogs sur Internet atteignent le dernier des villages : jamais les Français n'ont eu autant la parole. Alors, on imagine que c'est la promesse du passage à la télé, qui, lui, n'est pas encore permis à chacun, qui pousse les petits prophètes et les grandes gueules à se lancer.

Le Parti socialiste, en 2006, a montré la voie, semble-t-il, en organisant des primaires, lesquelles ont permis aux différents courants et aux différents candidats du parti de s'exprimer, tout en dégageant un candidat unique. C'est en effet à l'intérieur de chaque grande organisation que pourraient, que devraient se tenir les confrontations d'idées. Qu'est-il besoin en

France de trois organisations trotskistes ? Pourquoi faut-il deux ou trois candidats écologistes ? Ne pourrait-on concevoir que tous ces militants tentent de conquérir à leurs vues la majorité d'une grande formation ? Il y faut sans doute une trop grande patience ? Chaque élection présidentielle ressemble de plus en plus au Club de l'Intelligence de *L'Éducation sentimentale*, où l'on voit les candidats les plus farfelus aux élections de 1848 se disputer la tribune, parfois dans l'hilarité générale. Cette scène de fiction reproduit à merveille, et avec toute l'ironie de Flaubert, la profusion des clubs, des groupes, des professions de foi, des programmes, des promesses, des orateurs, que ces mois d'« illusion lyrique », comme on a baptisé ces semaines qui suivent la révolution de Février, ont fait naître. En 1968, nombre de commentateurs reprendront ce roman dont l'actualité refleurissait dans toutes les villes universitaires. Je me souviens de la cour de la Sorbonne du mois de mai, tous les groupuscules avaient leur stand, la révolution se fractionnait sous l'œil amusé du Victor Hugo en pierre assis devant la chapelle : il n'était plus seul à faire tourner les tables. On avait cru ensuite, avec l'Union de la gauche face au RPR, qu'on avait fini la récréation ; l'illusion ne dura qu'un moment. On le voit : la « blagologie », selon le mot de Proudhon, qui avait peut-être assez d'ironie pour y échapper lui-même, ne manque pas d'antécédents.

Faut-il, du même coup, renforcer les épreuves à franchir pour être candidat ? Multiplier par trois ou quatre le nombre des parrainages ? Je ne sais. La solution est peut-être dans l'organisation généralisée des primaires, à l'organisation desquelles on pourrait suggérer aux constitutionnalistes de trouver une solution pratique pour nous éviter à l'avenir un premier tour de mascarade.

*Désacralisation*

L'évolution de l'élection présidentielle sous les effets de la médiatisation, des sondages, du multipartisme abusif, a contribué à désacraliser la présidence de la République. D'autres facteurs y ont concouru. Les années 1980 ont vu le début de la perte de confiance des Français dans leurs chefs politiques et leur Président en particulier. Le tournant de 1982-1983 opéré par François Mitterrand et le gouvernement Pierre Mauroy a été une première étape : les promesses de la campagne s'effondraient ; le retour à la normale sanctionnait un aveu d'impuissance. On avait voulu « changer la vie », on avait seulement changé de gouvernement. Personne n'avait vu dans l'entreprise des nationalisations la réalisation, même ébauchée, du bonheur promis. Par la suite, on parla des « années fric », la Bourse monta en flèche, le marché et l'entreprise étaient célébrés comme les moteurs du progrès. Fort bien ! ce retour au principe de réalité était peut-être nécessaire, mais à aucun moment François Mitterrand ne tenta d'expliquer en profondeur ce revirement. Comme s'il ne s'agissait que d'un orage passager sur les belles idées socialistes, qui ne feraient que reprendre leur cours une fois le tonnerre apaisé.

En 1986, les électeurs prirent leur revanche en donnant leurs voix en majorité à la droite. Qu'allait faire le Président ? Démissionner ? Dissoudre la nouvelle Assemblée ? Choisir un chef de gouvernement dans la société civile ? Non. Lui et le soi-disant héritier du gaullisme, Jacques Chirac, acceptèrent de

« cohabiter ». Les Français applaudirent, sans saisir la perversion du mariage de la carpe et du lapin. Sans doute il existe des cas où l'union nationale s'impose ; en Allemagne, on a observé à plusieurs reprises les cas de « grande coalition » où la gauche et la droite s'appliquent à gouverner ensemble. Mais la cohabitation est d'une nature différente, qui place à la présidence du Conseil des ministres un chef d'État en désaccord politique et idéologique avec son Premier ministre. On pourra dire que cela, finalement, ne s'est pas si mal passé. Mais il faut connaître le détail des conflits structurels entre les deux têtes de l'exécutif pour juger de l'incongruité de la situation. Et que dire si celle-ci dure cinq ans, comme ce fut le cas de 1997 à 2002 ? Dans l'esprit public, il est devenu évident que l'attelage d'un Élysée de droite et d'un Matignon de gauche inspire la confusion. Ce n'est pas une alternance qui a eu lieu mais un embrouillamini. Le chef ne reste chef qu'à coups de croche-pieds, de vacheries répertoriées, de petites phrases assassines, quand il ne lance pas les Démosthène de son parti contre les décisions de « son » gouvernement. Le monarque républicain est devenu le roi Pétaud. À la longue, la répétition des cohabitations entraîne la défiance générale. Et quel changement peut espérer l'électeur, puisque la droite et la gauche sont au pouvoir ?

Les gaullistes, Édouard Balladur et Jacques Chirac en tête, n'ont guère suivi en l'occurrence les préceptes du général de Gaulle, non plus que François Mitterrand, mais il est vrai que, lui, ne se réclamait pas des principes gaulliens. Que disait le Général ? « Si nous n'avons pas de majorité à l'Assemblée, nous nous en passerons ! » Il disait cela à Alain Peyrefitte en 1966, c'est-à-dire à un moment où il n'existait pas de majorité d'union à gauche possible. « Cette

Constitution a été faite, ajoutait de Gaulle, pour gouverner sans majorité. Je ferai appel, comme en 58, à des hommes nouveaux, des techniciens, des spécialistes qui ne soient pas compromis dans les luttes politiques, mais qui soient respectés pour leur compétence. Des commis de l'État. Des gestionnaires. » Cela n'était imaginable que par le fait que le gouvernement ne peut être renversé que par une motion de censure, et à condition que l'opposition au Premier ministre soit faible et divisée. Mais si l'on assistait à une victoire massive de l'opposition ? La réponse de De Gaulle est claire : « Un raz-de-marée de l'opposition apparaîtrait fatalement comme un désaveu à mon égard. J'en tirerais aussitôt les conséquences. [...] Il ne peut y avoir un aigle à deux têtes au sommet de l'État. » Les cohabitations successives, entre 1986 et 2002, ont été une révocation des principes du général de Gaulle. On peut s'en accommoder, on conviendra que l'idéologie monarchiste est obsolète. En revanche, sa conviction qu'une cohabitation, telle qu'elle fut réalisée à partir de Mitterrand, est une perversion du système politique français reste d'actualité : la « panne de l'appareil de décision » ou la « guerre inexpiable des légitimités », ou les deux à la fois, en sont les effets empoisonnés, selon Georges Vedel.

Pour l'éviter à l'avenir, on a adopté le quinquennat en septembre 2000. La quasi-simultanéité de la présidentielle et des législatives devrait assurer l'homogénéité de l'exécutif pendant cinq ans. Rien n'est moins sûr, puisque le vainqueur de la présidentielle peut se retrouver une fois encore avec une majorité de députés de l'autre bord, car on ne peut confondre une élection nationale avec l'ensemble des consultations par circonscription. Sans compter les accidents de parcours, le décès d'un Président, les dissolutions imprévues… Faudrait-il, comme le suggère Jean-Marcel Jeanneney, compléter l'article 24 de la Constitution, en ajoutant : « L'élection d'une Assemblée nationale nouvelle a lieu de plein droit dans les deux mois qui suivent l'élection d'un président de la République » ? Il y a plus grave : en réduisant à cinq ans le mandat présidentiel, en l'alignant sur la législature, on condamne le Président à devenir un vrai chef de gouvernement sans responsabilité devant l'Assemblée. On lui ôte le recul et la souplesse que lui permettaient la discordance des durées de mandats présidentiel et législatif. « Il faut que le Président, disait de Gaulle, ne dépende pas du Parlement. Il faut que le gouvernement émane de lui, reflète sa volonté. Mais il faut aussi que, si le gouvernement est renversé, le Président ne soit pas obligé de s'en aller. Deux possibilités doivent lui rester : ou bien celle de renvoyer l'Assemblée devant les électeurs, pour rendre le peuple juge ; ou bien, celle de se séparer de son gouvernement, s'il préfère, pour une raison ou pour une autre, ne pas recourir à cet affrontement. » Dès lors, s'il est vrai que le quinquennat empêche le Président d'exercer pleinement son rôle d'arbitre, ne serait-il pas plus logique d'instaurer un régime présidentiel, sans Premier ministre ?

Le fondateur de la Ve République avait son avis sur la question. D'abord, sur le septennat, il déclarait en 1964 : « Il ne faut pas que le Président soit élu simultanément avec les députés, ce qui mêlerait sa désignation à la lutte directe des partis, altérerait le caractère et abrégerait la durée de sa fonction de chef de l'État. » Quant au régime présidentiel, il le jugeait contraire à toutes les traditions françaises : « On ne saurait méconnaître, disait-il dans sa conférence de presse du 31 janvier 1964, qu'une Constitution de cette sorte a pu, jusqu'à présent, fonctionner aux

États-Unis, c'est-à-dire dans un pays qui, en raison de sa composition ethnique, de ses richesses économiques, de sa situation géographique, n'a connu aucune invasion, ni même, depuis un siècle, aucune révolution ; dans un pays qui comprend deux partis politiques seulement, lesquels ne sont opposés par rien d'essentiel dans aucun domaine : national, social, moral ou international ; dans un pays fédéral, enfin, où le gouvernement n'assume que les tâches générales : défense, diplomatie, finances, tandis qu'il appartient aux 50 États de l'Union de pourvoir à tout le reste. Mais comment ce régime conviendrait-il à la nation française, très fortement centralisée par le long effort des siècles, victime de toutes les secousses intérieures et extérieures depuis sept générations, toujours exposée à en subir d'autres, et où les multiples partis politiques, à l'exception de celui qui pousse au bouleversement [le PCF], sont divisés et inconsistants ? »

Pour de Gaulle, il ne faut pas que la désignation du Président soit mêlée à la « lutte directe des partis ». C'était sans doute un anachronisme ou une vérité provisoire, mais il n'avait peut-être pas tort de vouloir préserver le rôle d'arbitre du Président. En cas de litige grave entre le gouvernement et l'Assemblée, il dispose d'un droit de dissolution qui renvoie la solution de la crise aux urnes. En 1962, elles avaient tranché après que l'Assemblée eut voté une motion de censure à Georges Pompidou ; en 1968, elles régleront encore la crise de Mai. « Ainsi, disait-il, il y a toujours une issue démocratique. Au contraire, si nous adoptions le système américain, il n'y en aurait aucune. Dans un pays comme le nôtre, le fait que le chef de l'État serait aussi Premier ministre et l'impossibilité où il se trouverait, dans l'hypothèse d'une obstruction législative et budgétaire, de s'en remettre aux électeurs, alors que le Parlement ne pourrait le renverser lui-même, aboutirait fatalement à une opposition chronique entre les deux pouvoirs intangibles. Il en résulterait ou bien la paralysie générale, ou bien des situations qui ne seraient tranchées que par des pronunciamientos, ou bien enfin la résignation d'un Président mal assuré qui, sous prétexte d'éviter le pire, choisirait de s'y abandonner, en se pliant, comme autrefois, aux volontés des partisans. On peut penser que c'est cette troisième hypothèse que caressent le plus volontiers les champions imprévus du "régime présidentiel". » Donc, la distinction formelle entre Président et Premier ministre et la hiérarchie entre les deux sont, aux yeux du Général, un des fondements de la V$^e$ République. Nul conflit ne doit les opposer. Il est sûr que le quinquennat taille quelques brèches dans ce dispositif dont on n'a pas encore eu le temps d'évaluer les conséquences.

Jusqu'à présent, ce n'est pas à l'instauration du quinquennat qu'il faut imputer la raison majeure d'une désacralisation qui a été entamée bien avant son année de naissance. La cause principale du décri a une autre source, le comportement personnel des deux derniers présidents de la République. Le second septennat de François Mitterrand, les dernières années de son mandat ont été marquées par une série de scandales propres à flétrir son image, nous l'avons vu : « Vieille maladie française, écrivait Paul Thibaud dans *Le Débat* en 1994, l'opportunisme de la gauche au pouvoir est devenu sous Mitterrand corruption de masse, dérision des valeurs. »

Quant à son successeur, Jacques Chirac, et sans revenir sur ses indélicatesses, les citoyens ont eu du mal à comprendre comment, deux fois désavoué par le suffrage universel, il a pu se résoudre à rester en place malgré tout. La première fois, après s'être avisé de dissoudre sans nécessité l'Assemblée en 1997, par simple manœuvre tactique, les électeurs, qui n'avaient pas oublié sa campagne sur la « fracture sociale » de 1995 restée poudre aux yeux, lui signifièrent leur rejet. La seconde fois, lors de son second septennat, fut en 2005 le non au référendum par lequel il appelait les Français à ratifier le traité constitutionnel de l'Union européenne. De Gaulle, après l'échec du référendum de 1969, avait su se retirer ; Chirac ne jugea pas le verdict négatif du peuple souverain suffisamment clair pour s'en aller. Il se contenta de changer de Premier ministre. Après le désaveu de Mitterrand en 1986, le double désaveu infligé à Chirac consomma la perte de confiance des citoyens envers le système et les hommes au pouvoir. Quand on se veut attentif à l'opinion, quand on la sollicite par le vote, il faut savoir tirer les conséquences du résultat de celui-ci. Le « j'y suis, j'y reste » à tout prix n'a rien pour favoriser les bonnes relations entre les citoyens et le chef de l'État. Le gaullisme n'est plus qu'un mot, un étendard, un référent symbolique, une croix qu'on porte au cou sans plus croire à rien de ce qu'elle veut dire.

### *Réforme ?*

Bien des esprits, conscients de la décomposition de l'État et de la perte de prestige du Président, ont réfléchi sur les réformes nécessaires. Nombre d'entre eux préconisent une VI^e^ République, comme si notre pays n'avait pas accumulé assez de textes constitutionnels depuis 1791. Le mal d'aujourd'hui vient pour une large part de la faillite du leadership. Les Français attendent non pas un sauveur, mais un chef d'État pleinement responsable, assumant avec détermination les destinées du pays, bravant les tempêtes et sachant toujours convaincre l'opinion des nécessités, parfois douloureuses, que les circonstances exigent. Point de mensonges, point de promesses intenables, point d'illusions entretenues par le bluff ou les mesures catégorielles. On a besoin d'y croire. On a besoin de faire confiance au Président autant que lui-même a besoin de la confiance de ses compatriotes. Sans doute la Constitution est-elle amendable ; elle a déjà été à plusieurs reprises révisée. Mais quel besoin aurait-on d'un nouveau texte constitutionnel, qui ne saurait être d'aucune manière une panacée aux insuffisances des hommes qui nous gouvernent ? Il faut se garder de l'illusion selon laquelle reprendre la copie des institutions sur une feuille blanche aurait l'effet d'une solution.

Reste la question épineuse des rapports entre le président de la République et le Premier ministre, doublée de la question des rapports entre l'exécutif et le législatif. Si nous rejetons la solution américaine du régime présidentiel proposé par certains, comment peut-on améliorer la bonne marche de la machine politique ? Réaliser un équilibre entre les deux pouvoirs, exécutif et législatif, qui, en France, n'a jamais été résolu, on l'a dit, que par la suprématie de l'un sur l'autre ? La question se posait déjà du temps de la monarchie représentative, quand il y avait un roi et des chambres. Chateaubriand, légitimiste et libéral, énonçait que rien ne devait procéder directement du roi dans les actes du gouvernement : « Le roi, dans la monarchie représentative, écrivait-il, est une divinité que rien ne peut atteindre : inviolable et sacrée, elle est encore infaillible ; car s'il y a erreur, cette erreur est du ministre et non du roi. Ainsi, on peut tout examiner sans blesser la majesté royale, car tout découle d'un ministère responsable. » (*De la Monarchie selon la charte*) L'analyse se prête bien à un régime de monarchie constitutionnelle, mais le président de la République n'est pas un monarque héréditaire que les révolutions seules peuvent mettre à terre. Il reste que Chateaubriand énonce là un principe qui peut nous éclairer : si le Président n'est pas responsable devant le Parlement, il doit avoir du recul vis-à-vis de son gouvernement, qu'il peut changer à sa guise en cas de faute ou de défiance manifeste de l'opinion. Cela voudrait dire qu'il ne gouverne pas lui-même, et c'est tout le contraire de l'esprit même de la Constitution gaullienne, à tout le moins telle qu'elle fut appliquée par le premier Président de la Cinquième. Je ne vois pourtant pas d'autre alternative que celle qui oppose un régime pleinement présidentiel et un régime parlementaire, dans lequel le chef de l'État, tout en gardant des prérogatives importantes, en particulier son droit de dissolution, serait plus respectueux de la lettre de la Constitution, selon laquelle « le gouvernement détermine et conduit la politique de la Nation ». Au lieu de changer une nouvelle fois la règle écrite, on pourrait se contenter de l'*appliquer*. « De Gaulle, c'est fini ! » disait-on dix ans après son retour au pouvoir. A fortiori après cinquante ans. Telle qu'elle est néanmoins, sa Constitution est encore applicable, même si c'est dans une interprétation étrangère à la sienne.

Un des impératifs est de redonner aujourd'hui tous ses droits au Parlement. Le retour du général de Gaulle au pouvoir a pris l'allure d'un retour du balancier, tout en faveur de l'exécutif. Nous admettrons volontiers que l'instauration de la monarchie élective – cette « présidentocratie » que flétrissait Jean-François Revel – a été une nécessité de l'Histoire, dans les circonstances dramatiques qui provoquèrent la chute de la IV^e^ République. Mais aujourd'hui la monarchie gaulliste n'a plus de raison d'être : nous ne sommes plus au temps des tempêtes de la guerre d'Algérie et, accessoirement, de la guerre froide. Il est urgent de refonder une démocratie représentative dans l'équilibre des pouvoirs. Il importe que l'Assemblée reprenne ses droits inscrits dans la Constitution. Les grandes questions de politique générale, de politique extérieure, de politique européenne, de politique de la Défense doivent être débattues au Parlement comme dans les autres démocraties contemporaines. Cela implique que l'opposition ait un statut reconnu comme en Angleterre, si l'on veut que les discussions parlementaires ne se résument pas aux affrontements aussi rituels que vains entre une majorité d'enregistrement des volontés gouvernementales et une opposition de refus systématique. Ce qui pose la question aussi de l'article 49-3 par lequel un gouvernement peut faire voter un projet de loi pour faire obstacle à l'obstruction. Il n'est pas certain qu'il faille l'abolir, on ne sait ce que l'avenir réserve ; l'important est de n'avoir pas à s'en servir. Quoi qu'il en soit, l'établissement d'un équilibre, enfin trouvé, entre l'efficacité du chef de l'État, de son gouvernement et les droits actifs du Parlement devrait être un objectif du prochain élu. La fonction de celui-ci pourrait du reste se borner à deux mandats consécutifs, comme aux États-Unis, ce qui atténuerait déjà l'« hypertrophie présidentielle ».

Il ne faut pas s'y tromper : tout dépendra des individus qui auront la charge de la fonction suprême. L'élection présidentielle lui confère une légitimité incomparable : contrairement aux députés, il peut se prévaloir d'être le seul à être élu par le peuple entier. Il est regrettable que François Mitterrand n'ait pas, en 1981, fait usage de sa magistrature nouvelle pour changer véritablement – dans le cadre de la Constitution auquel il se garda de toucher – le fonctionnement du pouvoir politique, dans cette perspective d'équilibre entre l'exécutif et le législatif. Nous verrons si le prochain Président ou la prochaine Présidente s'y résoudra : c'est à lui ou à elle qu'appartient la décision de fonder enfin les bases d'une démocratie moderne.

Pour ce renouveau attendu, s'il n'est pas nécessaire de bouleverser la Constitution, on voit bien que la démocratie moderne souhaitée exige l'organisation des partis, comme le souhaitait Léon Blum dès 1919 (*La Réforme de l'État*). Le mal de la République, qui provient de l'Histoire, est la difficulté extrême de ses citoyens à accepter les grandes disciplines de parti. Le général de Gaulle n'a cessé de combattre le « système des partis » parce qu'il s'agissait de partis qui n'avaient pas de système, pas de discipline, pas d'aptitude à la simplification nécessaire de la vie politique. Toutes les grandes démocraties reposent sur la rivalité constructive entre deux ou trois partis (on parle pour l'Allemagne de deux partis et demi en raison du parti charnière des Libéraux), chacun d'eux voué à gouverner, selon les règles de l'alternance. La liberté d'opinion et d'expression, l'affirmation des différences, la défense des intérêts catégoriels devraient s'exprimer *à l'intérieur* des grandes organisations à vocation gouvernementales. En dehors, il peut bien exister, il existe des groupes de pression, des syndicats, des associations, des ligues, mille tribunes où chacun peut dire son mot et même agir, mais la démocratie est un régime trop fragile pour qu'on se permette de saper continuellement ses bases par l'émiettement de la représentation. Le comble de la confusion sera pleinement atteint quand on aura, comme d'aucuns le souhaitent, rétabli le scrutin proportionnel aux législatives : dans un pays si peu disposé au consensus, si divisé historiquement, si individualiste dans ses manières d'être ensemble, la République deviendrait ce foirail dont le premier tour de l'élection présidentielle de 2002 donne une idée. Le scrutin majoritaire reste un garde-fou de la gouvernabilité, n'en déplaise à François Bayrou – même si l'on peut souhaiter une « dose de proportionnel » aux fins d'une représentation plus équitable, mais à condition que cette « dose »-là ne soit pas à même d'interdire de nouveau toute majorité. Tout ce qui favorise les forces centrifuges flatte sans doute la composante anarchisante du tempérament français, mais on préférerait la voir appliquée à autre chose qu'à la politique, surtout en ce début de siècle orageux. L'élection présidentielle devrait servir à recomposer le vouloir-vivre ensemble plutôt que favoriser la déliquescence nationale. « Il n'y a, je crois, nul pays au monde où l'on trouve tant de contradictions qu'en France », écrivait Voltaire. Le système politique ne doit pas en rajouter, mais canaliser les contradictions et les conflits de la société vers des alternatives politiques claires et des alternances possibles. Un vœu pieux ?

# 7

# 2007

« Jeune homme, jeune homme, la France meurt ; ne troublez pas son agonie. » Les paroles lancées par le vieux Renan à Déroulède, nous avions le sentiment qu'elles n'étaient pas hors de saison lorsque le président de la République Jacques Chirac présenta ses vœux aux Français le 31 décembre 2006. La médiocrité du bilan présidentiel incitait nettement au pessimisme. Moins de trois mois plus tard, *Le Figaro*, dans un cahier spécial, « Le grand audit de la France » offrait un peu plus de quoi se lamenter. Politique extérieure ? Une « influence en berne ». Politique sociale ? « Une société chaque jour plus violente », « un pays malade de son chômage ». L'enseignement ? « Grande panne des savoirs fondamentaux » et « grand malaise des universités ». La justice ? Voyez Outreau. L'économie ? Un « dynamisme perdu », manque de stratégie, déclin industriel, déficit commercial (la part française dans le total des exportations de la zone euro est passée de 17% en 1999 à 13% en 2007)… À peine le lecteur avait-il droit à un bol d'oxygène grâce à l'état relativement bon de la démographie et au « charme intact du pays » dont la fréquentation touristique restait un des plus élevés du monde. Les cinq années qui avaient suivi l'élection présidentielle catastrophique de 2002 risquaient d'aggraver encore la désaffection des citoyens qui s'était traduite soit par le vote protestataire, soit par l'abstention massive.

La V^e^ République paraissait fatiguée, déboussolée, en quête d'une vitalité perdue. On avançait de mauvaises solutions : remodeler les institutions, changer de régime, rétablir le scrutin proportionnel… Autant de cautères sur une jambe de bois. Le mal était trop profond pour qu'il trouvât sa guérison dans des peccadilles juridiques. La France n'avait pas besoin d'une constitution de plus, mais réclamait une âme nouvelle, que les vieux routiers du système, de droite comme de gauche, étaient incapables de lui forger. Or ce fut un saisissement : les tenants du titre, les oligarques de parti, les rentiers de l'habitude, les chefs immobiles et leurs auxiliaires engourdis ont été marginalisés par le surgissement d'une nouvelle génération d'audacieux, incarnée par Ségolène Royal et Nicolas Sarkozy, décidés à opérer, chacun à sa manière, la « rupture ». C'est d'abord à ces deux-là qu'il faut attribuer la réappropriation du champ politique par les citoyens.

*Les candidats*

Ségolène Royal est un cas sans précédent dans l'histoire du Parti socialiste. Celui-ci a toujours été une organisation d'appareil, contaminée structurellement par ce que Robert Michels appelait, dans son étude sur la social-démocratie allemande, les tendances oligarchiques des partis démocratiques[1]. En leur

1. Robert Michels, *Les Partis politiques : les tendances oligarchiques des démocraties*, Paris, Flammarion, 1971.

sein, le pouvoir est acquis et conservé par un groupe limité de dirigeants, dont les dons oratoires s'allient au souci constant de se ménager des fidélités à tous les échelons de l'organigramme : au PS, dans les grandes fédérations pourvoyeuses des gros bataillons de mandats aux congrès. Renforcés dans leur autorité par leur passage intermittent au pouvoir d'État, chefs de courants à même de fournir des motions rassembleuses, ils s'éternisent dans les instances directrices, Conseil national, Bureau national, ou groupe parlementaire. C'est parmi eux, en 2006 les Hollande, Strauss-Kahn, Fabius, voire le revenant Jospin, que devait tout naturellement être choisi le candidat du parti à la présidence de la République. Il n'en fut rien ; les oligarques, ces « éléphants » dans le magasin de porcelaine de la gauche, ont dû laisser la place à une postulante intempestive, investie par la base.

Les tendances à la captation du pouvoir par quelques-uns avaient rencontré leurs limites dans la décision de faire désigner le candidat par l'ensemble des militants. Le précédent de 1995 qui, par la même procédure, avait envoyé au front présidentiel Lionel Jospin, ne fut pas confirmé : une personnalité du deuxième rang, vaguement ministre sous Mitterrand, sans doute présidente de la Région Poitou-Charentes, mais sans responsabilité de direction rallia les suffrages. Une vague de nouveaux adhérents à vingt euros le ticket d'entrée contribua largement à bousculer les positions acquises et les ambitions coriaces. Le piquant de l'affaire était que l'ambitieuse avait pour compagnon le premier secrétaire du parti, dont le public ignorait les intentions. Les meilleurs connaisseurs expliquaient que François, incrédule quant aux chances de Ségolène, la laissait filer le temps de mettre hors jeu ses rivaux pour mieux imposer sa propre candidature, la plus naturelle qui fût puisqu'il était le chef du parti. Les spectateurs se sont vite rendu compte que la dame roulait pour elle-même, et se cassèrent la tête, toute la campagne durant, pour comprendre quels étaient les liens mystérieux entre ces deux-là, qui ne paraissaient pas si bien s'entendre.

La procédure démocratique instaurée par le PS mit aux prises à l'automne Royal, Strauss-Kahn et Fabius. Dans un concours sur dossier, la députée des Deux-Sèvres n'aurait guère eu de chances face à ces deux astres du parti, un ancien ministre de l'Économie et un ancien Premier ministre, mais elle avait pour elle l'attrait de la nouveauté et le soutien de l'opinion. Son atout était de surfer sur une nouvelle vague : elle était femme ; elle était gracieuse ; elle n'était suivie par aucun bruit de casserole ; elle plaisait. Oh ! certes, elle ne plaisait pas à tout le monde, et ses concurrents laissèrent distiller le venin sur son incompétence, son mauvais caractère et ses naïvetés. Bernique ! Chaque apparition de Ségolène se produisait devant un public tout feu tout flamme, et chaque nouveau sondage la hissait plus haut sur le pavois. Les censeurs s'affligèrent de tant d'irrationalité et d'iconolâtrie dans une opinion idiotifiée par les médias et les apparitions d'une madone. Les militants, eux, qui avaient à départager les trois candidats, infligèrent une défaite cuisante aux deux bonzes et élurent dès le premier tour l'usurpatrice. Certains, par calcul : ils jugeaient, sondages aidant, qu'elle était seule en mesure de faire chuter le candidat de la droite, Nicolas Sarkozy. D'autres, parce qu'ils misaient sur l'inconnu comme au casino : de toute façon, avec elle, ce ne serait plus la routine des chefs estampillés. L'inédit, le rajeunissement, le défi lancé aux augustes, une pensée autonome : elle appâtait la galerie.

La démocratie d'opinion, pour le coup, avait joué un rôle déterminant, car il est probable que sans les sondages la présidente régionale n'aurait pu braver les caciques. Certes, le volontarisme de Royal n'était pas étranger à sa victoire, mais il n'aurait guère pesé sans l'appui des Français auscultés. Dès novembre 2005, elle distançait les autres, et *Le Nouvel Observateur* du 15 décembre assurait sa crédibilité : « Élections 2007 : pourquoi pas elle ? » Pendant toute l'année 2006, jusqu'au choix officiel des adhérents socialistes, elle continue de tenir la dragée haute à ses concurrents, de plus en plus nerveux. Lorsqu'il fut question d'une candidature Jospin, Royal lui dispute la légitimité à coups de sondages : « Je ne vois pas pourquoi, déclarait-elle au *Monde* le 30 mars 2006, je me désisterais si je suis plus haut que lui dans les sondages. » Affirmation audacieuse, prétention sacrilège, de la part d'un membre d'un parti organisé, discipliné, qui n'a jamais considéré les enquêtes d'opinion comme un certificat de qualification de ses leaders. Cependant, les apparatchiks aimaient à se rassurer en estimant que la marée refluerait, que la bulle « médiatico-sondagère » finirait par éclater. Le discours public de l'impertinente y contribuerait sans tarder. Voilà qu'en mai 2006, à Bondy, elle défend, à propos des mineurs délinquants, la conception d'un « ordre juste » et l'organisation d'« établissements à encadrement militaire » ; voilà, peu après, qu'elle manifeste ses doutes sur les 35 heures – cette loi fétiche de la mandature Jospin. Dérive à droite ! La chute était proche. Eh bien, non ! Le 6 juin suivant, *Libération* constate : « Ségolène Royal creuse l'écart dans les sondages. »

Derrière elle, les autres peinent, s'essoufflent, s'affolent. Lionel Jospin, redescendu de l'Aventin pour éclairer le forum en émoi, mais à court de claque chez les militants, doit se résigner au retrait, non sans avoir montré du doigt la femme à abattre. Quatre jours plus tard, Jack Lang, en tête des indices de popularité pendant des années, ramasse prudemment ses billes, avant de se désister le 2 octobre pour Ségolène Royal afin de « battre la droite ».

Ses rivaux et leurs soutiens n'avaient rien négligé pour la déstabiliser, moqueries, sifflets, relents de misogynie, jusqu'à l'utilisation d'un enregistrement de vacheries sur elle de feu Bourdieu. La campagne automnale dans les rangs du Parti socialiste dura six semaines. Très suivie par les électeurs, mise en relief par diverses émissions de télévision, elle apparut comme une bonne procédure de démocratie. Mais, à l'extérieur, le feu roulant des sondages continuait. Les enquêtes qui se concentrèrent sur les sympathisants socialistes furent, en ces deux mois d'octobre et de novembre, à peine croyables : Royal faisait cavalier seul avec 65 %, Dominique Strauss-Kahn courait loin derrière avec 23 %, et Laurent Fabius mordait la poussière avec 8 %. Ces investigations révélaient, qui plus est, le soutien massif à Royal des employés (74 %) et des ouvriers (67 %) : accusée de « dérive droitière », la candidate était la favorite en premier lieu des catégories populaires. Le malheureux Fabius qui avait pensé reconquérir celles-ci pour avoir préconisé le « non » au référendum de 2005 sur le Traité européen ne recueillait que 3 % des vœux chez les employés et 12 % chez les ouvriers. Ségolène Royal avait réussi à fossiliser le clivage qui avait fait tant de mal au Parti socialiste. Le 16 novembre, le vote des adhérents au PS confirmait les sondages : Ségolène Royal devenait la candidate des socialistes en remportant plus de 60 % des suffrages.

On a dit et répété, pour expliquer ce succès, la tyrannie des médias, des sondages, et aussi le caractère irrationnel de cette désignation : on avait choisi, pour faire pièce aux oligarques, une icône, une belle image de femme souriante, de blanc vêtue, inspirée, élue des anges. Peut-être n'a-t-on pas suffisamment insisté sur la demande de renouveau, sur la fatigue d'un parti encroûté, sur le désir d'un avenir possible, pour plagier le slogan de Royal. Fort peu intellectuelle, elle ne s'était pas attaquée aux questions de doctrine, mais, avec ses mots bien à elles, ses formules, son attention à l'écoute des gens, elle avait réussi à créer l'espoir d'une autre gauche. Et elle devenait une concurrente très dangereuse pour le candidat de la droite, Nicolas Sarkozy.

Il existe une symétrie entre elle et lui : tous deux sont des ambitieux qui ont dû braver leurs chefs de tribu. Mais Sarkozy a une singularité : il n'est pas passé par l'ENA. Elle-même appartient à cette République des énarques qui, sous la V^e^, avait remplacé la République des professeurs. À partir de Valéry Giscard d'Estaing, les générations politiques émergées après la Seconde Guerre mondiale ont été moulées par l'École créée en 1945 et destinée à substituer dans la haute administration le mérite républicain au népotisme des grandes familles. Formés à l'intelligence de dossiers souvent austères, entraînés à la compétition des concours, entrant après leur diplôme dans la familiarité des gouvernants, remarqués par ceux-ci pour devenir chefs de leurs cabinets, nombre d'entre eux, sans en avoir toujours conçu le projet, se sont retrouvés aux côtés des élus et bientôt au sommet de l'État. À gauche, Michel Rocard, Laurent Fabius, Lionel Jospin, François Hollande, Martine Aubry, Pierre Joxe, Elisabeth Guigou, Jean-Louis Bianco et bien d'autres sont des énarques ; à droite, Jacques Chirac, Édouard Balladur, Alain Juppé, Dominique de Villepin, sont eux aussi sortis de l'ENA : tous ces gens ont occupé les premiers postes quand les générations de l'avant guerre et de la guerre, dominées par de Gaulle, Pompidou, Mendès France et Mitterrand, ont peu à peu disparu. Sarkozy, lui, n'est pas de ces phalanges sorties de l'École tout casqués pour la conquête du pouvoir. Il est entré en politique par la petite porte, comme militant. Ses études de droit et Sciences po l'ont conduit à devenir avocat, mais son principal métier a été la politique, où, cornaqué successivement par Charles Pasqua, Jacques Chirac et Édouard Balladur, il a gravi tous les échelons.

Appliqué mais non docile, un brin canaille, cachant mal ses dents de loup, maire de Neuilly à vingt-huit ans, député à trente-trois, ministre du Budget de Balladur à trente-huit, il était moins jeune que les généraux de l'Empire mais destiné à vivre plus vieux. Brutalement ostracisé par le nouveau président de la République Jacques Chirac, pour avoir soutenu son rival Édouard Balladur à l'élection de 1995, sifflé par les chiraquiens, traité de « Sarko petit salaud », reparti de zéro, tenace, il est remis en selle sans trop attendre par Philippe Séguin, devenu son protecteur au sein du RPR qu'il préside. Dès cette époque, il s'affiche de droite. À Épinal, où jadis Jules Ferry prononçait ses grands discours républicains, il déclare le 11 septembre 1997 : « Quand la droite n'est plus à droite, c'est l'extrême droite qui en profite. » Il revient définitivement au premier rang après s'être engagé à fond pour Chirac à l'élection présidentielle de 2002.

Dès cette année-là, il conçoit sa marche à l'Élysée. Chirac vainqueur, il lui faut s'affirmer comme ministre, offrir l'image d'un chef d'État potentiel. Installé place Beauvau, à défaut de Matignon, il acquiert, dans le gouvernement Raffarin, une rapide popularité d'homme à poigne. En quelques mois sa « cote d'avenir » dans les sondages progresse, de 25 % à 47 % ; elle atteint près de 53 % lorsqu'il devient ministre de l'Économie du nouveau gouvernement Raffarin. Son image apparaît à la « une » des magazines, humanisée par la présence à ses côtés de son épouse Cécilia et de leur fils Louis, à quatre pattes sous le bureau paternel – un truc à la Kennedy. Dans la médiasphère, il devient une vedette depuis l'émission « Cent minutes pour convaincre », en décembre 2002, sur France 2. Les téléspectateurs découvrent un homme politique jeune, ardent, maître de ses dossiers, un des rares à pouvoir se vanter de rabattre les coutures à Le Pen.

Dans son projet élyséen, Sarkozy a contre lui Jacques Chirac, qui lui préfère Alain Juppé. Mais celui-ci quitte la scène en janvier 2004 sur une décision du tribunal correctionnel de Nanterre : dix-huit mois de prison avec sursis, dix ans d'inéligibilité ! À juste titre, Sarkozy pense que, pour contrer tout autre candidat chiraquien éventuel, il lui faut prendre en main l'UMP. Chirac veut l'en empêcher en déclarant incompatible cette responsabilité avec un ministère. N'importe ! Sarkozy fonce. Au Bourget, le 28 novembre, il est intronisé en musique et chansons au cours d'un *show* ébouriffant. Le bras de fer avec Chirac se poursuit. Le Président mise alors sur Villepin, successeur de Raffarin après l'échec du référendum « européen ». Est-ce pour mieux le contrôler ? Toujours est-il que Chirac et Villepin ont redonné ses galons de ministre de l'Intérieur à Sarkozy. Un sondage de décembre 2005 permet de jauger la perception par les Français de ces deux rivaux. Le nouveau Premier ministre, dont l'étoile brille depuis son discours de ministre des Affaires étrangères contre la guerre d'Irak à l'ONU, leur semble « rassurant », « séduisant » et « sympathique » ; ce n'est pas le cas de son ministre de l'Intérieur, mais celui-ci paraît plus compétent, courageux et déterminé. L'écart le plus net est observable au registre du tempérament : 66 % des personnes interrogées jugent Sarkozy dur et brutal, alors que 7 % seulement le pensent de Villepin. D'un côté, l'homme de bonne compagnie, d'un bel aspect physique, cultivé, urbain, mais moins déterminé, moins opiniâtre que l'autre, ce fonceur au langage direct, qui appelle un chat un chat.

Au mois de mai 2005, le dur à cuire s'attendrit. La fugue de Cécilia provoque son désarroi ; il avoue ses malheurs conjugaux sur les ondes ; la presse *people* exhibe la mésentente d'un couple au bord du naufrage. Nicolas Sarkozy est devenu un homme comme tout le monde ; il aime, il veut être aimé. Le roman-feuilleton dure des mois. Tout rentera dans l'ordre et la femme au foyer. En est-il affaibli, lui ? Loin de desservir le prétendant, l'épisode a placé l'ambitieux au rang des Français moyens qui lui découvrent un cœur et des larmes.

Tout de même Villepin reste un rude concurrent. Sa prétention à la succession de Chirac devient transparente, quoiqu'il n'en parle pas. Sa prestance, son allant, son verbe, les sondages commencent à lui être plus favorables : « Sarkozy, le début de la dégringolade », titre *Marianne* le 8 octobre 2005. Le ministre de l'Intérieur, cependant, renforce son image de premier flic de France. C'est à la fin de ce mois d'octobre qu'il prononce les mots de « Kärcher » et de « racaille », à l'adresse des délinquants de Banlieue – des mots dont ses adversaires ne cesseront de le stigmatiser. Mais ce parler anticonformiste va lui apporter un soutien de plus en plus sensible chez les électeurs de Le Pen. Qui l'emportera, de l'aimable

Monsieur de Norpois ou du Clemenceau briseur de voyous ? Un faux pas du premier laisse au printemps 2006 la voie libre au second. La loi du CPE que Villepin fait voter en force sans négociation préalable avec les syndicats jette des milliers de manifestants dans les rues. À la demande de Chirac, Villepin doit renoncer à sa loi ; sa cote de popularité s'effondre. C'est fini pour lui. Le scandale de l'affaire Clearstream qui suit laisse deviner un acharnement des rangs chiraquiens, et de Villepin en premier, contre Sarkozy à qui ils veulent interdire le chemin de l'Élysée. D'ultimes tentatives inspirées par l'Élysée, y compris une candidature de Michèle Alliot-Marie, font chou blanc. Le 14 janvier, seul à briguer l'investiture de l'UMP dans un vaste rassemblement à la porte de Versailles, Nicolas Sarkozy obtient l'investiture des 69 % de votants par 98 % des voix. Un triomphe qui se double d'un discours étourdissant, dû à la plume d'Henri Guaino, et dans lequel le nouveau président de l'UMP convoque les gloires passées de la gauche et du socialisme (les morts sont toujours de bonne composition) pour mieux affirmer son attachement à la « droite républicaine ». Une droite assumée, débarrassée de son histoire ténébreuse, permanent chantier de ses défaites.

En raison de ce long parcours d'affrontement avec les cadors du néo-gaullisme, Nicolas Sarkozy parvient à se positionner en candidat de l'alternance. Qu'il soit ministre de Chirac n'y change rien, car Chirac a multiplié les crocs-en-jambe et lui-même n'a pas raté une occasion de montrer sa différence d'avec le chef de l'État. La demande de renouveau n'était plus le monopole de l'opposition : au sein même de la majorité sortante un *homo novus* était né. Ainsi, le parallèle avec Ségolène Royal s'imposait : dans les deux camps, contre les chefs de leur propre camp, deux quinquagénaires décidés voulaient tourner la page. Cette symétrie avait une limite, c'était que Sarkozy avait réussi à faire l'unité de son parti sur son nom, au lieu que Royal sur sa lancée d'indépendance devait compter avec la résistance de l'état-major du PS à son endroit.

Un troisième postulant joue bientôt les trouble-fête, François Bayrou, président de l'UDF. Lui n'est pas un homme nouveau ; ancien ministre, il a figuré dans la compétition de 2002. Son originalité est ailleurs, dans l'intention qu'il a de détacher de la droite son parti centriste. Déjà, à l'Assemblée, il a voté à plusieurs reprises contre les projets du gouvernement et pour la motion de censure contre Villepin. Il entend que l'UDF cesse d'être une force d'appoint du parti majoritaire et devienne un grand parti autonome. L'homme, s'il n'est pas doué d'un charisme exceptionnel, est doté d'un ego conquérant. Agrégé de lettres, il joue de la simplicité provinciale, bucolique, d'un « exploitant agricole », entre ses deux tracteurs et son élevage de chevaux. Faisant le calcul que « Ségo », d'un côté, et « Sarko », de l'autre, sont loin d'avoir le soutien de leurs camps respectifs, il part en guerre contre le bipartisme qui fige la vie politique, contre les médias qui n'ont d'yeux et d'oreilles que pour les deux principaux protagonistes, au fond complices d'un même système de cadenassage au mépris des libertés d'expression, des diversités sociales, et des véritables alternances. Il se voit présider la République avec les meilleurs, les compétents, de gauche comme de droite. Suivi par ses fidèles – ceux qui n'ont pas rallié Sarkozy –, il attire à lui, effectivement, outre les habituels électeurs du Centre, une partie de l'électorat de chaque camp. Les premiers mois de 2007 voient sa cote de popularité progresser régulièrement, talonnant Royal avec 20 % des intentions de vote. Le *Nouvel Observateur* du 15 mars publie sa photo en couverture sous le titre : « Et si c'était moi ? » Il ambitionne d'autant plus de parvenir au second tour que les simulations des sondages le donnent gagnant final s'il y parvient. En un sens, il prend une posture à la de Gaulle : gauche ? droite ? Connais pas, je suis l'homme du rassemblement. Il espère gouverner avec un nouveau parti gonflé par la dynamique de sa victoire à la présidentielle, mais un parti qui saurait s'ouvrir aux bonnes volontés du PS et de l'UMP. Son programme économique et social est prudent : on le sent plus motivé sur les grandes réformes politiques – ne parle-t-il pas d'une VIe République ? –, visant à rendre au Parlement des pouvoirs qui rappellent ceux de la IVe République.

La démarche de François Bayrou pose le problème du Centre. Les centristes ont toujours existé, mais sous la Ve République, ils ont été régulièrement absorbés par les gaullistes. Valéry Giscard d'Estaing est allé le plus loin dans la construction du centrisme, grâce à sa victoire à la présidentielle de 1974, et l'UDF, son enfant, est devenue un moment une grande formation. Mais nullement capable de former une majorité à elle seule. Giscard et son Premier ministre Raymond Barre n'ont cessé de devoir compter sur le soutien du RPR créé par Chirac. François Bayrou rêve de réussir là où Giscard a échoué : créer, après son élection à la présidence, un grand parti centriste majoritaire et rassembleur. Le pari est osé car l'UMP est bien soudée et fort de nombreux ralliements centristes. Sans doute est-ce du côté gauche que Bayrou envisage sa percée. Le PS en raison de ses divisions est mal en point, et Bayrou peut devancer Royal. Dès lors, les socialistes se désisteront contre Sarkozy pour lui, qui aura les mains libres pour constituer un gouvernement associant la gauche au centre gauche qu'il personnaliserait.

En tout cas, Bayrou est en passe, pour la troisième place, de damer le pion à Le Pen, dont l'audience demeure incertaine. Les sondeurs lui prêtent plus que les sondés généralement prudents sur les faveurs qu'ils ont pour l'histrion populiste. Lui-même arbore une confiance totale, selon son habitude. Cette fois il n'aura pas dans les jambes Bruno Mégret, le transfuge, rallié à sa candidature, la dernière sans doute vu l'âge du doyen des candidats. Il ne craint guère Philippe de Villiers, qui chasse sur les terres intégristes, réactionnaires et islamophobes : trop localisé à l'Ouest, trop salon de thé, trop bien-pensant, et, de surcroît, produit de l'énarchie. Le seul tribun populaire est Jean-Marie Le Pen, désormais épaulé par sa fille Marine, dont il admire l'enthousiasme. Le plus à craindre à ses yeux est évidemment Sarkozy, qui tente de lui arracher son électorat avec ses allures de caïd, ses gros mots, ses tirades contre l'immigration abusive, et sa popularité grandissante chez les Français les plus démunis, les plus menacés par le chômage et la délinquance de proximité. Le sort de Le Pen reste une inconnue, il s'est fait voler le spectacle.

On s'est alors demandé si l'extrême gauche, la gauche de la gauche, les trotskistes, les altermondialistes, tout ce que la France produit de protestataires, d'utopistes, d'anciens communistes et de communistes restés dans le giron de leur parti, n'allaient pas à eux tous former une force de remplacement de l'ancien Parti communiste. Forts de la victoire du « non » qu'ils avaient tous préconisé au référendum de 2005, répartis apparemment en groupes à peu près équivalents, ils avaient l'occasion d'unir leur puissance de contestation, non plus dans la rue, mais dans les urnes. Ils avaient un slogan, un drapeau, un dénominateur commun, celui de l'*antilibéralisme*. La nouvelle extrême gauche, si elle n'est pas dépourvue de pathos intransigeant, manque en revanche de tout ce qui faisait la force du PCF de Thorez, la discipline. Chacun voulait tirer la couverture à soi. Arlette Laguillier la première annonça qu'elle serait la candidate de Lutte Ouvrière. Marie-George Buffet et les communistes découragèrent leurs partenaires en voulant profiter des convergences pour prendre leur tête. La débandade fut bientôt assurée, au nom de la boutique à défendre : LO avait Laguillier ; LCR, Besancenot ; le Parti des travailleurs, Shivardi ; le PCF, Buffet ; et, pour tenter de mettre tout le monde d'accord, les altermondialistes, Bové. Les Verts, quant à eux, aussi divisés que les trotskistes mais restés sous le même drapeau, choisirent Dominique Voynet pour la grande mêlée, après que Nicolas Hulot, écologiste médiatique sans parti mais fort populaire, eut renoncé à sa propre candidature. Il est évident que l'écologie est une affaire trop sérieuse pour la confier à des écologistes organisés en parti caricatural. À gauche, on pouvait craindre que cet essaim de candidats « antilibéraux » n'enlèvent de précieuses voix à Ségolène Royal, menacée de vivre les mêmes affres que Lionel Jospin en 2002.

*L'élection de Nicolas Sarkozy*

Le premier tour de l'élection présidentielle dissipa ces inquiétudes et confirma le quarté vainqueur que l'évolution des sondages laissait prévoir :

| | |
|---|---|
| Nicolas Sarkozy | 31,11 % |
| Ségolène Royal | 25,83 % |

| | |
|---|---|
| François Bayrou | 18,55 % |
| Jean-Marie Le Pen | 10,51 % |
| Olivier Besancenot | 4,11 % |
| Philippe de Villiers | 2,24 % |
| Marie-George Buffet | 1,94 % |
| Dominique Voynet | 1,57 % |
| Arlette Laguiller | 1,34 % |
| José Bové | 1,32 % |
| Frédéric Nihous | 1,15 % |
| Gérard Schivardi | 0,34 % |

Le premier fait majeur de cette élection est la très forte participation électorale : 15,40 % d'abstention, alors qu'elle atteignait près de 31 % en 2002. Cette participation est dans la logique de la forte mobilisation des électeurs, que l'on disait dégoûtés de la politique, durant la campagne. Un sentiment général s'est répandu, qu'un cycle se terminait avec Chirac, que l'espoir pouvait renaître avec les candidats à sa succession. Les trois principaux d'entre eux rivalisaient de formules sur le thème du redressement. La télévision, qui avait dédaigné la campagne de 2002, s'est prêtée cette fois au jeu. Bien avant la campagne officielle, toutes les chaînes offraient déjà des portraits, débats, analyses, reportages, interviews, et l'Audimat ne cessa de les encourager. Une des raisons de cette attention de l'esprit public a été l'indétermination d'une grande partie de l'électorat qui, désireuse du changement, se demandait de quel côté il pouvait bien venir. Cet activisme télévisuel aurait pu décourager les électeurs de sortir de chez eux pour participer aux réunions des postulants. Il n'en fut rien, les salles étaient combles, et les plus grandes, tel le Zénith à Paris, accueillaient des milliers d'auditeurs qui voulaient juger sur pièces ou simplement applaudir leur favori. Depuis longtemps on n'avait vu pareille effervescence autour des tribunes. Et cela dura jusqu'au bout.

La « démocratie participative », promue par Ségolène Royal, fut une innovation discutable, mais appréciée. Le foisonnement des questions particulières, lors de ces réunions ou ces émissions, obscurcissait la ligne générale. La démocratie d'opinion battait son plein, mais les démocrates n'avaient aucune opinion sur le pilotage du paquebot France. En même temps, les gens ont souvent motif de se plaindre des oligarchies politiques qui sont trop éloignées d'eux et de leurs soucis. Cette fois, ils ont pris la parole. On connaît le mot de Michel de Certeau : « En 1968, les Français ont pris la parole comme leurs aïeux avaient pris la Bastille en 1789. » Cette fois, la révolution technologique offrait à nombre d'entre eux le moyen d'expression le plus efficace, Internet. Qui, pourvu d'une messagerie électronique, n'a-t-il pas reçu ces appels, ces condamnations, ces manifestes ? Les internautes répandaient en chaîne leurs arguments qui défilaient sur les petits écrans : on n'avait jamais rencontré pareil débord de paroles militantes, de professions de foi, de démonstrations savantes ou vaseuses, de slogans en tout sens. Ce fut Marat ou Desmoulins en réseau.

L'instrument de la piétaille du haut débit était aussi celui des candidats. À chacun son site ou son blog. Pour Royal, « Désirs d'avenir », conçu par Bernard Thieulin, doit être l'instrument privilégié de la « campagne participative et ouverte ». Leitmotiv : rendre le pouvoir au peuple. Chacun était invité à contribuer à l'enrichissement du programme de la candidate. C'est la « première expérience du livre politique en ligne », nourri par des milliers de propositions. Sarkozy, de son côté, disposait d'un site de campagne : sarkozy.fr, alimenté régulièrement par la caméra numérique de José Frèches qui filmait en détail le candidat de la droite.

La communication est devenue le souci premier des candidats, entourés de conseillers professionnels qui ont fait souvent leurs armes dans la chaussure ou les cosmétiques, tant la politique est désormais un marché. Ségolène Royal avait beau affecter son dédain des communicants et laisser la « com' » aux autres, elle n'en suivait pas moins les avis de Natalie Rastoin, directrice générale de l'agence de publicité Ogilvy et Mather France. Nicolas Sarkozy s'appuyait, quant à lui, sur une équipe de publicitaires, Jean-Michel Goudard, de RSCG, François de la Brosse, le patron de l'agence Z, Frank Tapiro, coprésident d'Hémisphère droit. Tous ces gens s'emploient à transformer l'homme politique en star parmi les stars, les *people* étant mis à contribution, de Jean Reno à Johnny Hallyday. Mais le candidat de la droite peut compter aussi sur l'appui des médias, à la tête desquels il a de nombreux amis, Arnaud Lagardère (*Paris-Match*), Martin Bouygues (TF1), Jean-Pierre Elkabbach (Europe 1), Nicolas Beytout (*Le Figaro*)...

La guerre des images va-t-elle se substituer à la bataille des idées ? Le risque encouru ne provient pas seulement de l'air du temps, mais aussi d'un système d'élection qui personnalise à l'extrême la concurrence politique. Les jeux télévisés ont répandu les concours éliminatoires, stimulé la mise en scène de soi-même, et tout doit contribuer au meilleur effet : le *look*, la diction, le sourire, les petites phrases, le regard... Séduire avant d'expliquer et de proposer. L'élection présidentielle de 2007 a renforcé les impératifs du théâtre virtuel au risque d'oublier la réalité.

La communication fut reine ; elle n'explique pas tout, ni même le principal. Sarkozy a pu compter sur son propre talent autant que sur les faiblesses de son adversaire frontale. Une des raisons de son succès est d'avoir voulu, d'avoir su, en partie, séduire l'électorat du Front national. En projetant de créer un ministère de un ministère de l'« Immigration et de l'Identité nationale », le message est clair : ce sont les étrangers du nouveau flux migratoire, à commencer par les clandestins, qui mettent en péril l'identité de la France. Réguler cette immigration, exiger des nouveaux venus une adhésion aux valeurs du pays d'accueil, la connaissance de sa langue, deviennent un impératif. En même temps, Sarkozy s'attachait le soutien de diverses personnalités « issues de l'immigration », telle Rachida Dati, le modèle d'intégration. Dans cet exercice, il rencontrait l'intérêt de certains intellectuels, comme dans *Le Figaro* Max Gallo et Alain Finkielkraut : « Les Français commencent à prendre conscience que le monde n'est pas une terre-patrie, comme le disait Edgar Morin », déclare le premier. « Notre société a peut-être envie de redevenir une nation », déclare le second. D'autres ont beau se récrier que Vichy n'est pas loin dans tout cela, et Ségolène Royal faire chanter la *Marseillaise* dans ses meetings, il est évident que Sarkozy a marqué des points sur un tapis depuis longtemps favorable à Le Pen.

La demande de sécurité est un autre aspect de la conquête sur le FN. Un fait divers survenu le mardi 27 mars pourrait avoir des conséquences sur l'issue de la campagne. À la gare du Nord à Paris, à la suite de l'interpellation d'un resquilleur sans billet, une bataille rangée a lieu pendant des heures entre casseurs et policiers. Le souvenir des émeutes de novembre 2005 est dans tous les esprits. Le lendemain, Sarkozy, s'engage dans la même gare pour prendre son train pour Lille. Des cris fusent, des injures, on crie au « facho ». L'ancien ministre de l'Intérieur, qui a laissé le ministère de l'Intérieur à François Baroin, serre les dents, mais il a compris le parti à tirer des scènes de la veille. À plusieurs reprises au cours de la journée, à la gare du TGV de Lille, à Douai, à Villeneuve-d'Ascq, et le soir à son meeting de Lille, il se targue de défendre le bon peuple à l'encontre des autres candidats : « Au moins maintenant, c'est clair, l'autorité et le respect, c'est de notre côté. La fraude et le soutien à la délinquance, c'est de l'autre côté. » Dans cette affaire qui a créé tant d'émotion, Ségolène Royal a été étonnamment défaillante. Elle qui bravait ses camarades de parti en projetant des établissements avec surveillance militaire pour les délinquants, elle n'a su faire qu'une déclaration insignifiante sur « l'inquiétante dégradation de la confiance réciproque entre le service public de la sécurité et nos concitoyens ». Pour beaucoup, comme en 2002, il est avéré qu'il ne faut pas attendre de la gauche une lutte déterminée contre l'insécurité. On se demande toutefois si le grave incident de la gare du Nord ne serait pas profitable à Jean-Marie Le Pen.

Une des causes du succès de Nicolas Sarkozy, que ses adversaires n'ont pas su mesurer, a été l'extrême diabolisation dont il a été l'objet. Rarement candidat à la présidentielle à dû souffrir pareils assauts de caricature et de haine. « Tout sauf Sarkozy », clame-t-on à gauche. La diabolisation du candidat de la droite a commencé systématiquement en janvier quand parut sur le Net une centaine de pages pourfendant « l'inquiétante rupture tranquille de monsieur Sarkozy ». Éric Besson, qui y avait largement contribué, jugeait l'homme de droite comme un « néo-conservateur américain à passeport français ». Les socialistes le peignaient en nouveau Bonaparte, nationaliste, répressif, favorable au communautarisme, ami du président Bush, un sécuritaire dangereux et inefficace. Le Pen fustigeait le métèque venu de Hongrie. Marianne faisait plus tard un tabac avec une dizaine de pages sur « le vrai Sarkozy ». Rien de neuf, mais des anathèmes qui vont loin : « Cet homme quelque part est fou ! Et la nature même de sa folie est de celle qui servit de carburant dans le passé à bien des apprentis dictateurs ». Quelques jours plus tard, le 18 avril, Libération fait sa « une » sur « L'inquiétant Monsieur Sarkozy ». Les blogs se déchaînent contre le Rambo superflic, l'ami des capitalistes, le complice des impérialistes de Washington.

En fait, la diabolisation d'un acteur politique n'a jamais empêché son ascension ; la contre-propagande peut être aussi une propagande. On l'a bien vu avec Le Pen. Un homme qui sécrète une adversité violente ne peut laisser indifférent ; grâce aux coups, il existe, il grandit, il acquiert un prestige sous les injures de l'ennemi qui, sans le vouloir, l'exhausse au-dessus des autres. L'abomination par les uns produit la confiance des autres.

Sarkozy a réussi, d'autre part, à unifier la droite si longtemps divisée par la guerre des chefs. Il a été servi par les circonstances, l'élimination de Juppé par arrêt de justice, la mise à l'écart de Villepin après l'échec du CPE : à droite, on ne pouvait plus compter que sur lui, et l'on a assisté au ralliement tour à tour des uns et des autres. Président de l'UMP, il a été soutenu avec ferveur par son parti – un atout de poids. Et le tour de force du postulant a été de faire admettre que ce parti, disposant de la majorité absolue sous Chirac, serait celui de la « rupture » avec l'immobilisme chiraquien. En préconisant des mesures tabou – sur les heures supplémentaires, sur les universités, sur le service minimum des transports en temps de grève... –, il a paru l'audace incarnée, l'homme par qui la France pouvait se débourber.

Le succès de Sarkozy avec ses 31 % de voix au premier tour n'est pas mince. Jacques Chirac, trois fois candidat, n'a jamais franchement dépassé les 20 %. Il faut remonter à 1974 pour trouver un présidentiable de la droite à ce niveau (Giscard, 32,60 %).

Ce succès, il le doit aussi au camp d'en face. L'évolution des sondages montre la défaillance. En janvier, la candidate socialiste jouit d'un léger avantage : 34 % contre 32 % à Sarkozy – et pour le second tour 52 % pour la socialiste, 48 % pour son concurrent[1]. Mais celui-ci a repris nettement l'avantage en mars : la cote de Ségolène Royal a alors atteint son étiage (23 %) avant de se stabiliser autour de 24-25 %. On doit imputer cette régression aux défauts propres à la candidate : des bévues dans ses déplacements à l'étranger, une parole plus proche de l'incantation que de la rigueur, et le doute qui se répand sur ses compétences à siéger au sommet de l'État. Se faire conseiller simultanément par Jean-Pierre Chevènement et Bernard-Henri Lévy n'est certainement pas la meilleure façon de mettre de l'ordre dans son discours. Au demeurant, la plus grande faiblesse de Ségolène Royal fut – sinon son compagnon Hollande comme ce gaffeur de Montebourg le déclara à la radio – le parti socialiste. Que penser d'une candidate si peu soutenue par l'état-major de son parti ? Si peu en accord avec ses chefs ? Avec son propre compagnon dans la vie et premier secrétaire ? Lorsque celui-ci clama qu'il fallait augmenter les impôts pour les

1. *Le Parisien*, 4 janvier 2007.

Français qui avaient un salaire supérieur à 4 000 euros, on vit la candidate prendre le contre-pied : « Il n'y aura pas de fiscalité nouvelle qui décourage le travail. » La zizanie atteint son comble, lorsqu'un des experts économiques du PS, Éric Besson, claqua la porte avant de publier son brûlot, *Qui connaît Madame Royal ?* – une réponse à la petite phrase méprisante de la dame : « Mais qui connaît Éric Besson ? ». Inconnu, peut-être, qui devient très vite trop connu. L'ouvrage plein de ressentiment, devenu vite un best-seller, accable la candidate socialiste sur son programme aventureux. En termes plus choisis, Albert Thibaudet avait exprimé au moment du Cartel des gauches la même idée dans *La République des professeurs* : « L'économiste politique de droite est un économiste. L'économiste politique de gauche est un politique[1]. » Besson cite dans le même registre Pierre Mauroy, qui fait campagne pour Royal : « L'économie ne compte pas, nous autres socialistes ne devons penser qu'au social, il ne faut pas s'attacher aux chiffres, on trouvera toujours des techniciens pour les adapter... » Le « social », c'est la redistribution, c'est l'oubli des conditions de la production et de la croissance. Il est patent que ni Ségolène Royal ni le PS n'ont pu se montrer crédibles sur ce terrain économique. Le catalogue des promesses de la candidate ne constituait pas une ligne plus fiable que la « synthèse » du congrès du Mans en 2005.

Ségolène Royal, malgré cela, faisait nettement mieux que Lionel Jospin en 2002 (16,86 %) ; elle

---

1. Albert Thibaudet, dans *La République des professeurs* : « Le langage de l'économique, le drapeau de l'économique, qui penche à droite, c'est : production. Le langage et le drapeau de la politique c'est : répartition », in *Réflexions sur la politique*, Paris, Laffont, « Bouquins », 2007, pp. 128-129.

égalait même le candidat Mitterrand de 1981 (25,84 %). Accabler sa personne comme l'ont fait tant de ses camarades de parti, selon lesquels cette élection était pour eux « imperdable », c'est faire l'économie de l'autocritique nécessaire : avec elle et, semble-t-il, plus qu'elle, c'est le PS, divisé sur ses choix et entre ses dirigeants, qui a perdu. Le coup d'éclat de Michel Rocard à une semaine du premier tour n'a sans doute pas embelli la situation. Le 14 avril, Rocard, ancien Premier ministre de Mitterrand, ancien premier secrétaire du PS, signe une tribune dans *Le Monde*, où il appelle à l'accord entre Royal et Bayrou, à leur désistement réciproque pour le second tour. Vrai pavé dans la mare dénoncé par le camp socialiste, et sur lequel Rocard s'explique dans *Le Nouvel Observateur* du 19 avril : « Ce n'est pas ma faute si la gauche est descendue au-dessous de 40 %. Je n'y vois aucune raison de laisser la place au représentant le plus brutal du grand capitalisme que nous ayons à affronter depuis longtemps. » Le front antisarkozyste passe par l'alliance au centre. L'idée avait de l'avenir – Bernard Kouchner, en mots plus feutrés, appuyait Rocard – mais, pour l'heure, elle ne servait guère la candidate socialiste.

Derrière les deux finalistes, François Bayrou a été la surprise de cette campagne. Au mois de mars, il réussit à faire le plein au Zénith, où il fustige « les deux partis qui exercent le monopole du pouvoir depuis vingt-cinq ans ». Il répète sa foi dans une future « majorité centrale, celle qui permet de faire travailler ensemble les reconstructeurs de gauche, les reconstructeurs de droite et les reconstructeurs du centre ». Marielle de Sarnez, députée européenne, devenue la conseillère du candidat centriste lui trouve des formules : il est « plus profond que les autres »,

« il a une histoire avec la France ». Dédaignant ou n'ayant pas à sa disposition « la grosse armada » des deux candidats vedettes, Bayrou déclarait faire une campagne de « labourage ». La ruralité de l'expression inspire toujours confiance ; il laboure donc et sème, région par région, aux applaudissements de Jean-François Kahn, directeur de *Marianne* et chantre du « centralisme révolutionnaire » depuis des lustres.

La percée d'un candidat centriste indépendant, à plus de 18 %, ce qui est mieux que Lecanuet en 1965 (15 %), est on ne peut pus honorable. Le défi de Bayrou, au reste, était difficile à relever. Il a réussi à inquiéter les deux principaux candidats, mais il manquait de moyens, de soutiens, et le Centre qu'il représentait était lui-même divisé entre pro-Sarko – et pas des moindres, si l'on songe à Simone Veil – et ses propres fidèles. La carte électorale du 1er tour montre qu'il a été largement porté dans les régions autrefois acquises à la démocratie chrétienne : l'Ouest, le Nord-Est, la bordure méridionale et orientale du Massif central, les Pyrénées atlantiques, la Savoie – une carte assez proche de celle dressée en 1947 par le chanoine Boulard sur la pratique religieuse catholique. Ce fut sa force et sa limite.

L'autre surprise est l'étouffement du candidat Front national, Jean-Marie Le Pen. Jusqu'au bout, les états-majors ont pu craindre qu'il ne fût en mesure de lâcher une nouvelle bombe. Encore le 19 avril, on pouvait lire dans *Le Nouvel Observateur*, l'estimation du géographe Christophe Guilluy, sous le titre « Le Pen n'a jamais été aussi fort » : « J'imagine mal cette France de perdants [les électeurs du Front national] voter pour un *winner* comme Sarko, libéral promondialisation, à des années-lumière du désarroi des dépossédés. » Méfions-nous des experts péremptoires. Quant aux sondeurs, ils avaient été très prudents, tant le vote pour Le Pen reste souvent inavouable. Franchement battu, le patron du FN mit son recul au compte de l'« illusionniste » Sarkozy qui avait chassé sur ses terres et plumé sa volaille[1].

L'écrasement des Verts, en la personne de Dominique Voynet, et le tassement de l'extrême gauche – communistes compris, elle atteint 9 % contre 14 % en 2002 – démontraient surtout la légitimité retrouvée des grands candidats. L'indice de polarisation, c'est-à-dire l'addition des pourcentages de voix obtenues par les deux candidats arrivés en tête, atteint plus de 56 %, au lieu de 36 % à l'élection présidentielle précédente. Avec l'affaiblissement sensible des extrêmes et le taux élevé de participation, ce premier tour redonne vigueur à la Ve République.

Les résultats du premier tour annoncent la victoire finale de Sarkozy si l'on se fie à l'addition des voix de gauche et d'extrême gauche qui ne dépasse pas 45 %. Reste l'inconnu : le comportement des électeurs de Bayrou. Tous les feux se concentrent sur le centriste *gloriosus*, à son grand contentement : « Moi, qui à 19 h 59, étais infréquentable, je suis devenu immensément séduisant, agréable ou sympathique. Ce changement de climat ne m'a pas laissé indifférent car on est ravi de découvrir à quel point on peut être différent entre 19 h 59 et 20 h 01. Probablement une conjonction astrale. » Ségolène Royal, comprenant que ce que Michel Rocard avait préconisé sans doute trop tôt, avant le premier tour, devient d'une brûlante actualité, se lance dans un mouvement de rapprochement avec le leader centriste, et crée ainsi l'attraction de l'entre-deux tours. Elle propose un

1. Entre les deux guerres, les communistes Suzanne Girault et Albert Treint avaient lancé le mot d'ordre : « Plumer la volaille socialiste. »

débat public, télévisé, avec Bayrou, que celui-ci accepte. Après quelques péripéties, le débat a lieu sur RMC et BFM-TV, à la grande fureur de Sarkozy, qui croit utile de rappeler que le second tour se jouera entre deux finalistes et non trois. Accusé par les deux autres d'avoir empêché le débat sur Canal plus, le vainqueur du premier tour s'efforce de capter l'attention publique par un déplacement dans le Nord, où devant des ouvriers il décoche ses flèches empoisonnées : « Pendant que les deux autres bavassent dans un grand hôtel, moi, mon hôtel, c'est ici. »

Royal n'obtient qu'un demi-succès. Certes, son débat avec Bayrou a été très suivi, mais celui-ci ne s'est pas rallié à la candidate socialiste. Et puis, il est lui-même lâché par une grande partie de ceux qui l'avaient soutenu et qui reviennent dans le giron de la droite, à commencer par Hervé Morin, le président du groupe parlementaire UDF. Du côté du Parti socialiste, Emmanuelli et les grognards s'étouffent à l'idée d'une alliance avec le Centre.

Le second événement de l'entre-deux tours est le duel télévisé entre les deux finalistes, le mercredi 2 mai. Royal, promise à l'exécution, démontre ses capacités de réplique. Un peu trop, même, lorsqu'elle s'emporte avec véhémence contre son adversaire au sujet de l'admission des enfants handicapés à l'école, dont le nombre aurait régressé depuis l'arrivée au pouvoir de la droite. Elle fait sourire quand elle souhaite par ailleurs que les « femmes fonctionnaires » soient reconduites à leur domicile quand elles sortent tard des commissariats. Somme toute, elle montre plus de talent à débattre qu'à prononcer des discours en meeting. Ses supporteurs se réjouissent trop vite cependant, car les sondages qui suivent cette soirée d'affrontement laissent l'avantage à Sarkozy (53 % l'ont jugé plus convaincant que Royal distancée à

35 %), qui a réussi à maîtriser ses nerfs dans une épreuve délicate. Les derniers sondages sur les intentions de vote donnent l'ancien ministre de l'Intérieur vainqueur à plus de 53 %.

Sans surprise donc, on apprend le soir du 6 mai l'élection de Sarkozy à la présidence de la République avec un peu plus de 53 % des suffrages. Les élections législatives qui suivent au mois de juin ne semblent plus intéresser personne. À la mobilisation de la campagne présidentielle succède une étrange atonie. Les socialistes paraissent défaitistes, pour tout le monde les jeux sont faits : les médias prévoient une « vague bleue », une « déferlante bleue », une chambre introuvable. De fait, le premier tour donne un net avantage à l'UMP tandis que le taux d'abstention avoisine 40 %. Pourtant, le second tour est l'occasion d'un retournement de tendance surprenant, qui voit le PS faire jeu égal avec le parti de la droite. Finalement, le PS et ses alliés remportent 204 sièges, l'UMP et le Nouveau Centre (ex-UDF) 343, tandis que le Modem (diminutif du Mouvement démocrate fondé par François Bayrou) avec quatre élus, dont son leader, est le grand vaincu de ces législatives. On tente d'expliquer le « sursaut » de la gauche : Jean-Louis Borloo n'a-t-il pas été responsable en évoquant le spectre de la « TVA sociale » ? En tout cas, il s'est passé une chose étonnante, comme si le corps électoral ne formant plus qu'une entité aurait voulu rééquilibrer la représentation parlementaire, offrir à une majorité absolue la réalité d'une opposition consistante. Une sorte d'intelligence collective à l'œuvre au profit du bon fonctionnement des institutions. C'est l'ultime surprise de ce cycle électoral qui a tranché avec tous les précédents.

*Évidences et hypothèses*

De l'événement, quels enseignements tirer ?

— Il y a lieu, d'abord, me semble-t-il, de mettre en relief un *retour à la politique* imprévu. La très forte mobilisation des électeurs tranche avec leur inertie de 2002 ou avec leur refuge dans les extrêmes, autre forme de rejet. L'assiduité aux réunions publiques, l'attention portée aux débats, les hésitations mêmes devant l'offre des candidats, le taux très élevé de participation, autant de signes qui invitent à espérer une nouvelle implication volontaire des citoyens dans la vie politique. La très forte abstention enregistrée aux élections législatives pourrait inciter à la prudence, mais il est vrai qu'elles sont apparues comme une formalité de confirmation : tout s'était joué le 6 mai. Du reste, le rééquilibrage parlementaire du second tour des législatives témoigne du souci manifeste d'interdire au camp vainqueur une domination outrageante.

Le renouvellement des personnes, des générations, des espérances après des années d'enlisement a exercé pleinement ses effets. La victoire finale du candidat de la droite semble due à la perception par le grand nombre d'une cohérence programmatique et d'une adhésion décidée au réel plus fortes chez lui que chez sa concurrente.

— Cette élection présidentielle pourrait bien avoir consommé *l'enterrement du gaullisme*. Certes, on a entendu dire que le gaullisme était fini depuis la mort du Général, et même dès que Georges Pompidou lui eut succédé. Il restait pourtant chez Jacques Chirac tout comme chez Dominique de Villepin le refus venu de loin de se classer « à droite », au profit du grand mythe du « rassemblement », que de Gaulle, ancien combattant de l'Union sacrée, a toujours opposé au « système des partis ». Il en est résulté, une fois le gaullisme au pouvoir, une dissymétrie entre la gauche (Union de la gauche, gauche plurielle, ou Parti socialiste dominant), fière de son histoire, de son panthéon, de ses victoires successives – et la droite honteuse de son arbre généalogique. Le gaullisme n'était pas « de droite » parce que le chef de la France libre et le chef du gouvernement provisoire de la France libérée avait œuvré aux côtés des socialistes, des communistes, des démocrates chrétiens : le gaullisme était la nation. Par la force des choses, le système de la V^e^ République (élection présidentielle au suffrage direct, mode de scrutin majoritaire) a organisé une bipartition analogue à celle de tous les pays démocratiques. Cependant, si, dans cette configuration si différente de celle des deux précédentes républiques, l'un des pôles s'appelait la gauche, l'autre ne se disait pas la droite – sinon par facilité de langage mais non par doctrine. Nicolas Sarkozy, issu de la famille gaulliste, est le premier président de la République à s'affirmer de droite. Le seul qui l'ait précédé se nommait Mac-Mahon, et comme Sarkozy n'entend nullement s'inscrire dans les branches de cette généalogie-là, il se revendique de la droite *républicaine* – telle qu'un Georges Mandel, abhorré par l'Action française et les ligues, tué sous les balles de la Milice, a pu la personnaliser.

La V^e^ République se tient désormais sur deux jambes. Une droite décomplexée fait face à une gauche longtemps détentrice du monopole démocratique. La droite de Sarkozy doit encore trouver ses théoriciens, du moins peut-elle déjà se réclamer d'une famille intellectuelle libérale que le marxisme et ses variantes avaient pendant longtemps discréditée. Histoire à suivre, inachevée, c'est vrai, mais le tournant est largement amorcé

— Dans le camp d'en face, l'élection 2007 a révélé dans toute son étendue la *crise de la gauche* et de sa principale composante, le Parti socialiste. La manière dont Ségolène Royal a pu devenir la candidate de celui-ci révélait déjà ses dysfonctionnements et l'absence de leadership. Dans tout autre parti socialiste ou social-démocrate européen, son chef, secrétaire général ou président, a vocation à devenir celui (ou celle) qui gouverne le pays. En France, jamais François Hollande n'a fait figure de candidat obligé à la présidentielle. Les querelles de personnes dans l'oligarchie du parti, aggravées par sa profonde division doctrinale, particulièrement depuis le référendum de 2005, ont entretenu ces désaccords mortifères : le rassembleur, le Jaurès, le Blum, le Mitterrand, fait gravement défaut aujourd'hui. De surcroît, le PS a reconquis sa vitalité dans les années 1970 sur la base du Congrès d'Épinay qui l'a ressourcé aux principes de l'anticapitalisme et de la lutte de classes. Malgré l'échec de l'expérience « socialiste » sous Mitterrand, nul *aggiornamento* doctrinal n'a pu s'imposer, qui eût pu décider l'évolution dite « sociale-démocrate » vers le « compromis »[1]. Au pouvoir, les dirigeants socialistes, de Pierre Mauroy à Lionel Jospin, ont bien pratiqué ce compromis – c'est-à-dire une politique « sociale » dans une économie de marché –, mais sans jamais faire la révision de leur boussole doctrinale qui eût pleinement éclairé sa route. Tiraillé entre le maximalisme utopique d'Épinay et le principe de réalité, le PS peine à s'identifier comme un parti de gauche

1. Alain Bergounioux et Bernard Manin, *La Social-démocratie ou le compromis*, Paris, PUF, 1979.

moderne, décomplexé par rapport à l'extrême gauche et au gauchisme, et en harmonie avec sa culture de gouvernement acquise. Les petits tours remarqués de Laurent Fabius à la fête de *L'Humanité* illustrent, dans l'univers symbolique, la difficulté des socialistes à être des *contemporains*.

Le nouvel échec de 2007 sera-t-il l'occasion de cette « refondation » dont tout le monde parle, de cette sortie du « cycle d'Épinay » que les plus clairvoyants aspirent à officialiser ? Les résistances multiples d'une alliance au centre sont un autre signe de l'inhibition. Il apparaît pourtant que c'est dans cette direction que le PS peut concevoir son retour au pouvoir : il dispose de cinq années pour remettre les pendules à l'heure.

— Le *centre* va-t-il s'affirmer lui-même comme une *force autonome*, cessant d'être scotché à la droite et pouvant s'allier au PS ? L'entreprise de François Bayrou n'a pas été, en ce sens, un échec total. Elle a démontré l'existence d'un électorat qui ne se reconnaît ni dans la domination de la droite ni dans l'archaïsme de la gauche. L'erreur de François Bayrou a été de laisser croire qu'un Centre autonome pourrait devenir majoritaire. Cependant le rapprochement de Bayrou et de Royal entre les deux tours est prometteur d'un changement de perspective. À supposer que le Modem, récemment fondé, prenne consistance, on peut imaginer une sorte d'Épinay à l'envers après l'effondrement du communisme, une revanche de Gaston Defferre projetant d'unir dans sa grande fédération la SFIO et le MRP – le centre de l'époque. Un tel virage stratégique ne pourrait être accepté par la gauche du PS, mais une scission vaudrait mieux pour lui que la préservation d'une unité stérile sur des motions de congrès mi-chèvre michou. Tout cela n'est qu'hypothèse, mais le mérite de l'élection 2007 a été d'en formuler le sérieux. Comme titrait *Libération* à la veille du débat Royal-Bayrou du 27 avril : « Un flirt prometteur ».

— Sur le fonctionnement des institutions politiques, la dernière élection présidentielle a suscité la question des *conséquences du quinquennat* : celui-ci n'a-t-il pas supprimé la fonction présidentielle, en attribuant pleinement au président de la République le rôle d'un véritable Premier ministre, qui « détermine et conduit la politique de la nation » (art. 20 de la Constitution) ? La nouveauté est relative. Dès l'élection du général de Gaulle, la lettre de la Constitution n'a pas été respectée : le vrai chef du gouvernement, c'était de Gaulle, comme le furent Pompidou, Giscard, Mitterrand et, à un degré moindre, Chirac. Du moins le septennat obligeait-il à une retenue, à un recul, à une prudence certaine, dans la mesure où des élections législatives survenant tôt ou tard risquaient de remettre en cause la majorité présidentielle. L'instauration du quinquennat, voulue pour éviter les cohabitations délétères, doublée de la simultanéité des élections législatives juste après la présidentielle, font du Président élu un chef de majorité parlementaire. Selon les tempéraments, il laissera plus ou moins la bride sur le cou à son Premier ministre. Une personnalité hyperactive comme celle de Sarkozy s'impliquera nécessairement dans le rôle d'un chef de gouvernement, dont le Premier ministre ne sera que le délégué. Cette évolution souffre d'une contradiction : seul le chef du gouvernement en titre, le Premier ministre, est responsable devant le Parlement. Un ajustement constitutionnel s'impose donc.

— Que révèle finalement la « rupture » de 2007 ? L'esprit public est toujours complexe, insaisissable, contradictoire, de même que les consciences individuelles. On veut beaucoup de choses et leur contraire, le changement et la conservation des acquis, on hésite entre les sollicitations de la peur et les invites à l'innovation. Comment résoudre ce double impératif : la défense de la protection sociale et l'adaptation à la mondialisation ? Comment résorber la dette publique et investir dans les moteurs de cette adaptation ? La victoire de Nicolas Sarkozy, semble-t-il, a traduit une perception vive du déclin de la France dans les domaines qui se chiffrent. Si c'est le cas, elle autorise à penser qu'une majorité de Français sont prêts à sortir du *statu quo*. Le vote à gauche comme le vote à droite a traduit un réveil collectif. On verra si cette conclusion pêche par optimisme – et s'il faut admettre la maxime de Cioran : « Toute analyse qui finit par une note d'espoir sacrifie à la convention et se détruit elle-même. »

# TABLE

collection tempus
Perrin

DÉJÀ PARU

150. *Frères de tranchées* – Marc Ferro.
151. *Histoire des croisades et du royaume franc de Jérusalem*, tome I, *1095-1130, L'anarchie musulmane* – René Grousset.
152. *Histoire des croisades et du royaume franc de Jérusalem*, tome II, *1131-1187, L'équilibre* – René Grousset.
153. *Histoire des croisades et du royaume franc de Jérusalem*, tome III, *1188-1291, L'anarchie franque* – René Grousset.
154. *Napoléon* – Luigi Mascilli Migliorini.
155. *Versailles, le chantier de Louis XIV* – Frédéric Tiberghien.
156. *Le siècle de saint Bernard et Abélard* – Jacques Verger, Jean Jolivet.
157. *Juifs et Arabes au XXe siècle* – Michel Abitbol.
158. *Par le sang versé. La Légion étrangère en Indochine* – Paul Bonnecarrère.
159. *Napoléon III* – Pierre Milza.
160. *Staline et son système* – Nicolas Werth.
161. *Que faire ?* – Nicolas Baverez.
162. *Stratégie* – B. H. Liddell Hart.
163. *Les populismes* (dir. Jean-Pierre Rioux).
164. *De Gaulle, 1890-1945,* tome I – Eric Roussel.
165. *De Gaulle, 1946-1970,* tome II – Eric Roussel.
166. *La Vendée et la Révolution* – Jean-Clément Martin.
167. *Aristocrates et grands bourgeois* – Eric Mension-Rigau.
168. *La campagne d'Italie* – Jean-Christophe Notin.
169. *Lawrence d'Arabie* – Jacques Benoist-Méchin.
170. *Les douze Césars* – Régis F. Martin.
171. *L'épopée cathare,* tome III, *Le lys et la croix* – Michel Roquebert.
172. *L'épopée cathare,* tome IV, *Mourir à Montségur* – Michel Roquebert.
173. *Henri III* – Jean-François Solnon.
174. *Histoires des Antilles françaises* – Paul Butel.
175. *Rodolphe et les secrets de Mayerling* – Jean des Cars.
176. *Oradour, 10 juin 1944* – Sarah Farmer.
177. *Volontaires français sous l'uniforme allemand* – Pierre Giolitto.
178. *Chute et mort de Constantinople* – Jacques Heers.
179. *Nouvelle histoire de l'Homme* – Pascal Picq.
180. *L'écriture. Des hiéroglyphes au numérique.*

181. *C'était Versailles* – Alain Decaux.
182. *De Raspoutine à Poutine* – Vladimir Fedorovski.
183. *Histoire de l'esclavage aux Etats-Unis* – Claude Fohlen.
184. *Ces papes qui ont fait l'histoire* – Henri Tincq.
185. *Classes laborieuses et classes dangereuses* – Louis Chevalier.
186. *Les enfants soldats* – Alain Louyot.
187. *Premiers ministres et présidents du Conseil* – Benoît Yvert.
188. *Le massacre de Katyn* – Victor Zaslavsky.
189. *Enquête sur les apparitions de la Vierge* – Yves Chiron.
190. *L'épopée cathare,* tome V, *La fin des Amis de Dieu* – Michel Roquebert.
191. *Histoire de la diplomatie française,* tome I.
192. *Histoire de la diplomatie française,* tome II.
193. *Histoire de l'émigration* – Ghislain de Diesbach.
194. *Le monde des Ramsès* – Claire Lalouette.
195. *Bernadette Soubirous* – Anne Bernet.
196. *Cosa Nostra. La mafia sicilienne de 1860 à nos jours* – John Dickie.
197. *Les mensonges de l'Histoire* – Pierre Miquel.
198. *Les négriers en terres d'islam* – Jacques Heers.
199. *Nelson Mandela* – Jack Lang.
200. *Un monde de ressources rares* – Le Cercle des économistes et Erik Orsenna.
201. *L'histoire de l'univers et le sens de la création* – Claude Tresmontant.
202. *Ils étaient sept hommes en guerre* – Marc Ferro.
203. *Précis de l'art de la guerre* – Antoine-Henri Jomini.
204. *Comprendre les Etats-unis d'aujourd'hui* – André Kaspi.
205. *Tsahal* – Pierre Razoux.
206. *Pop philosophie* – Mehdi Belahj Kacem, Philippe Nassif.
207. *Le roman de Vienne* – Jean des Cars.
208. *Hélie de Saint Marc* – Laurent Beccaria.
209. *La dénazification* (dir. Marie-Benedicte Vincent).
210. *La vie mondaine sous le nazisme* – Fabrice d'Almeida.
211. *Comment naissent les révolutions.*
212. *Comprendre la Chine d'aujourd'hui* – Jean-Luc Domenach.
213. *Le second Empire* – Pierre Miquel.
214. *Les papes en Avignon* – Dominique Paladilhe.
215. *Jean Jaurès* – Jean-Pierre Rioux.
216. *La Rome des Flaviens* – Catherine Salles.
217. *6 juin 44* – Jean-Pierre Azéma, Philippe Burrin, Robert O. Paxton.
218. *Eugénie, la dernière impératrice* – Jean des Cars.
219. *L'homme Robespierre* – Max Gallo.
220. *Les Barbaresques* – Jacques Heers.
221. *L'élection présidentielle en France, 1958-2007* – Michel Winock.

## À PARAÎTRE

*Histoire de la Légion étrangère* – Georges Blond.
*1000 ans de jeux Olympiques* – Moses I. Finley, H. W. Pleket.
*Quand les Alliés bombardaient la France* – Eddy Florentin.
*Le royaume wisigoth d'Occitanie* – Joël Schmidt.

*Composition Nord Compo*
*Villeneuve-d'Ascq*

*Impression réalisée sur Presse Offset par*

CPI
Brodard & Taupin

La Flèche (Sarthe), le 21-04-2008
pour le compte des Éditions Perrin
11, rue de Grenelle
Paris 7e
N° d'édition : 2392 – N° d'impression : 47204
Dépôt légal : avril 2008
*Imprimé en France*